Comen~~tarios acerca de~~
Sopa de pollo p...

"Esta nueva olla de *S*... ~~está repleta~~ iendo con ideas que nutren y f... ~~el espíritu y las de~~siones de la mujer. Se trata de una receta muy útil y estimulante para el automejoramiento y la armonía espiritual."

Evelyn H. Lauder
Vicepresidenta corporativa, fundadora de las Compañías Estee Lauder y de la Fundación para la Investigación del Cáncer de Mama

"Me encanta tomar el *libro Una segunda ración de sopa de pollo para el alma de la mujer* y poder leer en unos cuantos minutos una historia que logra abrir mi corazón y mostrarme el mundo en su mejor esplendor."

Ruth Brown
Cantante, ganadora de los premios Tony y Grammy y miembro del Salón de la Fama del Rock and Roll

"Gracias por brindarme *Una segunda ración de sopa de pollo para el alma de la mujer*, es una hermosa antología de relatos inspiradores que resaltan el amor, el poder y la belleza que existen en el corazón de las mujeres."

Picabo Street
Campeona olímpica y mundial de carreras de ski

"*Una segunda ración de sopa de pollo para el alma de la mujer* revela la profundidad y recuperación de los sentimientos de las mujeres. ¡Este libro habla del amor, la sabiduría, el humor y la magia!"

Rachel Newman
Editora en jefe de Country Living Magazine y Country Living's Healthy Living Magazine

"Qué delicioso es pasar cada mañana un rato con *Una segunda ración de sopa de pollo para el alma de la mujer*. Sonrío durante todo el camino hacia el trabajo pensando en las maravillosas mujeres que protagonizan estos relatos."

Carolyn Elman
Directora ejecutiva de la Asociación Estadounidense de Mujeres de Negocios

"¡*Una segunda ración de sopa de pollo para el alma de la mujer* es un bellísimo retrato de la condición de ser mujer! Cada historia me habla de la rica variedad de mujeres y de la belleza de sus almas."

Suze Orman
Autora del bestseller del *New York Times* titulado
Los nueve pasos hacia la libertad financiera

"Nada es más satisfactorio que una segunda ración de una 'buena sopa'. Esto es exactamente lo que *Una segunda ración de sopa de pollo para el alma de la mujer* representa: satisfacción. Esta antología de relatos inspiradores provoca lágrimas de alegría y sonrisas que provienen del corazón."

Debbye Turner
Miss América 1990 y conductora de televisión

"¡Sentarse a leer *Una segunda ración de sopa de pollo para el alma de la mujer* es una delicia! Los relatos son reconfortantes y edificantes, y rinden tributo a la riqueza y profundidad de las almas de las mujeres y de la fortaleza de nuestros vínculos comunes."

Reneé Z. Posner
Presidenta de Viajes para Jóvenes y asesora internacional de la industria del juguete

"Cuando leí las páginas de *Una segunda ración de sopa de pollo para el alma de la mujer*, me sentí como si estuviera en una habitación con mis mejores amigas y todas estuviéramos compartiendo nuestros relatos. Me reí, lloré y me sentí inspirada."

Dra. Joan Borysenko
Autora de *El libro de la vida de la mujer*

"A la mitad de un día frenético y ocupado, leer uno o dos relatos de *Una segunda ración de sopa de pollo para el alma de la mujer* me recuerda la fortaleza y la resistencia ilimitadas que existen en el alma y en el corazón de las mujeres."

Kathleen Duffy
Asesora de mejoramiento dentro de las organizaciones

Una 2ª ración de SOPA DE POLLO PARA EL ALMA DE LA MUJER

Más relatos que conmueven el corazón y ponen fuego en el espíritu de las mujeres

Jack Canfield
Mark Victor Hansen
Jennifer Read Hawthorne
Marci Shimoff

HCI
Español

Un sello de
Health Communications, Inc.
Deerfield Beach, Florida

www.bcibooks.com
www.chickensoup.com

SOUTH COLUMBUS LIBRARY

DERECHOS RESERVADOS

Título original: A SECOND CHICKEN SOUP FOR THE
WOMAN'S SOUL

Copyright © 1998 Jack Canfield, Mark Victor Hansen, Jennifer Read
Hawthorne, Marci Shimoff.

ISBN 0-7573-0132-0

Traducción: Margarita Díaz Mora y Martha Escalona

Todos los derechos reservados. Impreso en los Estados Unidos de
América. Se prohíbe la reproducción total o parcial de esta obra, su
almacenamiento en sistemas de recuperación de datos o la distribución
de sus contenidos por cualquier medio, ya sea electrónico, mecánico,
visual, sonoro o de cualquier otra índole, sin la autorización escrita de la
casa editora.

HCI Español, sus Logos y Marcas son marcas registradas de Health
Communications, Inc.

Editor: HCI Español
         Un sello de Health Communications, Inc.
         3201 S.W. 15th Street
         Deerfield Beach, FL 33442-8190

Diseño de la portada Andrea Perrine Brower

Con gratitud
dedicamos este libro a la
madre Teresa
y a todas las mujeres
que responden al llamado
para compartir su corazón
y su amor.

Contenido

3. VIVIR LOS SUEÑOS

4. SOBRE EL MATRIMONIO

5. SOBRE LA MATERNIDAD

6. SOBRE HACER LA DIFERENCIA

7. SOBRE SUPERAR LOS OBSTÁCULOS

8. MOMENTOS ESPECIALES

9. MILAGROS

10. A TRAVÉS DE LAS GENERACIONES

Agradecimientos

Una segunda ración de sopa de pollo para el alma de la mujer tomó más de un año para escribirse, recopilarse y editarse. Ha sido una verdadera labor amorosa para todos nosotros. Una de las alegrías más grandes al hacer este libro, fue trabajar con personas que le dedicaron al proyecto no sólo su atención y su tiempo, sino también su alma y su corazón. Queremos agradecer a las siguientes personas por su esfuerzo y colaboración, sin los cuales este libro no hubiera podido crearse:

A nuestras familias, quienes nos han dado amor y apoyo a lo largo de este proyecto, ¡y que han significado una sopa de pollo para nuestras almas!

A Dan Hawthorne, cuya disposición incondicional, entusiasmo por nuestro trabajo y gran sentido del humor siempre nos mantuvo funcionando. Gracias por haber sido uno de nuestros más grandes admiradores.

Igualmente Amy y William Hawthorne compartieron su perspectiva juvenil y formaron parte del grupo que nos ha dado ánimos.

A Maureen H. Read, por haber estado siempre a nuestro lado.

A Louise y Marcus Shimoff, quienes siempre piensan en nosotros y nos brindan amor y apoyo en a todos los niveles.

A Georgia Noble, por su amor y su amable apoyo mientras trabajamos en este proyecto.

A Christopher Noble Canfield, por compartir su inocencia, su arte, sus canciones, su actuación, sus calurosos abrazos y su irreprimible amor por la vida.

A Patty Hansen y Elizabeth y Melanie Hansen, por convivir con nosotros una vez más y apoyarnos con amor en el proceso de crear un libro más.

A Patty Aubery, quien es el pegamento que sostiene todo unido en la oficina central de *Sopa de pollo para el alma*. Tu corazón, tu claridad y tu dedicación han sido una constante inspiración y siempre apreciaremos lo mucho que podemos contar contigo.

A Beverly Merson, por poner su alma y su corazón en este proyecto. Estamos agradecidos por tu extraordinario talento en la investigación y tu facilidad para resolver problemas de una manera creativa, así como por tu gran dedicación a este libro. Te damos las gracias desde el fondo de nuestros corazones.

A Elinor Hall, quien realizó un extraordinario trabajo ayudándonos a leer e investigar relatos para este libro. Apreciamos profundamente tu apoyo, amor y amistad.

A Carol Kline, por sus maravillosas colaboraciones al investigar, escribir y editar relatos para este libro. Carol, eres una escritora brillante y estamos agradecidos por tu talento y tu amistad perdurable.

A Cynthia Knowlton y Sue Penberthy, por su dedicado apoyo y cuidado de las vidas de Jennifer y Marci. Gracias por mantenernos sanas. No hubiéramos podido hacer esto sin ustedes dos.

Sharon Linnéa, Erica Orloff y Wendy Miles hicieron una maravillosa tarea al editar muchos de los relatos. Su toque editorial capturó la esencia de *Sopa de pollo*.

A Joanne Cox, por su sobresaliente trabajo al mecanografiar y preparar nuestros manuscritos iniciales. Gracias por tu atención, tus detalles y tu lealtad a este proyecto.

A Craig Herndon, nuestro heroico jefe de información, por ayudarnos en la preparación del manuscrito original.

A Suzanne Thomas Lawlor, por su excelente colaboración al investigar y leer los cientos de relatos que nos enviaron.

A Janette Lisefski, por mantener nuestra oficina impecable y en orden.

A Peter Vegso y Gary Seidler, de Health Communications, Inc., nuestros extraordinarios editores, par su visión y compromiso para llevar *Sopa de pollo para el alma* al mundo.

A Heather McNamara, editora en jefe de la serie *Sopa de pollo para el alma*, par trabajar con nosotros a lo largo del proceso de recopilación de este libro, preparer y editar nuestro manuscrito final. ¡Eres una profesional y es un verdadero placer trabajar contigo!

A Nancy Mitchell, por manejar el siempre desafiante proceso de obtener los permisos para los relatos que se utilizaron en este libro y, de alguna manera, permanecer cuerda a lo largo del proceso. Gracias par tu invaluable ayuda.

Leslie Forbes siempre estuvo ahí cuando la necesitamos y siempre tuvo una sonrisa en su rostra y amor en su corazón.

A Verónica Romero y Robin Yerian, por trabajar en la oficina de Jack para asegurarse de que todo funcionara bien durante la producción de este libro.

Rosalie Miller hizo que la comunicación fluyera con eficacia a lo largo de este proyecto. Tu cara sonriente y tu estímulo constante han iluminado nuestros corazones.

Theresa Esparza coordinó brillantemente todos los viajes, las apariciones en radio y televisión y las conferencias de Jack durante todo este tiempo.

A Kimberly Kirberger, par su apoyo constante en todas las áreas.

A Larry y Linda Price, quienes además de mantener funcionando correctamente la fundación para la autoestima, que Jack creó, continuaron administrando el proyecto de las cocinas de *Sopa de pollo para el alma*, las cuales distribuyen miles de libros gratuitamente coda año a presidios, centros de readaptación social, refugios para indigentes, refugios para mujeres golpeadas y escuelas.

Asimismo agradecemos a John y Shannon Tullius, John Saul, Mike Sacks, Bud Garner, Dan Poynter, Bryce Courtney, Terry Brooks y a todos nuestros amigos de la Conferencia y Retiro para Escritores en Maui, quienes nos inspiran y estimulan coda año.

A Christine Belleris, Matthew Diener, Lisa Drucker y Allison Janse, nuestros editores en Health Communications, por sus esfuerzos generosos para que este libro alcanzara la excelencia.

A Randee Goldsmith, directora de *Sopa de pollo para el alma* en Health Communications, por su magistral coordinación y su apoyo a todos los proyectos de *Sopa de pollo*.

También a Terry Burke, Irene Xanthos, Jane Barone, Lori Golden, Kelly Johnson Maragni, Karen Baliff Ornstein e Ivonne Zum Tobel, las personas en Health Communications responsables de la venta y mercadotecnia de los libros de *Sopa de pollo para el alma*.

A Kim Weiss, Larry Getlen y Ronni O'Brien, de Health Communications, por su publicidad y esfuerzos de comercialización.

A Andrea Perrine Brower, de Health Communications, por trabajar con nosotros con tanta paciencia y dedicación en el diseño de la portada de este libro.

A Robbin O'Neill y George y Felicity Foster, por su aportación artística y sus valiosas ideas para el diseño de la portada.

A Rochelle Pennington, por ayudarnos con Las citas.

A Sandra McCormick Hill y Lynn Ramage, de *Reader's Digest*, así como a Marina Porzio, de Economics Press, quienes generosamente renunciaron a su tiempo libre para ayudarnos.

Agradecemos también a Jim Rubis; a la Biblioteca Pública Farfield (en Iowa); a Tony Kainauskas, Arnie Wolfson y Shirley Norway, de la Librería Siglo XXI, por su destacada ayuda en la investigación.

A la Imprenta Fairfield, especialmente a Stephanie Harward y Cindy Sharp, por su apoyo entusiasta a nuestro trabajo.

Tom Simmons y Sherry Johnson, de la Oficina de Correos de Farfield, nos ayudaron más allá de lo que dicta el deber.

A Jerry Teplitz, por su método lleno de inventiva para realizar las pruebas de diseño tanto del manuscrito como de la portada.

John Reiner alimentó nuestros cuerpos y nuestras almas con su exquisita comida durante las últimas semanas del proyecto.

A Robert Kenyon, por haber estado siempre ahí con amor, humor y apoyo.

A Debra Poneman, por su inspiración.

A Terry Johnson y Bill Levacy, por su astuta orientación en algunos aspectos de este proyecto.

Gracias a M., por sus regalos de sabiduría y sus conocimientos.

Ann Blanchard, reconocemos tu fuerza, claridad y amorosa guía en este proyecto.

También nos apoyaron y estimularon durante este proyecto Ron Hall, Amsheva Miller, Paul y Susan Shimoff y Lynda Valles.

Extendemos nuestra gratitud a las siguientes personas, quienes realizaron la monumental tarea de leer el manuscrito preliminar, nos ayudaron a realizar las selecciones finales e hicieron comentarios invaluables acerca de cómo podría mejorarse este libro: Christine Belleris, Carolyn Burch, Diana Chapman, Linda DeGraaff, Lisa Drucker, Leslie Forbes, Mary Gagnon, Randee Goldsmith, Elinor Hall, Amy Hawthorne, Carol Jackson, Allison Janse, Carol Kline, Jeanette Lisefski, Kathy Karocki, Cynthia Knowlton, Robin Kotok, Ariane Luckey, Barbara y Karen McLoughlin, Heather McNamara, Barbara McQuaide, Beverly Merson, Holly

Moore, Sandra Moradi, Sue Penberthy, Maureen H. Read, Wendy Read, Karen Rosenstein, Heather Sanders, Marcus y Louise Shimoff, Belinda Stroup y Lynda Valles.

Asimismo queremos agradecer a las siguientes personas, quienes emplearon su tiempo libre para hablar de la existencia de este libro y nos ayudaron a enlazarnos con otros escritores: Terry Marotta, Marsha Arons, Jean Ravenscroft, Rob Spiegel, Eddy Hall, Marilyn Strube, Melanie Hemry, Maxine Holder, Marlene Bagnull, Bob Lightman, Carol Zetterberger, Pam Gordon, Ray Newton, Marion Bond West, John Fuhrman, Robyn Weaver, Susan Osborne, Meera Lester, Reg A. Forder, Elaine Colvin Wright, Elizabeth Klungness, Anita Gilbert y Marden Burr Mitchel.

Agradecemos profundamente a todos los coautores de *Sopa de pollo para el alma*, quienes hacen muy placentero el pertenecer a esta gran familia: Patty Aubery, Marty Becker, Ron Camacho, Irene Dunlap, Patty Hansen, Kimberly Kirberger, Tim Clauss, Carol Kline, Hanoch McCarty, Meladee McCarty, Nancy Mitchell, Maida Rogerson, Martin Rutte, Barry Spilchuk y Diana von Welanetz Wentworth.

También deseamos agradecer a los cientos de personas que nos enviaron historias, poemas y citas para su posible inclusión en *Una segunda ración de sopa de pollo para el alma de la mujer*. Aunque no pudimos utilizar todo el material, nos conmovimos profundamente con su sincera intención de compartir con nosotros sus relatos y a ustedes mismos. Muchos de estos relatos podrían utilizarse en futuros volúmenes de *Sopa de pollo para el alma*. ¡Gracias!

Debido al tamaño de este proyecto, quizá hayamos omitido los nombres de algunas personas que nos ayudaron en el camino. De ser así, lo sentimos mucho: por favor, sepan que en realidad apreciamos profundamente su labor.

Estamos muy agradecidos con las muchas manos y corazones que han hecho posible este libro. ¡Los amamos a todos!

Comparta con nosotros

Nos encantaría conocer sus reacciones al leer los relatos de este libro. Por favor háganos saber cuáles fueron sus relatos favoritos y de qué manera le han afectado.

Asimismo lo invitamos a que nos envíe relatos que le gustaría ver publicados en futuras ediciones de *Sopa de pollo para el alma de la mujer*, ya sea escritos por usted o por otras personas.

Envíe sus relatos a:

Sopa de pollo para el alma de la mujer
P.O. Box 1959, Dept. WS2
Fairfield, IA 52556
e-mail: chickensoup@lisco.com
tel: 800-211-5948
fax: 515-472-7288

Esperamos que disfrute leyendo este libro tanto como nosotros disfrutamos al recopilarlo, escribirlo y editarlo.

Introducción

Bienvenido a *Una segunda ración de sopa de pollo para el alma de la mujer: 89 relatos más para abrir el corazón y reavivar el espíritu de las mujeres.*

Desde que salió el primer *Sopa de pollo para el alma de la mujer* nos hemos sentido abrumados ante la respuesta de los lectores en todo el mundo, pues el libro ha estado a la cabeza de las listas de libros más vendidos en Estados Unidos, y continúa siendo leído por millones de personas en el mundo.

Pero lo que más nos ha conmovido es la retroalimentación provocada por estos relatos que han tocado las vidas de mujeres en muchos lugares del mundo. Nuestro objetivo al escribir este libro es abrir los corazones y tocar las almas de las mujeres en todas partes, y aparentemente esto es lo que ha sucedido.

De hecho, muchos lectores nos han dicho que estos relatos son como las papas fritas: una vez que se empieza, no se puede leer sólo uno. Las cartas y comentarios que recibimos han sido tan inspiradores y conmovedores, que quisimos compartir unos cuantos con ustedes.

Desde las Bahamas: "Definitivamente fue uno de los mejores libros que he leído en mucho tiempo. Cuando iba a la mitad del libro, deliberadamente disminuí el paso, porque no quería que los bellos relatos terminaran".

Desde Nueva Zelanda: "... después de leer este libro, puedo decir con honestidad que estoy más agradecida con la vida y que cuando me subo a mi cama tibia por las noches, cuento mis bendiciones".

Desde Michigan: "Estos relatos me hicieron llorar, no sólo de tristeza sino de alegría. Me dije a mí misma: '¿Quiénes son estas mujeres y cómo es que no las conozco?' Se parecen tanto a mí, debatiéndose algunas veces pero con un asombroso amor propio. Y después me descubrí diciendo: 'Sí las conozco. *Yo soy como ellas*'".

Desde California: "Sufro de depresión. Nunca he querido tomar antidepresivos debido a sus efectos colaterales. Sus libros son mi medicina. Mientras pueda leer diariamente uno o dos relatos, me siento bien. Siendo madre soltera, la vida es bastante difícil para mí, pero sus libros me dan lo que necesito para hacerla más fácil".

A menudo nos preguntan por qué los libros de *Sopa de pollo para el alma* se han convertido en tal fenómeno editorial. A partir de nuestra experiencia, hemos vista que las personas parecen tener hambre en el alma. Con todas las malas noticias que reciben durante el día, las personas se sienten aliviadas al leer o escuchar estos relatos verídicos llenos de esperanza, valor, amor e inspiración que nutren su alma.

La madre Teresa dijo:

> *La peor enfermedad de Occidente hoy en día no es la tuberculosis o la lepra; es la de no sentirse amados ni necesitados y que alguien se preocupe por ellos. Podemos curar las enfermedades físicas con medicamentos, pero la única cura para la soledad, la desesperanza y el desaliento es el amor. Existen muchos seres humanos en el mundo que están muriendo por un pedazo de pan, pero hay muchos más que están muriendo por un poco de amor. La pobreza en Occidente es de otro tipo: no se trata de pobreza por abandono sino de pobreza espiritual. Existe hambre de amor...*

Los relatos de *Una segunda ración de sopa de pollo para el alma de la mujer* hablan de personas ordinaries que llevan a cabo cosas extraordinarias. Nos sentimos felices de celebrar la bondad de las personas y esperamos que este "caldo" ayude a satisfacer, aunque sea un poco, el hambre de amor que existe en el mundo.

1

SOBRE EL AMOR

Nadie ha podido medir nunca, ni siquiera los poetas, lo que un corazón puede soportar.

Zelda Fitzgerald

La billetera

Mientras caminaba rumbo a casa, en un día helado, tropecé con una billetera que alguien había perdido en la calle. La recogí y revisé para ver si encontraba alguna identificación que me permitiera hallar al dueño. Pero la billetera sólo contenía tres dólares y una carta arrugada que parecía llevar años ahí.

El sobre estaba gastado por el tiempo y lo único legible era el remitente. Empecé a abrir la carta esperando encontrar alguna clave, cuando me fijé en el año: 1924. Es decir, hacía casi sesenta años.

Estaba escrita con una bella letra femenina, en papel azul claro, con una pequeña flor en la esquina izquierda. Era una carta común que le decía al destinatario, cuyo nombre parecía ser Michael, que la que escribía no podría verlo más porque su madre se lo prohibía. Aun así, le decía que siempre lo amaría. Estaba firmada por Hannah.

Se trataba de una carta conmovedora, pero no había manera, a no ser por el nombre: Michael, de identificar al dueño. A lo mejor si llamaba a Información, la operadora podría darme el teléfono de la dirección que estaba en el sobre.

—Operadora —dije—, sé que esta es una petición inusitada: trato de localizar al dueño de una billetera que encontré. ¿Habría alguna forma de que me dijera si existe un número telefónico que corresponda a la dirección que estaba escrita en el sobre que hallé dentro de la billetera?

La operadora me sugirió que hablara con su supervisora, la cual dudó un momento y luego replicó:

—Bueno, existe un teléfono en esa dirección, pero no puedo darle el número.

Me dijo que como un favor especial, ella podía llamar a ese número, explicar mi historia y preguntarle a quien contestara si deseaba hablar conmigo. Esperé unos cuantos minutos y la supervisora regresó a la línea.

—Tengo a una persona que desea hablar con usted.

Le pregunté a la mujer que estaba del otro lado de la línea si conocía a alguien que se llamara Hannah. Se quedó pasmada un momento y luego dijo:

—¡Oh! Le compramos esta casa a una familia que tenía una hija llamada Hannah. ¡Pero eso fue hace treinta años!

—¿De casualidad sabe dónde se encuentra esa familia ahora? —le pregunté.

—Recuerdo que Hannah tuvo que llevar a su madre a una clínica de asistencia hace algunos años —dijo la mujer—. Quizá ellos puedan decirle dónde se encuentra la hija.

Me dio el nombre y el teléfono de la clínica de asistencia y llamé. La mujer que contestó me dijo que la anciana había muerto hace algunos años, pero la clínica de asistencia tenía un número telefónico donde podría estar viviendo la hija.

Le di las gracias y llamé al número que me dio. Respondió una mujer y me explicó que actualmente Hannah vivía en un asilo.

"Todo esto es estúpido —pensé para mis adentros—. ¿Por qué me complico tanto la vida para encontrar al dueño de una billetera que sólo contiene tres dólares y una carta escrita hace cerca de sesenta años?"

A pesar de ello, llamé a la clínica en la que se suponía que estaba viviendo Hannah, y esta vez fue un hombre el que respondió al teléfono y me dijo:

—Sí, Hannah se encuentra aquí, con nosotros.

Aunque ya eran las 10 de la noche, le pregunté si podía pasar a verla.

—Bueno —dijo dudando—, si usted insiste... es probable que la encuentre en la sala viendo la televisión.

Le di las gracias y me dirigí al asilo. Una enfermera y un guardia me recibieron en la puerta. Subimos al tercer piso de un gran edificio. En la sala la enfermera me presentó a Hannah. Era una dulce viejecita con el cabello plateado, una cálida sonrisa y un gran brillo en los ojos.

Le expliqué que me había encontrado aquella billetera y le mostré la carta. En cuanto observó el sobre azul claro con la pequeña flor en el extremo, respiró profundamente y dijo:

—Jovencito, esta carta fue el último contacto que tuve con Michael.

Desvió la mirada sumida en sus pensamientos y después expresó con voz suave:

—Lo amaba mucho. Pero yo sólo tenía dieciséis años en ese entonces y mi madre creyó que era demasiado joven. Oh, era tan apuesto. Se parecía al actor Sean Connery.

"Sí —continuó—, Michael Goldstein era una persona maravillosa. Si lo encuentra, dígale que pienso en él a menudo. Y... —dudó un momento mordiéndose los labios— dígale que todavía lo amo. ¿Sabe? —dijo sonriendo mientras los ojos se le llenaban de lágrimas—. Nunca me casé. Supongo que nadie pudo compararse con Michael..."

Le di a Hannah las gracias y me despedí. Me dirigí al elevador, y mientras esperaba parado ante la puerta, el guardia me preguntó:

—¿Le ayudó en algo la anciana?

Contesté que me había dado una pista.

—Por lo menos ya tengo un apellido. Pero creo que voy a olvidarme del asunto por un tiempo. Ya pasé casi todo el día tratando de localizar al dueño de esta billetera.

Le mostré la billetera, un simple estuche de piel de color café con un cordón rojo en un costado. Cuando el guardia la vio, exclamó:

—¡Oiga, espere un momento! Esa es la billetera del señor Goldstein. La reconocería en cualquier parte por ese cordón rojo. Siempre la está perdiendo. Yo la he encontrado en el pasillo por lo menos en tres ocasiones.

—¿Quién es el señor Goldstein? —le pregunté, notando que mi mano empezaba a temblar.

—Es uno de los ancianos del octavo piso. Esa es la billetera del señor Goldstein, estoy seguro. Debe haberla perdido en uno de sus paseos.

Agradecí al guardia y regresé rápidamente a la oficina de la enfermera. Ambos subimos al elevador, yo rezaba en mis adentros porque el señor Goldstein estuviera despierto.

Ya en el octavo piso, la enfermera dijo:

—Me parece que todavía está en la sala. Le gusta leer por la noche. Es un viejecito adorable.

Nos dirigimos a la única habitación que tenía las luces encendidas, y ahí estaba un hombre leyendo un libro. La enfermera se acercó y le preguntó si había perdido su billetera. El señor Goldstein la miró con sorpresa, puso la mano en su bolsillo trasero y exclamó:

—¡Oh, no la tengo!

—Este amable caballero encontró una billetera y nos preguntábamos si sería la suya.

Le di la billetera al señor Goldstein, en cuanto la vio, sonrió con alivio y dijo:

—¡Sí, esta es! Debe haberse salido de mi bolsillo esta tarde. Déjeme darle una recompensa.

—No, muchas gracias —le dije—. Pero debo confesarle algo... Leí la carta esperando descubrir de quién era la billetera.

La sonrisa en su cara desapareció de pronto.

—¿Leyó la carta?

—No sólo la leí, sino que me parece que sé dónde está Hannah.

Repentinamente se puso pálido.

—¿Hannah? ¿Usted sabe dónde está? ¿Cómo está? ¿Sigue tan bella como siempre? Por favor, por favor, dígame —suplicó.

—Ella está muy bien... y tan bella como cuando usted la conoció —contesté con delicadeza.

El anciano sonrió con emoción y preguntó:

—¿Podría decirme dónde se encuentra? Quiero llamarla mañana —tomó mi mano y dijo—: ¿Sabe algo, señor? Estuve tan enamorado de esa chica, que cuando recibí esta carta, mi vida literalmente se terminó. Nunca me casé. Supongo que siempre la he amado.

—Michael —le dije—, acompáñeme por favor.

Tomamos el elevador hasta el tercer piso. Los pasillos estaban oscuros y sólo un par de luces nocturnas alumbraron nuestro camino hasta la sala, donde Hannah se encontraba sola, viendo la televisión.

La enfermera se acercó a ella.

—Hannah —le dijo con ternura, señalando a Michael, quien esperaba conmigo en la entrada—. ¿Conoce a este hombre?

La anciana se ajustó los lentes y observó durante un momento, pero no dijo nada.

Entonces el señor Goldstein habló quedamente, casi en un susurro:

—Hannah, soy Michael. ¿Te acuerdas de mí?

Hannah se quedó sin aliento.

—¡Michael! ¡No puedo creerlo! ¡Michael! ¡Eres tú! ¡Mi Michael!

El anciano caminó despacio hacia ella y se abrazaron. La enfermera y yo nos retiramos con unas lágrimas que rodaban por nuestras mejillas.

—Hay que ver. ¡Hay que ver cómo hace las cosas el buen Señor! Si algo tiene que ser, será —expresé conmovido.

Casi tres semanas después, recibí en mi oficina una llamada del asilo.

—¿Puede venir el domingo para asistir a una boda? ¡A Michael y a Hannah les van a poner el lazo!

Fue una hermosa boda, y todos los residentes de la casa de reposo asistieron muy bien arreglados para unirse a la celebración. Hannah lució un vestido beige claro y se veía hermosa. Michael portaba un traje azul oscuro y se paraba erguido. Me pidieron que fuera su padrino.

La casa de reposo les asignó una habitación propia, y si alguien quería ver a una novia de setenta y seis años y un novio de setenta y nueve actuar como dos adolescentes, sólo tenía que contemplar a esta pareja.

Fue un perfecto final para una historia de amor que había durado casi sesenta años.

Arnold Fine

Un regalo para Robby

El pequeño Robby, sobrino de nuestra vecina, sacó con cuidado un poco de su ración de agua en una bandejita y se dirigió hacia la puerta. Cómo odiaba yo ese racionamiento de agua. Nos veíamos obligados a bañarnos sin jabón en una pequeña y profunda pileta de agua que compartíamos con Jessie, nuestra vaca, que era todo lo que teníamos en ese momento. Los pozos estaban secos, los cultivos se convertían en polvo que volaba junto con nuestros sueños, durante la peor sequía que nuestra pequeña comunidad de granjeros había sufrido.

Mantuve la persiana abierta y sonriendo vi cómo Robby se sentaba en los escalones. Docenas de abejas rodearon sus desordenados y castaños rizos como si se tratara de la aureola de un ángel. El niño imitaba el zumbido de las abejas, lo cual las atraía hacia su bandejita para beber el preciado líquido.

Las palabras de su tía hacían eco en mis oídos:

"No sé en qué estaba pensando cuando me hice cargo de él. Los doctores dicen que no se lastimó en el choque en el que murió mi hermana, pero no puede hablar. Desde luego que hace ruidos, pero no son humanos. Vive en su propio mundo, ese niño no se parece en nada a mis hijos."

¿Por qué ella no podía ver las hermosas cualidades que poseía esta criatura de cuatro años? Mi corazón se sentía lastimado al ver a Robby. Él se había convertido en parte importante de nuestra vida: cuidaba conmigo el jardín afanosamente, me acompañaba en el tractor o segaba el heno con Tom, mi marido. Robby había sido bendecido con un don de amor por la naturaleza y un profundo afecto por todos los seres vivientes, y yo sabía que podía comunicarse con los animales. Disfrutábamos de las experiencias que compartíamos juntos. Sus inquisitivos y a veces pícaros ojos cafés reflejaban que podía entender todo lo que decíamos. Siempre tuve el deseo de adoptarlo, y su tía también insistía al respecto. Incluso nos llamábamos "mamá" y "papá" para Robby, y antes de la sequía habíamos hablado sobre la adopción, pero ahora los tiempos eran tan sombríos que no podía tocar el tema con Tom. El empleo que se vio forzado a aceptar en el pueblo para poder comprar alimento para Jessie y solventar las necesidades más primordiales para nosotros, le había pasado la factura a su espíritu.

La tía de Robby estuvo siempre de acuerdo en que Robby viviera con nosotros durante el verano. De cualquier manera, él pasaba la mayor parte del tiempo con nosotros. Me sequé una lágrima recordando qué pequeñito e indefenso se veía cuando su tía puso precipitadamente su mano sobre la mía y me dio una bolsa de papel arrugada, que contenía dos playeras descoloridas que le compramos el año anterior en la feria del condado y unos pantalones cortos. Junto con las ropas que llevaba puestas, eran sus únicas pertenencias.

Sin embargo, él contaba con una valiosa posesión: en una cinta de seda alrededor de su cuello colgaba un silbato de madera hecho a mano. Tom lo hizo para él en caso de que se sintiera perdido o en peligro. Después de todo, sabíamos que no podía gritar pidiendo ayuda y Robby comprendió perfectamente bien que el silbato no era un juguete y sólo podía usarlo para emergencias, ya que al hacerlo provocaría que mi esposo y yo acudiéramos corriendo en su auxilio. Le había contado la historia del niño que gritaba que venía el lobo, y creo que me entendió.

Suspiré al secar y guardar el último plato de la cena. Tom entró en la cocina y recogió la palangana. Guardábamos cada onza de agua reciclada para un pequeño jardín de vegetales que Robby había plantado junto al porche. Estaba tan orgulloso de él que hacíamos lo imposible por conservarlo, pero si no llovía pronto, se perdería. Tom colocó la palangana en la mesa y me dijo:

—¿Sabes qué, mi amor? He estado pensando mucho en Robby últimamente.

Mi corazón empezó a latir con expectación, pero antes de que pudiera continuar, un sonido agudo que provenía del patio nos sobresaltó.

—¡Dios mío! ¡Es el silbato de Robby! —grité. Para cuando llegamos a la puerta, el silbato se escuchaba a un ritmo exaltado. Por mi mente pasó la visión de una víbora de cascabel cuando corríamos hacia el patio. Llegamos a su lado y Robby señalaba frenéticamente al cielo pero no podíamos distinguir el silbato en su mano.

Al mirar hacia arriba tuvimos una vista muy hermosa. ¡Nubes de lluvia, gigantescas nubes de lluvia con fondos negros y amenazantes!

—¡Robby! ¡Ayúdame, rápido! ¡Necesitamos todas las palanganas y cazuelas de la cocina!

El silbato cayó de sus labios y corrió conmigo hacia la casa. Tom corrió al granero para sacar una vieja tina. Cuando todos los recipientes estuvieron colocados en el patio, Robby corrió de regreso a la casa. Salió con tres cucharas de madera que tomó del cajón de la cocina y nos dio una a cada uno. Tomó mi olla grande y se sentó con las piernas cruzadas. Volteándola, empezó a golpear con la cuchara. Tom y yo buscamos otra olla y nos unimos a él.

—¡Lluvia para Robby! ¡Lluvia para Robby! —cantaba yo con cada golpe.

Una gota de agua se impactó en mi cazuela y luego otra más. Pronto el patio se cubrió de gloriosa lluvia. Todos nos paramos con las caras hacia arriba para disfrutar de esa maravillosa sensación.

Tom cargó a Robby y bailó con él alrededor de las cazuelas, gritando y brincando. Fue entonces que la escuché: suavemente al principio, y luego cada vez más fuerte, la más maravillosa, bulliciosa y nerviosa risa. Tom se ladeó para enseñarme la cara de Robby. Con la cabeza echada hacia atrás, ¡se estaba riendo a carcajadas! Abracé a ambos, con lágrimas de alegría que se mezclaban con la lluvia. Robby se apartó de Tom lanzándose a mi cuello.

—¡B-B-Bravo! —balbuceó, y estirando su manita en forma de cuchara para atrapar el líquido, pronunció otra vez—: Agua... bravo... mamá...

Toni Fulco

Un baile con papá

Estoy bailando con papá en su quincuagésimo aniversario de bodas. La orquesta toca un vals antiguo mientras nos movemos graciosamente por la pista. Su mano en mi cintura me guía como siempre lo hizo, y él canturrea para sí constantemente y de manera jovial la melodía. Nos deslizamos una y otra vez, riendo y saludando a los invitados que están bailando. Comentan que somos los mejores bailarines y mi padre me sostiene la mano apretándola y sonriendo.

Mientras continuamos girando y balanceándonos, recuerdo cierta ocasión en que yo tenía casi tres años y mi padre llegó de su trabajo a la casa, me tomó entre sus brazos y empezó a bailar conmigo alrededor de la mesa. Mi madre se reía de nosotros y advertía que la cena se iba a enfriar. Pero mi padre le dijo:

—¡Acaba de percibir el ritmo del baile! ¡La cena puede esperar!

Y luego cantó:

—Que ruede el barril. Tendremos un barril de diversión —y yo le respondí:

—Que se quede la tristeza en el camino —esa noche, mi padre me enseñó a bailar polka, vals y *foxtrot* mientras la cena esperaba.

Bailamos a través del tiempo. Cuando tenía cinco años, mi padre me enseñó uno de sus mejores pasos. Poco después ganamos un concurso de baile en la reunión del campamento de niñas. Aprendimos a bailar *swing* en la Organización en Pro del Soldado, en el centro de la ciudad. Una vez que mi padre aprendió los pasos, bailó con todas las personas que estaban ahí: con las mujeres que repartían las donas e incluso con los soldados. Todos nos reímos y aplaudimos a mi padre, el gran bailarín.

Una noche, cuando tenía quince años y me encontraba perdida en la melancolía adolescente, mi padre tomó una pila de discos y bromeó conmigo para que bailáramos.

—Vamos —me dijo—, hay que tirar la tristeza en el camino.

Yo me retiré y me aferré a mi dolor como nunca antes. Mi padre puso su mano en mi hombro y yo brinqué de la silla, gritando:

—¡No me toques! ¡No me toques! ¡Estoy cansada de bailar contigo!

No se me escapó el dolor que se reflejó en su cara, pero ya había dicho esas palabras y no podía borrarlas. Corrí a mi cuarto llorando histéricamente.

A partir de esa noche ya no bailamos juntos. Encontré otras parejas, y mi padre me esperaba después de los bailes, sentado en su silla favorita, envuelto en su pijama de franela. Algunas veces lo encontraba dormido y entonces lo despertaba, diciéndole:

—Si estabas tan cansado, debiste ir a la cama.

—No, no —respondía—. Sólo estoy esperándote.

Entonces cerrábamos la puerta de la casa y nos íbamos a acostar.

Mi padre me esperó después de los bailes desde que estuve en la secundaria y en la universidad, mientras yo "me alejaba bailando" de su vida.

Una noche, poco después de que nació mi primer hijo, mi madre llamó para decirme que mi padre estaba enfermo.

—Tiene un problema cardiaco —me dijo—. Pero no vengas. Estamos a 500 kilómetros de distancia. Además, eso podría contrariar a tu padre. Sólo tenemos que esperar. Yo te avisaré lo que suceda.

Los análisis que le hicieron a mi padre revelaron que padecía algo de estrés, pero una dieta adecuada restauró su buena salud. Después surgieron algunos problemitas: una afección de una vértebra en la espalda, otra deficiencia cardiaca, un implante de lentes debido a las cataratas... Pero el baile no terminó. Mi madre me escribió para decirme que se habían unido a un club de baile. "Ya sabes cómo le gusta bailar a tu padre."

Sí, recordaba eso y muchas otras cosas que vinieron a mi mente.

Cuando mi padre se jubiló, nuestros caminos se cruzaron de nuevo; los abrazos y los besos eran algo normal cada vez que nos visitábamos. Pero mi padre ya no me pedía que bailara con él, lo hacía con sus nietas. Mis hijas aprendieron a bailar vals antes de aprender a leer.

—Uno, dos, tres y uno, dos, tres —decía mi padre—. ¿No quiere bailar este vals conmigo?

Algunas veces me sentía triste porque no me decía esas palabras a mí. Pero sabía que mi padre estaba esperando una disculpa de mi parte, y yo nunca encontré las palabras adecuadas.

Cuando se acercaba su quincuagésimo aniversario de bodas, mis hermanos y yo nos reunimos para organizar la fiesta. Mi hermano mayor me dijo:

—¿Te acuerdas de la noche en que no quisiste bailar con él? ¡Vaya que se molestó! Nunca creí que pudiera enojarse tanto por algo así. Apuesto que no has bailado con él desde entonces.

No quise decirle que tenía razón.

Mi hermano menor se ofreció para contratar la orquesta.

—Asegúrate de que sepan tocar valses y polkas —le advertí.

—Papá puede bailar cualquier cosa —me contestó—. ¿No quieres animarte tú?

No le dije que lo único que deseaba era volver a bailar otra vez con mi padre.

Cuando la orquesta empezó a tocar, después de la cena, mis padres pasaron a la pista. Se deslizaron invitando a los demás a unírseles. Los invitados se levantaron, aplaudiendo a la dorada pareja. Mi padre bailó con sus nietas, entonces la orquesta empezó a tocar la "Polka del barril de cerveza."

—Que ruede el barril —escuché a mi padre cantar, y supe que había llegado el momento. Conocía las palabras que debía decirle a mi padre para poder bailar de nuevo con él. Me abrí paso a través de algunas parejas y le toqué el hombro a mi hija.

—Disculpe usted —dije casi ahogándome con mis palabras—, pero creo que este baile es mío.

Mi padre se quedó petrificado. Nuestros ojos se encontraron y se remontaron juntos hasta la noche en que yo tenía quince años. Con voz temblorosa canté:

—Que se quede la tristeza en el camino.

Mi padre hizo una reverencia y dijo:

—Ah, sí. Te he estado esperando.

Entonces empezó a reírse y caímos uno en brazos del otro, haciendo una pausa, mientras volvíamos a captar el ritmo de la música.

Jean Jeffrey Gietzen

Un milagro de amor

Mi nieto Daniel y yo siempre hemos sido muy unidos. Cuando su padre volvió a casarse, después de su divorcio, Daniel, que tenía once años, junto con su pequeña hermana Kristie, vinieron a vivir con nosotros. A mi esposo y a mí nos dio mucho gusto volver a tener niños en casa.

Todo iba muy bien hasta que la diabetes, que he padecido la mayor parte de mi vida adulta, empezó a afectar mis ojos, y después, más seriamente, mis riñones. Fue entonces cuando todo pareció desmoronarse.

Tres veces por semana tenía que ir al hospital para conectarme a la máquina de diálisis. Aunque estaba viva, en realidad no podía considerarme como un ser viviente. No tenía energía. Con mucho esfuerzo realizaba los quehaceres diarios y dormía el resto del tiempo. Mi sentido del humor estaba desapareciendo.

Daniel, que ya tenía entonces diecisiete años, se sentía realmente afectado por el cambio producido en mí. Trataba fervientemente de hacerme reír, de traer de regreso a la abuela que disfrutaba bromeando con él. Aun en mi penoso estado, Daniel todavía podía provocar una sonrisa en mi rostro.

Pero las cosas no estaban mejorando. Después de un año en la diálisis, mi estado se deterioraba y los doctores pensaban que si no recibía un trasplante de riñón en seis meses, seguramente moriría. Nadie le dijo esto a Daniel, pero él lo sabía, decía que sólo tenía que mirarme a los ojos para enterarse de todo. Lo peor era que mientras mi condición empeoraba, existía la posibilidad de que me debilitara tanto hasta que ya no pudiera soportar el trasplante; entonces los médicos ya no podrían hacer nada por mí. Así que empezamos la desesperante y tensa búsqueda de un riñón. Yo estaba reacia y no quería aceptar un riñón de ningún conocido. Prefería esperar a que estuviera disponible otro riñón compatible o, literalmente, moriría en la espera. Pero Daniel tenía otros planes. Los días que me había acompañado a mis citas para realizarme las diálisis, se dedicó a investigar por su cuenta. Más tarde me anunció sus intenciones.

—Abuela, voy a darte uno de mis riñones. Estoy joven y saludable... —hizo una pausa al darse cuenta de que no me sentía feliz con su oferta, y siguió adelante, casi en un suspiro—. Y más que nada, no podría soportar que no estuvieras aquí.

Su rostro tenía una expresión de súplica mezclada con decisión. Podía ser tan terco como una mula cuando se proponía algo, ¡pero a mí me habían enseñado a quitarle lo terco a una mula!

Discutimos. No podía permitir que hiciera eso. Ambos sabíamos que si me donaba uno de sus riñones, estaría renunciando al sueño de su vida: jugar futbol. Ese muchacho comía, bebía y soñaba futbol. Era de lo único que hablaba. Y además, era bueno jugándolo. Daniel era capitán adjunto y estrella defensiva en su equipo de la secundaria; quería solicitar una beca y estaba ansioso por jugar futbol en la universidad. Amaba este deporte.

—¿Cómo quieres que te permita renunciar a lo más importante para ti? —le imploré.

—Abuela —respondió suavemente—, si lo comparo con tu vida, el futbol no significa nada para mí.

Después de eso, ya no pude seguir discutiendo. Así que quedamos de acuerdo en investigar si su riñón me era compatible, para volver a tratar el asunto. Cuando los exámenes estuvieron listos, mostraron que Daniel tenía una compatibilidad perfecta conmigo. Eso fue todo. Sabía que no podría ganar esa discusión, así que programamos el trasplante.

Ambas cirugías resultaron exitosas. En cuanto salí de la anestesia, me di cuenta de que las cosas eran diferentes. ¡Me sentía de maravilla! Las enfermeras de la unidad de cuidados intensivos tuvieron que repetirme una y otra vez que me recostara y tranquilizara. ¡No se suponía que estuviera tan entusiasta! Tenía miedo de dormirme porque no quería que se rompiera el hechizo y despertara sintiéndome como antes. Pero la sensación de bienestar no desapareció, pasé la tarde bromeando y riéndome con todo aquel que quisiera escucharme. ¡Era tan maravilloso sentirme viva otra vez!

Al día siguiente salí de terapia intensiva y me pusieron en el mismo piso donde estaba recuperándose Daniel, a sólo tres puertas de distancia. Su abuelo le ayudó a caminar para que me visitara en cuanto llegué al piso. Cuando nos vimos, no supimos qué decirnos. Nos tomamos de las manos y nos miramos largamente, sobrecogidos por el profundo sentimiento de amor que nos unía.

—¿Valió la pena, abuela? —habló finalmente.

—¡Para mí sí valió la pena! Pero, ¿para ti? —le pregunté, sonriendo con un poco de tristeza.

—Tengo a mi abuela de regreso —asintió con la cabeza y sonrió.

Me han devuelto la vida. Todavía es algo que me sorprende. Cada mañana, cuando despierto, le agradezco a Dios (y a Daniel) por este milagro. Un milagro que nació del amor más puro.

Shirlee Allison

(NOTA DEL EDITOR: *Como resultado de ese regalo tan altruista, Daniel fue elegido para recibir el Galardón al Atleta Colegial más Valeroso de la nación y voló a Disney World para la ceremonia de premiación. Ahí, Daniel se encontró con Bobby Bowden, entrenador de los Seminoles, el equipo de futbol de la Universidad Estatal de Florida. Daniel le dijo al entrenador Bowden que era fanático de los Seminoles y que siempre había soñado formar parte del equipo. Bowden se conmovió tanto que decidió convertir ese sueño en realidad. Actualmente, Daniel estudia con una beca completa y es entrenador del equipo de futbol de la universidad, uno de los más apreciados por los Seminoles.*)

Un sueño hecho realidad

Lo llamaban "Un sueño hecho realidad". El personal de Air Canada había estado solicitando fondos y donaciones durante un año para llevar un avión repleto de niños a Disney World por un día, y el gran día había llegado. Desde luego, era más temprano de la hora en que comenzaba cualquier día normal: las 4:00 a.m.

Quité el hielo del parabrisas y encendí el auto. La Sociedad de Asistencia a los Niños, donde yo trabajaba, recibió lugares para diez niños que participarían del "Sueño hecho realidad", por lo que seleccionamos a diez niños, la mayoría provenientes de casas hogar, con antecedentes de pobreza, abandono y abuso, quienes de otro modo nunca tendrían la oportunidad de conocer el Reino Mágico. En mi bolsa llevaba los documentos legales de cada niño, los cuales escondían la realidad de los traumas que habían experimentado.

Esperábamos que este viaje les ofreciera la visión de un mundo más alegre y les diera la oportunidad de disfrutar un día completo divirtiéndose y sintiéndose especiales.

El caos que se armó mientras nos reuníamos en el aeropuerto, antes del amanecer, era increíble. A cada niño se le dio una mochila llena de regalos donados, y el nivel de excitación era indescriptible. Una niñita con trenzas de color castaño me preguntó con timidez si en realidad podía quedarse con la playera que estaba en su mochila.

—Todo esto es tuyo —le expliqué, mostrándole el contenido de su mochila.

—¿Para siempre? —preguntó.

—Para siempre —respondí, y ella me premió con una esplendorosa sonrisa. Varios niños corrieron a los baños a ponerse su ropa nueva encima de la que traían puesta. No pude convencerlos de que sentirían mucho calor con todas esas capas de ropa al llegar a Florida. Dos niñas encontraron un juego de damas entre sus regalos y se tiraron al piso, en medio del aeropuerto, para jugar.

Corby era uno de los niños más grandes, de casi doce años, y miraba burlonamente a los demás que brincaban por todo el lugar. Corby se sentó en una silla con los brazos cruzados y su mochila sobre el piso, junto a él.

Cuando pasé a su lado, sólo me miró sin decir palabra.

—¿Qué pasa, Corby? —le pregunté. Conocía su expediente. Sabía que había sido un niño maltratado y que su madre, entrando y saliendo de su vida según se le antojaba, lo abandonó en repetidas ocasiones. No creo que nadie supiera quién era su padre, mucho menos Corby. Pero era doloroso ver a alguien tan jovencito con esa actitud tan indiferente.

—Nada —respondió secamente, viendo a su alrededor—. Después de todo, ¿qué está sucediendo en realidad?

—Tú sabes qué está sucediendo. Primero iremos a desayunar, después subiremos al avión y pasaremos todo el día en Disney World.

—Sí, cómo no —meneó la cabeza y se alejó.

—Corby, es la verdad.

No me creyó. Antes de que pudiera decir nada más, el personal de Air Canada empezó a distribuir jugos y panqués, y de pronto me vi ocupada limpiando desastres y asegurándome de que todos los niños tuvieran suficiente alimento. Poco después, seguimos el camino de estrellas que nos habían colocado para guiarnos hasta el avión correcto, casi olvidé mi conversación con Corby mientras acomodaba a los niños en sus asientos.

Sin embargo, al sentarme encontré a Corby junto a mí.

—Así que en realidad nos subimos a un avión —comentó.

—Te lo dije.

—¿A dónde nos llevan en realidad?

—Corby, de verdad vamos a Disney World.

Volvió a menear la cabeza; seguramente pensaba que yo era tan tonta y estaba tan emocionada como los niños, que a mí también me habían embaucado.

Ninguno de los niños de nuestro grupo había subido nunca a un avión, así que el viaje fue tan excitante como el mismo Disney World. Todos se fueron turnando para sentarse junto a las ventanillas, visitar al piloto en la cabina y pedir bebidas o golosinas. Cuando menos lo pensamos, aterrizamos y nos enfrentamos al clima de Florida, con una temperatura de 32 grados centígrados.

Me di cuenta de que Corby estaba atónito. Se dirigió a uno de los miembros del personal del aeropuerto que estaba ayudando a descargar el avión.

—¿En verdad estamos en Florida? —le preguntó. El hombre con uniforme rió y le aseguró que efectivamente estaban en Florida.

Mientras subíamos a los niños al autobús que nos llevaría a Disney World, Corby se quedó atrás. Quería sentarse conmigo de nuevo.

Después de un largo silencio me dijo:

—Ya sé lo que va a suceder. Van a dejarnos aquí, ¿no es verdad?

—No, no es así. En este momento nos dirigimos a Disney World y por la noche regresaremos a casa.

—¿Y podré regresar con los Mullins?

Los Mullins eran sus padres adoptivos, quienes le habían brindado mucho amor, aunque era difícil de tratar a veces.

—Sí, vas a regresar con los Mullins. Te apuesto que estarán esperándote en el aeropuerto cuando aterricemos.

—Sí, cómo no.

Tampoco me creyó esto.

El Reino Mágico hizo funcionar su hechizo. Todos los niños obtuvieron orejas del ratón Mickey, se montaron en todos los juegos por lo menos una vez, y muchos lo hicieron dos veces, se hartaron de comida chatarra, hablaron con Blanca Nieves, con la ratoncita Minnie y con muchos otros personajes, aplaudieron ruidosamente en los espectáculos y, en general, tuvieron un día perfecto. Para los adultos fue agotador tratar de estar al tanto de nuestras ansiosas y valiosas "cargas", pero no perdimos a ningún niño. Ni siquiera a Corby, quien empezó a sonreír un poco al subir por segunda vez al "Pequeño mundo", y la "Casa encantada" le gustó casi tanto como a mí.

Cuando empezó a oscurecer en el Reino Mágico, reunimos a los niños y a cada uno le dimos un billete de veinte dólares para que compraran recuerdos en las tiendas de regalos de la calle principal, de modo que cada niño pudiera tener un recuerdo personal de este día tan especial.

Pero aquí me percaté de otro tipo de magia. Primero, la niña de las trenzas me dijo:

—Quiero comprar algo para mi hermano, porque no pudo venir. ¿Qué cree usted que le gustaría? —le ayudé a encontrar un gorro del ratón Mickey y un yo-yo. Luego otro niño me pidió ayuda para escoger un regalo para "una niña de la casa hogar que quería venir pero no pudo". Otro más deseaba comprar un regalo para la maestra que tanto lo había ayudado en el año escolar.

Así sucedió con un niño tras otro. Mis ojos se llenaron de lágrimas al observar cómo cada uno de estos niños, escogidos para este viaje porque provenían de entornos empobrecidos y traumáticos, buscaba el regalo adecuado para alguien que no había podido disfrutar de este viaje. Al darles un poco de dinero para que compraran lo que quisieran, decidían gastarlo en otros.

Finalmente, ahí estaba Corby.

—¿En realidad regresaremos a casa? —preguntó una vez más, pero esta vez sonreía confiado en que sabía la respuesta.

—Por supuesto que vamos a casa —respondí.

—En ese caso —dijo—, voy a comprar regalos para los Mullins.

Le dije que era una idea encantadora y me alejé antes de que pudiera verme llorar.

Teresa Pitman

A buen recaudo

—Estoy muy contenta porque vienes a vivir con nosotros, tía Emma —dijo Jane, de doce años, mientras colocaba una prenda tejida a mano en la maleta de recuerdos de Emma. Jane y su madre ayudaban a la tía Emma a empacar para su mudanza. La mamá había bajado a empaquetar la cocina de Emma, y Jane se quedó arriba ayudando a Emma a guardar sus objetos personales.

Jane dejó lo que estaba haciendo durante un momento y se asomó por la ventana abierta de la granja de dos pisos de Emma. Observó el techo de su propia casa, que se veía al final del campo de maíz. El viento le traía el sonido del martillo de su padre, quien terminaba con orgullo la ampliación de su nueva casa, con cuartos extra para Emma.

Emma suspiró, pensando: "Esta vieja casa es demasiado grande para mí ahora que estoy sola".

La carita de Jane reflejaba la angustia que veía en la cara de Emma. Todavía era difícil creer que el esposo y los cuatro hijos de Emma ya no subirían corriendo por las escaleras. Se habían marchado para siempre, todos habían muerto en tan sólo una semana, durante la epidemia de difteria del año pasado.

Jane extrañaba a los hijos de Emma más de lo que nadie podía imaginarse. Habían sido como hermanos para ella, quien siendo hija única, pasó la mayor parte de su joven vida al lado de las dos niñas para defenderse de los dos hermanos mayores, quienes se pasaban el tiempo molestándolas. Ahora, lloraba cuando iba camino a casa a través de las milpas que una vez habían sido sendas que unían sus vidas.

—A pesar de todo, voy a extrañar este lugar —Emma pasó la mano sobre el descolorido papel tapiz y la ebanistería gastada—. Esta es la única casa que he tenido desde que dejamos la patria.

Sus ojos se llenaron de lágrimas mientras apretaba una cobija de bebé contra su pecho, antes de ponerla en el baúl.

—Cuéntame otra vez cómo fue que saliste de Irlanda con papá y mamá —le pidió Jane, esperando ver danzar como siempre los ojos de Emma al recordar esa aventura.

—Has escuchado esa historia cientos de veces —le dijo Emma, mientras tomaba el envoltorio de ropas de niño que estaba en una mecedora y lo colocaba en su regazo.

—¡Pero me encanta! —suplicó Jane—. Háblame otra vez de papá y mamá en esa época.

Aunque no pensaba mucho en el hecho de que había sido adoptada, algunas veces Jane se preguntaba si ese era el motivo por el que le fascinaban los antiguos relatos familiares. Se sentó en la alfombra tejida, a los pies de la mecedora, y se dispuso a escuchar.

—Bueno, tu mamá y yo hemos sido las mejores amigas, como hermanas, toda la vida.

—¡Por eso es que yo te digo tía, aunque no seamos parientes! —exclamó Jane.

Emma le guiñó un ojo y sonrió.

La verdad era que, además de papá y mamá, Jane amaba a Emma más que a nadie en el mundo.

—Así que, por supuesto, nuestros esposos se hicieron grandes amigos —continuó Emma—. Los cuatro hacíamos todo juntos. Íbamos a bailar...

La voz de Emma se arrastraba y su cabeza se ladeaba como si estuviera siguiendo el ritmo de una música. Enseguida, sus ojos empezaron a bailar también.

—Compartíamos todo, en las buenas y las malas épocas. Tu mamá estuvo a mi lado cuando nacieron todos nuestros hijos, aunque ella nunca pudo dar a luz ningún hijo propio —Emma hizo su pausa habitual y movió la cabeza lentamente—. Nunca conocí a otra mujer que deseara y mereciera tanto un hijo como tu madre. Anhelaba tener un bebé más que nada en el mundo.

—Ya lo sé —suspiró Jane, con una sonrisa radiante—. ¡Por eso es que me siento tan feliz de que me haya escogido! Ella dice que soy su regalo especial.

Emma respiró profundamente, y prosiguió:

—Así que cuando mi esposo Patrick tuvo la oportunidad de venir a una granja de Wisconsin en Estados Unidos, no les tomó mucho tiempo a tus padres decidirse a venir también. Como te dije, lo compartíamos todo.

Se mecía mientras recordaba el difícil viaje. La tormenta en el mar había sacudido el barco durante semanas, más de lo esperado.

—Todos los pasajeros enfermaron, especialmente yo —se quejaba Emma—, pues estaba esperando a nuestro quinto hijo. Y de no haber sido por tu madre, no habría sobrevivido a ese viaje. Patrick y los demás estaban demasiado enfermos como para cuidarme. Yo sabía que estaba a punto de perder al bebé —se detuvo para limpiarse las lágrimas con la camisita que tenía en las manos—. Tu mamá abandonó su lecho de enferma para ayudarme... —empezó a arrastrar la voz nuevamente—. Se portó como un ángel. De no haber sido por ella, tanto el bebé como yo hubiéramos muerto entonces.

Jane descansaba la cabeza en el regazo de Emma.

—¡Qué bueno que estás viva! Mi vida no sería la misma sin ti.

Jane miró la cara de Emma. Sabía que esta era la parte de la historia que más trabajo le costaba a Emma repetir, así que la concluyó por ella: —¡Gracias a mamá, nació una bebita en ese barco, una bebita rosada y preciosa! —las caras de ambas se iluminaron y luego se entristecieron cuando Jane añadió—: Pero al día siguiente, tu hijita se fue a vivir con los ángeles.

Emma sólo asintió, después, abruptamente, se levantó y empezó a guardar otros artículos en el baúl de sus tesoros. Sin hablar, se dirigió al cajón de la cómoda y empezó a clasificar más ropas de niños. Colocó algunas prendas gastadas en una caja de madera, y otras, con reverencia, las acomodaba en el baúl.

La escalera de madera rechinó cuando mamá subió de la cocina. Tomó a Jane de la mano y se sentó junto a ella en la cama.

Del último cajón, Emma sacó un bulto envuelto en lino blanco y atado con un listón de satén. Lo colocó sobre la cama y lo desenvolvió despacio. Una por una, fue depositando sobre la colcha diminutas prendas blancas.

—Estos son los ropones de bautizo que hice para mis bebés antes de que nacieran —dijo con suavidad.

Mamá apretó la mano de Jane.

Los dedos de Emma temblaban cuando alisaba la tela y estiraba el encaje de cada ropón.

—Cosí cada uno de ellos a mano y yo misma tejí el ribete.

Mamá alcanzó la mano de Emma y la acarició como si ambas supieran que había llegado el momento de contarme toda la historia.

Emma tomó los ropones uno por uno.

—Pensaba dárselos a mis hijos cuando crecieran —apenas podía hablar—. Este era de Colin. Este de Shane. Este otro de Kathleen. Este era de Margaret —sus lágrimas cayeron sobre el quinto ropón mientras se lo daba a Jane—. Y este era el tuyo.

Pensamientos, recuerdos y antiguos relatos se agolparon en la mente de Jane. Se quedó mirando a los ojos de su madre antes de volverse hacia Emma.

—¿Qué estás diciendo, tía Emma?

La voz de Emma se agitó.

—¿Te habías dado cuenta de que yo nunca he dicho que esa niña muriera, sino que se había marchado a vivir con los ángeles de Dios?

—¿Yo era esa bebita? —los labios de Jane se arquearon en un intento de sonrisa—. ¡Y mamá y papá eran los ángeles de Dios sobre la tierra!

—Así es —dijo Emma—. Era costumbre en nuestra antigua patria que cuando alguien no podía tener un hijo, otra familia le daba uno de los suyos. Yo quería tanto a tu mamá... —su voz se quebró, por lo que mamá terminó la oración:

—Que ella y Patrick nos dieron el mejor regalo de amor.

Jane dijo con una gran sonrisa:

—Tu regalo especial —y abrazó a su mamá.

Las lágrimas cubrieron las mejillas de mamá mientras mecía a Jane entre sus brazos.

—Es como si Dios te hubiera regalado con papá y mamá para que estuvieras a buen recaudo.

Emma lloró en silencio.

—Ay, Jane... quizá te hubiera perdido junto con los demás.

Jane acarició el ropón de bautismo y luego abrazó a Emma susurrando:

—Gracias.

El sonido del martillo de papá se escuchaba a través de la ventana abierta. Emma sonrió y sus ojos brillaron.

—Hace doce años, en aquel barco, les di a tus padres el mejor regalo. Ahora, ellos comparten conmigo ese regalo especial.

LeAnn Thieman

La mejor insignia de todas

Cuando me convertí en una niña exploradora, mi madre me contó esta historia sobre su tropa de exploradoras y lo que les ocurrió hace mucho tiempo, durante la Segunda Guerra Mundial:

En una fría mañana de un sábado, en el mes de diciembre, las niñas de once años pertenecientes a nuestra tropa corrían emocionadas hacia la parada donde nos encontraríamos con nuestra líder, la señora Taylor. Llevábamos grandes sacos llenos de sartenes, tazones para mezclar y un buen surtido de comestibles. En este esperado día, las niñas de la Tropa 11 íbamos a ganar nuestras insignias de cocineras.

—Nada tiene tan buen sabor como la primera comida que cocinas tú misma, sobre todo en una fogata —dijo sonriente la señora Taylor.

Podríamos disponer de tres autobuses que nos transportarían a tierras inexploradas. Cuando abordamos el primero, tomamos nuestros comestibles como si fueran bolsas con joyas. Varias madres habían contribuido generosamente con estampillas para que pudiéramos comprar los ingredientes para un verdadero desayuno: hot cakes con mantequilla, tocino e incluso un poco de azúcar mascabada para hacer un jarabe casero. Las exploradoras ganaríamos nuestras insignias a pesar del duro trabajo, y a pesar de la guerra. En nuestras mentes no sólo estábamos aprendiendo a cocinar en tierras inexploradas; estábamos haciendo todo lo que estuviera de nuestra parte para mantener la vida a buen ritmo en el nombre de nuestro país.

Llegamos finalmente a Papango Park, un hermoso refugio en el desierto, lleno de árboles de palo verde, árboles de mezquite y muchas formaciones de rocas rojas. Así emprendimos nuestra larga excursión por el camino polvoriento que llevaba al parque, cuando un camión del ejército estadounidense lleno de prisioneros de guerra alemanes nos rebasó.

—¡Allí van esos alemanes! —dijo una de las muchachas, desdeñosamente—. ¡Los odio!

—¿Por qué tenían que empezar la guerra? —se lamentó otra chica—. Mi papá se ha ido por mucho tiempo.

Todos teníamos padres, hermanos o tíos que luchaban en Europa.

Con decisión emprendimos la caminata a nuestro campamento, pronto el tocino estaba friéndose en las sartenes mientras los hot cakes se doraban por los bordes.

El desayuno fue un éxito, demostrándose así la predicción de la señora Taylor sobre nuestro arte culinario.

Después del desayuno, una de las chicas empezó a cantar una canción de las exploradoras, mientras limpiábamos el lugar donde habíamos cocinado. Una por una, todas nos unimos a cantar con ella. Nuestra líder comenzó a cantar otra canción, y la seguimos con entusiasmo.

Entonces, inesperadamente, escuchamos voces masculinas. Una hermosa y profunda melodía con fuertes tonos llenó el aire de diciembre, llegando hasta nosotras.

Alzamos la vista y descubrimos el caparazón natural y cavernoso en el sedimento rojo de las rocas, llamado "el Agujero en la Roca", lleno de prisioneros alemanes y guardias.

Cuando ellos terminaron su canción, nosotras empezamos una diferente. Ellos respondieron con otra cautivante melodía. No podíamos entender ni una palabra de lo que ellos cantaban en alemán, pero para nuestro deleite, continuamos intercambiando canciones a lo largo de la clara mañana del desierto.

Finalmente, una de las chicas comenzó a cantar Noche de paz, y todas unimos nuestras voces. Siguieron unos momentos de silencio, entonces... la melodía familiar se escuchó atrás de nosotras.

—Stille Nacht, Heilige Nacht...

—¿Cómo pueden conocer nuestros villancicos? —preguntó una niña a nuestra líder—. ¡Son enemigos de nuestro país!

Continuamos escuchando extrañadas. En ese inolvidable momento los hombres que estaban en aquella cueva se volvieron padres y hermanos, así como ellos entendieron que nosotras podríamos ser hijas y hermanas.

Durante los años que siguieron, otros miraban nuestras nuevas insignias probablemente como prueba de que podíamos cocinar en un fuego al aire libre. Pero para nosotras, eran recuerdos de una necesidad de paz, de una transformación muy extraña que sucedió en una Navidad.

Gerry Niskern

La estrella de Navidad

Esta era la primera Navidad que pasaba mi abuela sin el abuelo, y le habíamos prometido a él, antes de que falleciera, que festejaríamos la mejor Navidad. Cuando mi mamá, mi papá, mis tres hermanas y yo llegamos a la pequeña casa en las montañas del norte de Carolina, en Blue Ridge, nos enteramos de que la abuela había estado esperándonos durante toda la noche hasta que arribamos de nuestro viaje desde Texas. Después de intercambiar abrazos, Donna, Karen, Kristi y yo nos dirigimos hacia la casa. Parecía un poco vacía sin el abuelo, y supimos que dependía de nosotros hacer que esa Navidad fuera especial para la abuela.

El abuelo siempre había dicho que el árbol de Navidad era la decoración más importante, así que de inmediato nos pusimos a trabajar para armar el hermoso árbol artificial que estaba guardado en el armario del abuelo. Aunque no era natural, era el pino más genuino que había visto alguna vez. Envueltos en el armario, junto con el árbol, había una serie espectacular de ornamentos, muchos de los cuales habían pertenecido a mi padre cuando era niño. Al ir desenvolviendo cada uno de ellos, la abuela contaba una historia que correspondía a cada adorno. Mi madre adornó el árbol con luces blancas y brillantes y con una guirnalda roja; mis hermanas y yo pusimos los otros adornos con cuidado y, por último, mi padre tuvo el honor de encender el árbol.

Dimos unos pasos hacia atrás para admirar nuestra obra. Para nosotros se veía magnífico, tan bonito como el árbol del Rockefeller Center. Pero algo faltaba.

—¿Dónde está la estrella? —pregunté.

La estrella era la parte del árbol favorita de mi abuela.

—Bueno, debe estar en alguna parte —dijo la abuela y empezó a buscar en las cajas otra vez. El abuelo siempre ordenaba todo muy cuidadosamente cuando desarmaba el árbol.

Vaciamos caja por caja sin encontrar ninguna estrella, entonces los ojos de mi abuela se llenaron de lágrimas. No se trataba de cualquier adorno, sino de una estrella dorada cubierta con diamantina de colores y luces azules que parpadeaban. El abuelo se la había regalado hacía unos cincuenta años, en la primera Navidad que pasaron juntos. Ahora, en su primera Navidad sin él, parecía que también la estrella se había ido.

—No te preocupes, abuela —la tranquilicé—. La encontraremos.

Mis hermanas y yo organizamos una "patrulla de búsqueda".

—Empecemos por el armario, donde estaban los adornos —sugirió Donna—. Tal vez la caja se cayó.

Eso sonaba lógico, así que nos subimos en una silla y empezamos a buscar en el alto armario del abuelo. Ahí encontramos los antiguos anuarios de mi padre y fotografías de parientes, tarjetas de Navidad de otros años, vestidos de fiesta y cajas con joyas, pero ninguna estrella.

Buscamos debajo de las camas y encima de los estantes, dentro y fuera, hasta que quedamos exhaustas, sin ninguna posibilidad de encontrarla. Nos dimos cuenta de que la abuela se sentía defraudada, aunque intentaba no demostrarlo.

—Podríamos comprar una nueva estrella —propuso Kristi.

—Yo haré una de papel —agregó Karen.

—No —dijo la abuela—. Este año no tendremos estrella.

Para entonces ya había oscurecido y era tiempo de ir a la cama, pues Santa llegaría pronto. Nos fuimos a acostar y los copos de nieve caían de manera silenciosa afuera de nuestra casa.

A la mañana siguiente, mis hermanas y yo despertamos temprano, como era nuestra costumbre los días de Navidad, primero para ver qué había dejado Santa debajo del árbol, y segundo para buscar la estrella de Navidad en el cielo. Después del desayuno tradicional con *hot cakes* de manzana, la familia se reunía para abrir los regalos. Santa me trajo el Horno fácil que pedí y a Donna una muñeca Cathy que hablaba. Karen se estremeció al tomar entre sus brazos la muñeca que esperaba y Kristi al observar su juego de té chino. Mi padre era el encargado de ir pasando los regalos, para que todos tuviéramos algo que abrir al mismo tiempo.

—El último regalo corresponde a la abuela, y es del abuelo —dijo mi padre, confundido.

—¿De quién? —preguntó la abuela, sorprendida.

—Encontré este regalo en el armario del abuelo cuando bajamos el árbol —explicó mi madre—. Estaba envuelto y lo puse debajo del árbol. Pensé que era uno de los regalos de ustedes.

—¡Pronto, ábrelo! —gritó Karen emocionada.

Mi abuela abrió la caja con las manos temblorosas y su cara se iluminó con alegría cuando quitó el papel y sacó una gloriosa estrella dorada. Había una nota. Su voz tembló cuando la leyó en voz alta:

No estés enfadada conmigo, querida. Rompí tu estrella mientras guardaba los adornos y no supe cómo decírtelo. Pensé que ya era tiempo de comprar una nueva. Espero que te traiga tanta alegría como la primera. Feliz Navidad.

Con amor,
Bryant.

Así que, después de todo, el árbol de la abuela tuvo una estrella que expresaba el gran amor que mis abuelos sentían el uno por el otro. Esto trajo al abuelo a casa para Navidad en cada uno de nuestros corazones y fue la mejor Navidad de todas.

Susan Adair

Mi papá

Siempre que alguien conoce a mi papá, me imagino que antes que otra cosa notan lo guapo que es: sus llamativos ojos azules, su cabello color azabache y una hendidura en su barbilla. Pero después, apostaría que observan sus manos. El es carpintero profesional y es muy común que tenga una o dos uñas lastimadas, algunas cortadas frescas, varias heridas que están sanando y callos por todas partes. La circunferencia de sus dedos triplica el tamaño de los dedos de un hombre normal. Son las manos de un hombre que empezó su vida laboral a la corta edad de tres años, ordeñando vacas. Su actitud hacia sus trabajadores puede parecer ruda; espera que ellos trabajen duro y hagan cualquier cosa para terminar su labor sin excusas.

Hace veintitrés años que mi madre murió, y este hombre se quedó solo para criar a una adolescente de catorce años y un niño de once. De pronto tuvo que convertirse en papá y mamá al mismo tiempo.

Parecía más fácil al principio. Yo era una niña bastante intrépida y prefería jugar con los muchachos, haciendo las cosas que hacen ellos, como subir a los árboles, construir fortalezas, jugar futbol, beisbol y con soldados. Tenía una muñeca Barbie, pero a menudo la vestía con las ropas de faena de los soldados y la ponía a jugar a las guerras con ellos. Incluso jugaba en un equipo de hockey sobre hielo de varones. Me divertía mucho y aprendía muchas cosas, pero nada me preparó para llegar a convertirme en mujer, lo cual tenía que ocurrir tarde o temprano.

Recuerdo especialmente un día, cuando tenía quince años. Estábamos conduciendo hacia Georgia para visitar a mi tía y, por alguna razón, ¡todo lo que mi papá y mi hermano decían me sacaba de quicio! Iba de las lágrimas a la risa sin razón, y lo único que quería era *¡estar sola!* Obviamente los dos se quedaron perplejos al ver que llevaban en su automóvil a una criatura parecida al doctor Jekyll y el señor Hyde.

Habíamos tomado el tiempo al conducir y terminamos pasando la noche en una posada cerca de la carretera. Una vez en el cuarto, papá mandó a mi hermano a la máquina de refrescos. Cuando estuvimos solos, me preguntó si algo andaba mal. No podía más que admitir que se había presentado mi primera menstruación, y estallé llorando de manera incontrolable.

El milagro fue que, de alguna manera, y aunque ningún folleto incluía esta información, papá sabía cómo abrazarme y permitirme lamentar la pérdida de mi niñez. Se ofreció para ir a la tienda y comprar los artículos que yo requeriría.

Los dos cruzamos una especie de puente aquel día: yo para convertirme en mujer, y él uno más largo, hacia el papel de ser padre y madre a la vez. Pienso que algunos hombres temen descubrir su lado femenino, como si el ser tiernos les quitara de algún modo su virilidad. Todo lo que mi papá sabía era amarme sin condiciones, y como era lógico, eso funcionó muy bien.

Cuando llegó mi baile de graduación, tuve la dicha de tener como pareja a un muchacho de un pueblo vecino; nos invitamos mutuamente a nuestros bailes de graduación, los cuales se llevaron a cabo en noches consecutivas.

Mi papá quería que tuviera un vestido perfecto, y así fue. Era un vestido sin mangas, con una túnica larga de color blanco y un gran escote. Esto me hacía sentir como una princesa. Y la aprobación de papá era obvia; pienso que estaba orgulloso de mí por haber abandonado la imagen de "marimacho" y actuar como toda una dama, aunque fuera sólo durante un par de noches. ¡Pero qué noches! La tradición del baile de graduación de nuestra escuela era quedarse afuera toda la noche con los amigos. Con el permiso de nuestros padres, mi pareja y yo estuvimos en la fiesta de graduación hasta las 6:30 de la mañana. Regresé a casa para dormir unas horas antes de conducir hacia la casa de los padres de mi pareja.

Nunca olvidaré mi asombro esa mañana del sábado, cuando desperté, bajé las escaleras y encontré mi hermoso vestido de graduación desplegado orgullosamente con una protección plástica, como nuevo, preparado para la fiesta de esa noche.

Parece que, mientras yo dormía, mi papá entró en mi cuarto, tomó mi vestido, lo lavó a mano con un jabón suave y después lo planchó.

Mi papá nunca fue un hombre de muchas palabras, pero en realidad no tenía que serlo. Cuando pienso en aquel hombre de manos maltratadas y callosas lavando mi vestido tan delicadamente, mi corazón se emociona y vuelve a vivir ese momento de amor incondicional.

Conocí lo mejor de lo que se supone debemos aprender de nuestra madre, y también de nuestro padre.

Barbara E.C. Goodrich

Y vivieron felices para siempre

—¿Está Jenna? —preguntó una voz al teléfono. Jenna tomó el teléfono con mano temblorosa. Esa voz era exactamente la que había soñado escuchar. Justo como la de su padre.

Desde hacía treinta años Jenna sabía que ese día tendría que llegar. Los hijos adoptados parecen querer conocer todo acerca de su familia biológica. Jenna se sentía embargada por sentimientos de temor, pero también por una especie de júbilo, mientras mantenía una conversación con el joven que estaba al teléfono.

En 1967, Jenna estaba enamorada de David, cuya familia provenía de la región más pobre del pueblo. El padre de Jenna era controlador y abusivo, y no le permitiría ser novia de David. Con la ayuda de algunos amigos, ellos se veían a escondidas.

Cuando Jenna descubrió que estaba embarazada, su padre se enfureció. Obligó a la adolescente a que se marchara a vivir con una tía hasta que el bebé naciera. Acongojado, David se unió al ejército y fue a luchar a Vietnam. Le escribió algunas cartas a Jenna, pero su padre se deshizo de ellas. David incluso le escribió cartas a una de las amigas de Jenna, esperando saber algo de la chica que tanto amaba. Pero Jenna nunca recibió ninguna de estas cartas, y nunca supo cómo podía ponerse en contacto con David.

Jenna regresó a su casa después de que nació el bebé. Constantemente soñaba con el pequeñito que había sostenido en sus brazos durante unos segundos. Se preguntaba quiénes serían sus padres adoptivos, dónde vivirían y a quién se parecería el bebé. También soñaba con el día en que fuera lo suficientemente mayor e independiente para abandonar su casa y alejarse del control de su padre. Después de su graduación, Jenna fue a la universidad y consiguió un buen trabajo en una gran ciudad. Nunca regresó a su pueblo natal, pues siempre estuvo enfadada con su padre por no haberle permitido conservar a su hijo y casarse con David. Los recuerdos de un amor perdido y de un hijo que se vio obligada a abandonar, fueron la causa de que Jenna nunca se casara. Se mantuvo ocupada en su trabajo como maestra. Las organizaciones para mujeres golpeadas y madres solteras se volvieron su pasión. Jenna trabajó muy duro durante toda su vida adulta para ayudar a otros.

Pero en lo más profundo de su mente sabía que este día tenía que llegar. Su hijo tenía que encontrarla y saber por qué no lo había amado lo suficiente como para mantenerlo a su lado.

—¿Nos encontraremos pronto? —le preguntó el joven. Su nombre era Bradley. Jenna aceptó que su hijo viajara a su ciudad para reunirse con ella. Él tenía treinta años y estaba casado. Tenía dos hijos.

Después de que colgó, Jenna deseó haberle preguntado a Bradley si había podido encontrar a David. Dejó de pensar en eso y empezó a prepararse para la visita de su hijo, dentro de dos semanas.

Los días transcurrieron. Los sentimientos de Jenna se confundían. Se sentía emocionada al saber que por fin vería a su hijo, pero temía que ella no le simpatizara o que él no la entendiera.

Finalmente llegó el día. Jenna condujo su auto hacia el aeropuerto y llegó con dos horas de anticipación, porque estaba demasiado nerviosa para quedarse sola en casa. Se paseaba de un lado a otro y se mordía las uñas.

El vuelo en el que arribó Bradley había llegado. Jenna consiguió acercarse hasta donde le fue permitido, mientras estiraba el cuello buscando a la familia que estaba a punto de conocer. Una vida de pesadillas y remordimientos llenaron su mente.

De repente, allí estaba él, justo frente a ella. Un abrazo tan fuerte que la levantó del piso, fue el primer contacto con su hijo en treinta años. Se abrazaron y lloraron durante varios minutos. En ese momento, un pequeñito jaló la camisa de Bradley.

—Papi, tengo sed —Jenna abrazó a su nieto, y después a su nieta mayor. Abrazó a su nuera, y luego a Bradley una vez más. De pronto el pequeño empezó a gritar y corrió hacia otro hombre—. ¡Abuelo! —gritó.

Jenna lo miró fijamente. "No puede ser. ¿Pero, cómo? ¿Realmente es él?"

Bradley besó suavemente la mejilla de Jenna.

—Sí, realmente es él. Lo encontré la semana pasada y fue a casa a visitarnos. Estaba muy emocionado al saber que me encontraría contigo hoy. Él tampoco se casó.

David levantó al pequeño, y en ese momento sus ojos se encontraron con los de Jenna. Bajó al niño con delicadeza y se acercó a Jenna. Ella estuvo entre sus brazos durante varios minutos antes de que se apartaran para mirarse el uno al otro.

El fin de semana pasó demasiado rápido. Bradley y su esposa le hicieron prometer a Jenna que los visitaría en pocas semanas. Cuando se fueron al aeropuerto, David ayudó a Bradley a orientarse.

—¿A dónde vas a tomar tu vuelo? —le preguntó Jenna.

—No, yo no me voy —contestó—. He alargado mis vacaciones. Tenemos muchos años para rehacer nuestras vidas.

Bradley fue testigo del matrimonio de sus padres en la Navidad de ese año.

Y realmente vivieron felices para siempre.

Mary J. Davis

Amor en acción

Cierta noche un hombre vino a nuestra casa y me dijo:
—Hay una familia con ocho niños. No han comido durante días.

Tomé algunas provisiones y fui a verlos.

Cuando llegué con esa familia, vi las caras de los niños desfiguradas por el hambre. No se reflejaba ninguna aflicción ni tristeza en sus caras, sólo el profundo dolor del hambre.

Le ofrecí arroz a la madre. Ella dividió el arroz en dos y salió, llevando consigo la mitad. Cuando regresó, le pregunté:

—¿A dónde fue? —ella me dio esta simple respuesta:
—Con mis vecinos, ¡ellos también tienen hambre!

... No me sorprendió su acción, porque la gente pobre realmente es muy generosa. Pero sí estaba sorprendida de que supiera que también ellos tuvieran hambre. Por regla general, cuando nosotros somos los que estamos sufriendo, nos enfocamos en nuestras necesidades y no tenemos tiempo para los demás.

Madre Teresa

2

SOBRE LAS ACTITUDES

*T*endría que decir que no ha existido ningún
fracaso en mi vida. No quisiera parecer
como una reina de la metafísica, pero no
ha habido ningún fracaso. Lo que sí han
existido son algunas lecciones tremendas.

Oprah Winfrey

El verdadero espíritu de la Navidad

Si no puedes cambiar tu destino, cambia tu actitud.

Amy Tan

"Una hora más", pensé. "Sólo una hora más y seré libre". Era Navidad y yo estaba atorada en la escuela de belleza. No era justo. Tenía muchas cosas mejores que hacer que atender a ancianas quisquillosas con el cabello azul. Había trabajado duro y rápido para terminar de aplicar cuatro champús y un manicura antes del almuerzo. No tenía más citas programadas, así que podría irme a las dos. Sólo una hora más...

—Número setenta y uno. Carolyn, número setenta y uno.

La voz de la recepcionista en el intercomunicador hizo que el estómago se me subiera a la garganta.

—Tienes una llamada telefónica.

Una llamada telefónica. Suspiré con resignación y me dirigí a tomar la llamada.

Cuando llegué al teléfono eché un vistazo apresurado a la agenda de citas para confirmar mi libertad. No podía creerlo. Tenía un permanente a las 4:30. Nadie que estuviera en su sano juicio se peinaría para la noche de Navidad. Nadie sería tan desconsiderado.

Miré con enojo a la recepcionista, que estaba detrás del mostrador.

—¿Cómo pudiste hacerme esto? —le reclamé.

Dio un paso hacia atrás y susurró:

—La señora Weiman te programó.

La señora Weiman era la instructora en jefe, "la dueña del balón". Cuando ella hablaba, nadie discutía.

—Muy bien —chasqueé los labios y atendí el teléfono. Era Grant. Su abuela me había invitado a la comida de Navidad, así que quería saber si estaría libre para las tres de la tarde. Toqué con mis dedos el collar con un brillante que Grant me había regalado la noche anterior. Deshaciendo el nudo que sentía en la garganta, le expliqué la situación. Después de un interminable silencio, me dijo que ya nos veríamos en otra ocasión, y colgó. Tenía lágrimas en los ojos cuando colgué de un golpe el teléfono y me parapeté detrás de mi lugar de trabajo.

La tarde transcurría desolada y gris, igual que mi estado de ánimo. Casi todas las demás estudiantes se habían ido a casa. Yo no tenía otras clientas hasta el permanente de las 4:30, así que pasé el tiempo sentada, dándole vueltas al asunto.

Como a las 4:15, la señora Weiman asomó su cara agria por mi espejo y me aconsejó con su tono suave y sin bromas:

—Cambia tu actitud antes de que llegue la clienta —y se marchó en silencio.

Claro que cambiaría mi actitud, de enojada a criminal. Jalé un pañuelo desechable y me limpié las lágrimas.

Vocearon mi número a las 4:45. Mi desconsiderada e impuntual clienta había llegado. Con bruscas zancadas me adelanté a saludar a una frágil y muy arrugada viejecita, quien caminaba ayudada por su esposo. Con una voz muy tierna, la señora Weiman me presentó a la señora Sussman y la escoltó hasta mi lugar. El señor Sussman nos siguió, dando mil disculpas por haberla traído tan tarde. Yo aún me sentía molesta, pero no quise demostrarlo. La señora Weiman colocó a la señora Sussman tan cerca como pudo de la silla. Cuando me disponía a elevar la silla hidráulica, fingí una sonrisa y activé la bomba con el pie. La señora Sussman era tan pequeña que tuve que levantar la silla a su altura máxima.

Coloqué una toalla y una funda de plástico alrededor de sus hombros, y luego brinqué hacia atrás horrorizada. Entre su cabello y sobre sus hombros se arrastraban piojos y ácaros. Mientras permanecía ahí tratando de no vomitar, reapareció la señora Weiman, poniéndose unos guantes de plástico. El chongo de la señora Sussman estaba tan enredado que no podíamos sacar los pasadores. Me disgustaba pensar que alguien pudiera ser tan sucio. La señora Weiman le explicó que tendríamos que cortarle el cabello para poder desenmarañarlo y la señora Sussman sólo nos miró, con lágrimas resbalando por sus mejillas. Su esposo le sostenía las manos con ternura, mientras se arrodillaba junto a la silla.

—El cabello ha sido su orgullo toda la vida —explicó—. Lo recogió así la mañana que la llevé a la clínica de asistencia.

Evidentemente, no había peinado ni lavado su cabello desde aquella mañana, hacía casi un año. Al señor se le llenaron los ojos de lágrimas y arrastrando los pies se dirigió a la sala de espera.

La señora Weiman cortó el chongo enredado con delicadeza, dejando al descubierto un cuero cabelludo seco, con escamas amarillentas. Trabajó con amor y paciencia, mientras yo trataba con desánimo de ayudarla en lo que podía. Un permanente penetraría en su cuero cabelludo como si fuera ácido. Era imposible aplicárselo. Lavamos su cabeza con cuidado, tratando de quitar los piojos sin arrancarle el cabello. Froté una loción antiséptica en sus llagas y recogí su escaso cabello con pinzas. Mantuve los rizos en su lugar con gel, ya que no nos atrevimos a lastimar su cabeza con broches. Después le secamos los rizos.

La señora Sussman metió su atrofiada mano en su pequeño bolso y sacó un tubo de lápiz labial y un par de guantes blancos de encaje.

La señora Weiman le untó suavemente el lápiz en los labios y con cuidado metió las temblorosas manos en los delicados guantes. Mis pensamientos volaron hacia mi abuela, que había muerto recientemente: siempre se aplicaba lápiz labial antes de dirigirse al correo, que estaba en la esquina. Pensé en las historias que contaba sobre su juventud, cuando una señorita decente no se mostraba en público sin guantes. Se me llenaron los ojos de lágrimas mientras agradecía a Dios en silencio por habérsela llevado con dignidad.

La señora Weiman me dejó esterilizando mi lugar de trabajo y regresó con el señor Sussman. Cuando él miró a su esposa, sus lágrimas brotaron sin reparo.

—Querida —murmuró—, nunca te había visto tan encantadora.

Los labios de ella temblaban en una sonrisa.

Del bolsillo de su abrigo sacó dos estampitas navideñas con el niño Jesús, María y José, que nos dio a la señora Weiman y a mí. Era tan pequeña que me cabía en la palma de la mano. Me sentí llena de amor ante este hombre y su dulce esposa. Quizá por primera vez en mi vida comprendí el verdadero espíritu de la Navidad.

Acompañamos a los Sussman hasta la puerta. No tendrían que pagar la cuenta esa noche. Les deseamos Feliz Navidad y los vimos partir. Estaba nevando ligeramente, era la primera nevada de la temporada. Los copos de nieve parecían polvo de diamantes. Pensé un poco en mi abuela y en la comida que me había perdido, pero sabía que en esa Navidad, la abuela de Grant comprendería.

Carolyn S. Steele

Los bebés de Verónica

Si alguien escucha, o estira una mano, o susurra una palabra amable de estímulo, o intenta entender a una persona solitaria, empezarán a suceder cosas extraordinarias.

Loretta Girzatlis

Cuando estaba en tercer grado, tenía como profesora a la señora Margaret McNeil; ella era joven, apasionada y muy bonita. A mí y a todos los demás chicos de su clase nos enseñó lo básico. Incluso aquellos chiquillos que eran discapacitados o que padecían de severas incapacidades físicas, también aprendían de una manera casi milagrosa. Todos cursábamos el tercer grado leyendo y escribiendo, gracias a la señora McNeil... y a Verónica.

Verónica era una enorme planta de hojas jaspeadas y estaba suspendida en la ventana de nuestra aula, en una canasta colgante de color blanco brillante. Todos los años, esta planta daba pequeñas plantitas con tallos delgados que caían en forma de cascada sobre el borde del macetero. Cuando uno aprendía a leer y escribir "a satisfacción" de la señora McNeil, era recompensado con uno de "los bebés de Verónica". Definitivamente todos los estudiantes esperaban obtener una plantita.

Cuando llegaba el gran día, había que regar a Verónica", y entonces la señora McNeil nos ponía en las manos unas tijeras especiales para cortar uno de los "bebés" y ponerle nombre. La señora McNeil nos guiaba, y enseguida debíamos plantarla en tierra húmeda, en un vaso de unicel, escribiendo su nuevo nombre en la parte de afuera con un marcador verde.

Nunca olvidaré ese día del mes de marzo en que aprendí a leer y escribir correctamente. Fue a través del ritual de la señora McNeil que llevé a casa la pequeña planta. La llamé Rose, por mi madre. Me sentía muy orgulloso de ser uno de los primeros muchachos en obtener una. Cuando llegó el mes de junio, todos los niños de la clase habían recibido uno de los bebés de Verónica. Incluso Billy Acker, que tenía un ligero retraso y se esforzaba más que todos nosotros, lo hizo bastante bien y obtuvo un bebé de la planta.

Durante el verano, todos los alumnos teníamos que prometer a la señora McNeil escribir una carta para decirle cómo estaba creciendo el bebé de Verónica. Nos recomendó que utilizáramos el diccionario para ayudarnos a escribir las palabras difíciles.

Recuerdo haber escrito que mi mamá y mi papá me ayudaron a trasplantar al bebé a una canasta colgante blanca, y que sus raíces habían crecido muy largas.

Durante el verano conservé a mi bebé en nuestro patio, y al llegar el otoño lo metí para colgarlo en la parte interior de mi puerta corrediza de vidrio, donde llegaba suficiente luz.

Los años pasaron y el bebé de Verónica creció. También tuvo bebés, al igual que Verónica, muchos bebés. Yo los corté y los trasplanté a cestos colgantes, colocando dos en cada cesto. Mi papá se los llevaba a su trabajo y los vendía a sus compañeros. Con el dinero extra, compraba más cestos colgantes y tierra, así comencé un pequeño negocio.

Gracias al bebé de Verónica me interesé en las plantas ornamentales. Desde luego, mi papá fomentó mi interés en todos los tipos de plantas, también tuvo parte del crédito. Y mientras que la señora McNeil me enseñó a leer y escribir, fue mi papá, una vez más, quien cultivó estas habilidades en mí.

Cuando papá llamó recientemente para comunicarme que la señora McNeil había fallecido, yo sabía que tenía que asistir al velorio. Viajé a casa y me senté con mi esposa, Carole, en el concurrido salón del funeral. La señora McNeil yacía ahí como si estuviera apaciblemente dormida. Su cabello era plateado y había muchas arrugas en su cara maquillada, pero sobre todo, lucía tal como yo la recordaba. Colgando a su izquierda, en la ventana, estaba Verónica, con una cascada de muchos bebés que caían por el borde de su canasta. Verónica, a diferencia de la señora McNeil, no había cambiado en nada.

Muchas personas hablaron acerca de los recuerdos que les dejó la señora McNeil, del tercer grado, de cómo aprendimos a leer y escribir bien para conseguir un bebé de Verónica como premio a nuestra dedicación.

Cuando un rostro vagamente familiar se incorporó para hablar, repentinamente se hizo el silencio.

—Hola, mi nombre es Billy Acker —tartamudeó—. Todo mundo les decía a mis padres que yo nunca aprendería a leer y escribir porque era retardado. Pero la señora McNeil me enseñó a leer y escribir muy bien. Ella lo hizo realmente bien.

Hizo una pausa, y una gran lágrima rodó por su mejilla, mojando la solapa de su traje gris.

—¿Saben?, yo todavía tengo uno de los bebés de Verónica.

Limpió sus ojos con el dorso de la mano y continuó:

—Cada vez que escribo o leo una orden en la tienda donde trabajo, no puedo dejar de pensar en la señora McNeil y en cómo trabajó tan duro conmigo después de clases. Ella me enseñó realmente bien.

Muchos otros hablaron sobre la señora McNeil después de Billy, pero ninguno con tanta sinceridad y sencillez.

Antes de que nos retiráramos, Carole y yo hablamos con las hijas de la señora McNeil y admiramos los bellos arreglos florales que adornaban el salón. La mitad de esos arreglos provenían de la Florería Acker's. Un gran corazón formado por un ramillete de claveles blancos con un listón rojo intenso en el fondo de la habitación nos llamó la atención. Escrito con grandes letras negras decía: *Si usted puede leer esto, agradézcaselo a un maestro*. Debajo, con una letra temblorosa, casi ilegible, decía estas palabras: *Gracias, señora McNeil. Con amor, su alumno, Billy Acker*.

George M. Flynn

Ver con el corazón

Nada en la vida es tan difícil que no puedas hacerlo
fácil, según la manera como lo tomes.

Ellen Glasgow

¡Yo estuve ciega! Sólo durante seis semanas, pero me pareció una eternidad.

Durante ese tiempo permanecí en el hospital Columbus, muy asustada, muy sola y sumamente nostálgica por mi marido y mis cinco hijos. Estoy segura de que la oscuridad hacía aún más grandes estos sentimientos. Me pasé horas, incluso días, preguntándome si podría ver a mis hijos otra vez. Había estado tanto tiempo sintiendo lástima de mí misma, que cuando la enfermera me dijo que iba a tener una compañera de cuarto, no me entusiasmé. Irónicamente, no quería que nadie me "viera" de esta manera. Me gustara o no, en poco tiempo mi compañera de cuarto se instaló en la cama al otro lado de la habitación. Su nombre era Joni.

A pesar de mis mejores esfuerzos para concentrarme en mi lástima por mí misma, casi de inmediato me empezó a caer bien Joni. Tenía una actitud muy positiva, siempre estaba alegre y nunca se quejaba de su enfermedad. Ella se daba cuenta a menudo de mi temor y depresión y de alguna manera me convenció de que yo tenía suerte de no poder mirarme al espejo durante ese tiempo. Mi cabello estaba descuidado por permanecer en la cama durante una semana, y había subido varios kilos a consecuencia de la cortisona intravenosa que me ponían. Joni siempre lograba que me riera de sus bromas locas. Cuando Joe, mi marido, venía a visitarme, a veces traía a mis cinco hijos con él. ¿Puede usted imaginarlo vistiendo a cinco niños de menos de seis años de edad? A menudo le tomaba horas encontrar diez zapatos y reunir los calcetines en pares correctos. Yo había clasificado la ropa de los niños en esos días, y todo lo que tenía que hacer era coordinar la parte superior del trajecito con la parte de abajo para que ambas tuvieran ositos Pooh, ¡y así los niños estuvieran a la moda! Joe no sabía de esto, así que los niños venían a visitarme con una combinación de diferentes conjuntos de ropa. Después de que se retiraban, Joni pasaba horas diciéndome lo que cada uno llevaba puesto. Luego me leía las tarjetitas que habían traído y que decían: "Te amo" y "Por favor, mejórate pronto, mami". Cuando mis amigos enviaban flores frescas, me las describía. Abría mis cartas y me decía lo afortunada que era por tener tantos amigos. A la hora de comer me ayudaba a llevarme los alimentos a la boca. Y una vez más me convencía de que, quizá por un tiempo, ¡tenía la suerte de no poder ver la comida del hospital!

Una tarde, Joe vino solo. Joni debió haber sentido que teníamos la necesidad de estar a solas; era tan callada que yo no estaba segura de si se encontraba en la habitación. Joe y yo hablamos sobre la posibilidad de que nunca recuperara la vista. Me aseguró que nada cambiaría su amor por mí y que, de alguna manera, siempre nos tendríamos el uno al otro y juntos continuaríamos criando a nuestros hijos. Durante horas, tan sólo me sostuvo entre sus brazos, me permitió llorar e intentó hacer de mi oscuridad un mundo más luminoso.

Una vez que se fue, escuché a Joni moviéndose en su cama. Le pregunté si estaba despierta y dijo:

—No sabes lo afortunada que eres al tener a tantas personas que te aman. ¡Tu marido y tus hijos son tan hermosos! ¡Tienes tanta suerte!

En ese momento comprendí por primera vez que, durante nuestra estancia en el hospital, Joni no había recibido la visita de un esposo o un hijo o un amigo. Su madre y el ministro venían ocasionalmente, pero sólo permanecían poco tiempo.

Había estado tan ensimismada, que no le había permitido siquiera confiar en mí. Por las visitas de su médico supe que estaba muy enferma, pero ni siquiera supe de qué. Una vez oí a su doctor llamar a su enfermedad con un nombre muy largo, al parecer en latín, pero nunca pregunté lo que significaba. No me había dado el tiempo para preguntarlo. Comprendí lo egoísta que me había vuelto, y me odié por eso. Me di la vuelta y empecé a llorar. Le pedí a Dios que me perdonara. Prometí que al día siguiente lo primero que haría sería preguntarle a Joni acerca de su enfermedad, le haría saber lo agradecida que estaba con ella por todo lo que había hecho por mí. Le diría que de verdad la amaba.

Pero ya no tendría esa oportunidad. Cuando desperté a la mañana siguiente, la cortina entre nuestras camas estaba recorrida. Podía oír a las personas que susurraban. Me acerqué para oír lo que decían. Entonces escuché a un ministro decir: "Descanse en paz eternamente". Antes de que pudiera decirle que la amaba, Joni había muerto.

Supe después que Joni había venido al hospital conociendo su destino. Sabía, cuando la admitieron, que nunca más regresaría a su casa. Sin embargo, nunca se quejó y pasó los últimos días de su vida dándome esperanzas.

Joni se dio cuenta de que su vida estaba acabando esa misma noche, cuando me dijo lo afortunada que era. Después de que lloré hasta quedarme dormida, ella me había escrito una nota. La enfermera de turno me la leyó aquella mañana, y cuando volví a ver, la leí una y otra vez:

Mi amiga:
¡Gracias por hacer mis últimos días tan especiales!
Encontré una gran felicidad en nuestra amistad.

Sé que te preocupaste por mí también sin darte cuenta. Algunas veces, para obtener toda nuestra atención, Dios debe derribarnos o por lo menos dejarnos ciegos. Con mi último aliento rezo porque pronto puedas ver de nuevo, pero no de la manera que tú piensas. Si tan sólo pudieras aprender a ver con tu corazón, entonces tu vida estaría completa.

Recuérdame con amor,
Joni

Esa noche desperté de un profundo sueño. Mientras permanecía en la cama noté que podía ver vagamente el brillo de la luz diminuta a los pies de mi cama. ¡Mi visión estaba regresando! ¡Sólo un poco, pero podía ver!

Pero lo más importante fue que, por primera vez en mi vida, también podía ver con mi corazón. Aunque nunca supe cómo era Joni físicamente, estaba segura de que era la persona más hermosa del mundo.

He perdido la vista varias veces desde entonces, pero gracias a Joni nunca me permitiré "perder la vista" de las cosas más importantes en la vida... las cosas como el calor y el amor, y algunas veces, incluso el dolor.

Barbara Jeanne Fisher

Un caramelo para el día de brujas

La bolsa con un buen surtido de dulces estaba lista y sólo esperaba las visitas de los "duendes". Pero en la mañana del día de brujas mi artritis se agudizó y por la tarde difícilmente podía moverme. Posiblemente no podría abrir la puerta cada vez que tocaran para distribuir las golosinas, así que decidí atar la bolsa de los dulces a la puerta y mirar el desfile de chiquillos desde la oscuridad de mi sala.

El primer grupo en llegar fue el de una bailarina de ballet con tres pequeñas fantasmitas. Cada una escogió un dulce. ¡Cuando la última manita tomó un puño completo, escuché el regaño de la bailarina: "¡Se supone que no debes tomar más de uno!" Me dio gusto saber que la hermana mayor le hiciera ver a la pequeña que no debía abusar.

Siguieron princesas, astronautas, esqueletos y extraterrestres. Vinieron más niños de los que esperaba. Los dulces estaban a punto de terminarse y yo estaba por apagar la luz del porche cuando noté que llegaban cuatro visitantes más. Los tres más grandes metieron la mano en la bolsa y sacaron unas barras de chocolate. Contuve el aliento mientras esperaba que dejaran uno para la bruja pequeñita, pero cuando ella metió su mano, todo lo que encontró fue un caramelo anaranjado.

Sus compañeros la llamaban:

—Ven acá, Emily, vámonos. No hay nadie en esa casa para darnos algo más.

Pero Emily demoró un poco, dejó caer el dulce en su bolsa y exclamó frente a la puerta:

—¡Gracias, casa. Me gustó el caramelo anaranjado!

Acto seguido se alejó corriendo para unirse a sus compañeros. Una adorable brujita había lanzado su hechizo sobre mí.

Evelyn M. Gibb

El concurso de belleza

Una exitosa compañía de productos de belleza pidió a las personas de una gran ciudad enviar cartas breves que hablaran de las mujeres más bonitas que conocieran, junto con los retratos de esas mujeres. Después de unas semanas esa compañía recibió miles de cartas.

Una en particular llamó la atención de los empleados, y de inmediato se la entregaron al presidente de la compañía. La carta estaba escrita por un adolescente y en ella explicaba que venía de un hogar desintegrado y vivía en un barrio humilde. Con algunas correcciones ortográficas, un fragmento de su carta decía:

> *Una hermosa mujer vive en mi calle. La visito todos los días. Ella me hace sentir como el muchacho más importante del mundo. Jugamos damas y escucha mis problemas. Me entiende, y cuando me voy, siempre grita desde la puerta que está orgullosa de mí.*

La carta concluía diciendo: *Este retrato demuestra que es la mujer más hermosa. Espero tener una esposa tan linda como ella.*

Intrigado, el presidente de la compañía pidió ver el retrato de esa mujer. Su secretaria le dio una fotografía de una mujer sonriente, sin dientes, muy avanzada en años, sentada en una silla de ruedas. Su cabello gris estaba recogido con un moño y las arrugas que formaban profundas grietas en su rostro de alguna manera se veían disminuidas por el brillo en sus ojos.

—No podemos usar a esta mujer —explicó el presidente, mientras sonreía—. Mostraría al mundo que nuestros productos no son necesarios para ser hermosa.

Carla Muir

La cicatriz

Su dedo pulgar frotó suavemente la carne cicatrizada sobre mi mejilla. El cirujano plástico, quince años mayor que yo, era un hombre muy atractivo. Su masculinidad y la intensidad de su mirada parecían casi irresistibles. —Hmmm —dijo en voz baja—. ¿Eres modelo? "¿Es un chiste? ¿Está bromeando?", pensé y luego busqué en su rostro bien parecido alguna señal de burla. De ninguna manera me podría confundir con una modelo. Yo era fea. Mi madre casualmente se refería a mi hermana como su niña bonita. Cualquiera notaría que yo era fea. Después de todo, tenía una cicatriz para demostrarlo.

El accidente ocurrió en cuarto grado, cuando un chico que era mi vecino levantó un pedazo de concreto y lo lanzó hacia un lado de mi rostro. Un doctor cosió los pedazos de piel, metiendo el hilo en la parte externa de mi cara y suturando los bordes por dentro de mi boca. Durante el resto del año, un aparatoso vendaje desde el pómulo hasta la mandíbula cubrió mi horrible herida.

Unas semanas después del accidente, un examen de mis ojos reveló que tenía miopía, así que sobre mi desagradable venda ahora estaban puestas unas enormes gafas gruesas. Alrededor de mi cabeza, un bulto de pequeños rizos destacaban como si fueran hongos sobre un pan viejo. Para ahorrar dinero, mamá me había llevado a una escuela de belleza donde una estudiante cortó mi cabello. La muchacha emocionada se alejó alegremente. Los bultos amontonados de mi cabello cayeron al piso. Cuando su instructor se dio cuenta, el daño estaba hecho. Siguió una disculpa rápida y nos dieron un cupón para un corte de pelo gratis en nuestra próxima visita.

—Bien —suspiró mi padre esa tarde—, tú siempre serás hermosa para mí —y dudó—... aun cuando no lo seas para los demás.

Bien. Gracias. Como si yo no pudiera escuchar las críticas de los otros niños de la escuela. Como si no pudiera ver lo diferente que era a las chicas a quienes los maestros adulaban. Como si no me viera ocasionalmente en el espejo del baño. En una cultura que valora tanto la belleza, una muchacha fea puede quedar marginada. Mi apariencia me causaba un extremo dolor. Me sentaba en mi cuarto y sollozaba cada vez que mi familia veía un concurso de belleza o de "talentos".

Con el tiempo decidí que, si no podía ser bonita, por lo menos sería pulcra. Así que al paso de los años aprendí a arreglar mi cabello, usar lentes de contacto y aplicarme maquillaje. Observando lo que les funcionaba a otras mujeres, aprendí a sacarme partido. Y ahora estaba comprometida para casarme. Pero aquella cicatriz, encogida y arrugada con la edad, se interponía entre mi persona y una nueva vida.

—Claro que no soy modelo —contesté con una cierta indignación.

El cirujano plástico cruzó los brazos y me miró con afecto.

—Entonces, ¿por qué estás tan preocupada por esta cicatriz? Si no hay ninguna razón profesional para que sea removida, ¿qué fue lo que te trajo aquí?

De pronto aquel médico representaba a todos los hombres que alguna vez conocí en mi vida. Los ocho muchachos que me rechazaron cuando los invité a un baile en el que las chicas invitaban a los chicos. Las citas esporádicas que tuve en la universidad. La infinidad de hombres que me habían ignorado desde entonces y, finalmente el hombre que me dio el anillo que llevaba en mi mano izquierda. Levanté una mano para tocarme la cara. La cicatriz lo confirmaba: yo era fea. La habitación se hundió ante mí mientras mi rostro se cubría de lágrimas.

El doctor jaló un taburete rodante y se sentó junto a mí. Sus rodillas casi tocaban las mías. Su voz era baja y suave.

—Permíteme decir lo que veo. Veo a una mujer hermosa. No una mujer perfecta, pero si una mujer hermosa. Lauren Hutton tiene un hueco entre los dientes delanteros. Elizabeth Taylor tiene una cicatriz diminuta en la frente —casi susurró, luego hizo una pausa y me dio un espejo—. Creo que cada mujer notable tiene una imperfección, y creo que la imperfección hace que su belleza sea más notable, porque nos asegura que es humana.

Empujó el taburete hacia atrás y se puso de pie.

—No voy a tocar esa cicatriz. No permitas que nadie se burle de tu cara. Eres una mujer exquisita así como estás. La belleza realmente proviene del interior de una mujer. Créeme, es mi negocio saberlo.

El médico salió de la habitación.

Me miré en el espejo. Tenía razón. De alguna manera, a través de los años, la niña fea se había convertido en una mujer hermosa. Desde el día que estuve en su consultorio, y debido a que soy una mujer que se gana la vida hablando ante centenares de personas, tanto hombres como mujeres me han dicho muchas veces que soy hermosa. Y sé que lo soy.

Cuando cambié la forma en que me veía a mí misma, los demás se vieron "obligados" a cambiar la manera en que me miraban. El doctor no quitó la cicatriz de mi cara... quitó la cicatriz de mi corazón.

Joanna Slan

La combinación

Tu tarea no consiste en buscar el amor, sino simplemente en buscar y encontrar todas las barreras que has levantado contra él.

Rumi

Mi esposo y yo provenimos de diferentes entornos religiosos: yo soy cristiana y él judío, además de que ambos somos muy independientes. En consecuencia, los primeros años juntos pusieron a prueba nuestra capacidad para respetar y combinar las dos tradiciones religiosas con amor y comprensión. Recuerdo cuando saqué a colación el tema del árbol de Navidad durante el primer diciembre de nuestro matrimonio.

—¿Árbol de Navidad? —exclamó LeRoy incrédulo—. Mira, existen dos cosas que no haré. Comprar jamón es una de ellas. Comprar un árbol de Navidad es la otra.

—Si yo puedo acabarme los nudillos preparando *latkes* de papa y limpiar las velas que escurren en Chanukah, ¡tú puedes soportar un árbol de Navidad! —le espeté.

—De ninguna manera —replicó—. ¿Recuerdas que el mes pasado me topé con el rabino en la tienda de abarrotes, cuando llevaba un jamón en mi carrito? Si fuéramos juntos a comprar un árbol de Navidad ¡probablemente toda la sinagoga pasaría en un camión mientras yo lo estuviera metiendo en la cajuela! ¡Así que olvídalo!

Naturalmente, compramos el árbol. Un abeto grande y hermoso que ocupaba la mitad de la sala de nuestro pequeño departamento. O, como LeRoy se refería a él despectivamente frente a nuestros amigos judíos: "una bola de *matzo* verde enmohecida, con luces de colores".

Sin embargo, a pesar del antagonismo declarado de LeRoy, cuando llegó la mañana de Navidad noté que los regalos debajo del árbol se habían duplicado y las etiquetas estaban escritas con su letra.

Para cuando nació nuestra hija Erika, ya habíamos enfrentado y resuelto muchos de los problemas de un matrimonio mixto y estabamos de acuerdo en combinar nuestras tradiciones en un esfuerzo por darles lo mejor a nuestros hijos. Tres años después nació Shauna y llevábamos un estilo de vida un tanto inusual pero ambos nos sentíamos cómodos. El árbol de Navidad junto a la menorah, sopa de pollo, bolas de *matzo* con orégano y *latkes* de papa para la cena de Navidad. Feliz Chanukah. Fa-la-la-la. Feliz Navidad. Shalom. Estábamos descubriendo que la palabra *paz* significa lo mismo en cualquier idioma.

En las fiestas nuestra casa estaba decorada con una mezcla de serpentinas azules y blancas, luces de menorah, calendarios de adviento y un nacimiento. Nuestros amigos de ambas tradiciones religiosas se reunían con nosotros en espíritu. Un vecino cristiano nos trajo un adorno móvil de cristal con múltiples estrellas de David proveniente de Tierra Santa y nuestros amigos judíos nos regalaron muchos adornos para el árbol.

Me hice experta en recitar plegarias judías y explicaba la festividad del Chanukah a los condiscípulos de mis dos hijas cada año. Cuando LeRoy me compró una hermosa guitarra en una Navidad, lo primero que hice fue aprender a tocar y cantar una canción popular judía. Vestida con una falda de terciopelo azul con botones israelíes y un *yarmulke* (bonete usado por los varones judíos en las ceremonias religiosas) que le cosí y hacía juego con mi atuendo; por su parte, LeRoy aprendió a cantar, un tanto desafinado, versiones de los villancicos más conocidos.

Uno de esos años mi esposo trajo a casa una pequeña estrella de David tallada en madera, de color azul.

—Esto es para *tu* árbol —dijo brevemente—. Quiero que sea el primer adorno que se cuelgue en el árbol cada año.

—Me encargaré personalmente de que así sea, general —le aseguré rápidamente, y desde entonces siempre adornó la punta de nuestro árbol.

Una amiga cristiana, desconcertada ante esto, me preguntó:

—¿No te sientes hipócrita al colocar una estrella de David en el árbol de Navidad?

—No —repliqué con firmeza y sinceridad—. Jesús fue judío y había una estrella brillando sobre el pesebre donde nació. ¿Lo recuerdas?

Para entonces el Chanukah se había convertido en un símbolo de luz, paz y libertad al igual que la Navidad. Y la Navidad era la conmemoración del nacimiento de alguien muy especial que trajo luz, paz y libertad para todos. Cuando varias personas de todas las razas y religiones se reunieron en nuestra casa descubrimos que sus diferencias enriquecían nuestras vidas. Las fiestas parecían ser aún más alegres.

Poco después de celebrar nuestro decimoprimer aniversario de bodas, mi esposo, de cuarenta y dos años de edad, sufrió tres ataques cardiacos en dos meses. El 17 de diciembre nuestras hijas y yo nos reunimos alrededor de la angosta cama de hospital en la unidad de cuidados intensivos para cantar canciones de Chanukah y villancicos navideños. A la noche siguiente, la primera de Chanukah, yo conducía hacia la casa de una amiga en donde Erika y Shauna encenderían las primeras luces de Chanukah. De pronto, en mi mente, vi una explosión brillante de luz, y luego la imagen de un sonriente y saludable LeRoy. Cuando llegamos a casa de nuestra amiga supe que al anochecer LeRoy se recostó y le había susurrado "shalom, shalom" a su rabino, quien estaba sentado junto a su cama de hospital. En ese momento el alma de LeRoy se marchaba de este mundo.

La tarde siguiente, amigos y parientes llegaron a nuestra casa para asistir al periodo de duelo de la religión judía (*sit shivah*). A la luz de las velas plateadas de la menorah y del resplandor del árbol de Navidad, los hombres judíos con sus *yarmulkes* y sus chales para orar inclinaron sus cabezas y abrieron gastadas copias del Antiguo Testamento.

Sonó el timbre de la puerta y al abrir vi a los alumnos del cuarto grado, compañeros de Erika, reunidos ahí. Empezaron a cantar "Noche de paz" y mis hijas corrieron a pararse junto a mí en la puerta. Abracé a Shauna y a Erika. Detrás de nosotras se escuchaban los cantos hebreos de consuelo, cantados por hombres que LeRoy había amado. Frente a nosotras, los compañeros de Erika cantaban el antiguo villancico con sus voces claras e infantiles. El amor que irradiaban estas dos tradiciones le dio un repentino significado a mi matrimonio con LeRoy. En ese momento se desvaneció mi dolor y sentí la presencia de mi amado esposo.

—Shalom, mi amor —susurré.

—Duerme en el sueño de paz —entonaron los niños dulce y triunfalmente.

—Papito está con Dios ahora, ¿no es verdad? —preguntó Shauna.

—Sí —le dije con firmeza—. Sin importar qué camino haya tomado para llegar ahí, ciertamente está con Dios.

Veinte Chanukahs y veinte Navidades han transcurrido desde entonces, pero el amor que unió nuestros corazones y nuestras vidas permanece vibrante en nuestro hogar. Cada diciembre las plegarias de Chanukah y de Navidad todavía se escuchan en casa y el acebo verde circunda la menorah plateada en el alféizar de la ventana. La pequeña estrella de David azul todavía tiene su encumbrado lugar como el primer adorno que se coloca en el árbol de Navidad, brillando desde lo alto, como lo hizo la estrella que brilló encima del pesebre de Belén hace tanto tiempo para proclamar la paz en la Tierra a los hombres de buena voluntad.

Isabel Bearman Bucher

Gente mayor

A sus noventa y dos años la abuelita Fritz aún vivía en su antigua casa de dos pisos en su granja, elaboraba los fideos en casa y lavaba su ropa en el sótano, en su vieja lavadora. Cuidaba su jardín de vegetales, el cual era lo suficientemente grande como para abastecer a todo el condado de Benton, con sólo un azadón y una pala. Sus hijos, de setenta años, protestaban amorosamente cuando ella insistía en podar su enorme césped con una antigua segadora.

—Sólo trabajo afuera muy temprano, en las frescas mañanas, y por las tardes —explicaba la abuela— y siempre con mi bonete para protegerme del sol.

Aún así, sus hijos se sintieron aliviados cuando supieron que asistiría a los almuerzos que ofrecían en el centro local de la tercera edad.

—Sí —admitió la abuela, mientras su hija asentía con aprobación—, cocino para ellos. ¡Esta gente mayor lo aprecia mucho!

LeAnn Thieman

3

VIVIR LOS SUEÑOS

*Nunca se te otorga un sueño sin ofrecerte
también el poder para realizarlo.*

Richard Bach

Una estrella que nos guía

*Si buscas lo que es honorable, lo que es bueno, lo que
es verdad en tu vida, todo lo demás, lo que no puedes
siquiera imaginarte, llegará automáticamente.*

Oprah Winfrey

Cualquiera puede enviudar. No existen requisitos especiales y sucede en menos tiempo de lo que toma respirar. La viudez no tiene que planearse como se planea por ejemplo convertirse en esposa, madre o cualquiera de los demás papeles rituales que ocurren en la vida de una mujer. Y no es algo ni dramático ni majestuoso, más bien es una foto instantánea, no una película de largometraje. Que algo tan monumental suceda en segundos desafía a la lógica, de hecho casi resulta ofensivo. Pero así es.

Mi esposo Dan murió de cáncer una mañana soleada de junio, cuando la etapa implacable del invierno de Wisconsin finalmente había cedido y el aire era un baño para la piel. Era el último día de clases y yo les había asegurado a dos de mis hijos, que cursaban el primero y el tercer grado, que nada podría ocurrirle a su padre durante esa hora que les tomaría ir a recoger sus calificaciones. Nuestra hija adolescente se preparaba para su baile de graduación; el más pequeño, que acababa de cumplir cuatro años, estaba abajo con Michelle, nuestra niñera.

Yo deseaba poder dormir por lo menos una hora.

Pasé toda la noche dormitando en el piso, cerca de nuestra cama, junto con mi amiga Jean Marie, que era enfermera. Entre los suaves quejidos de Dan y el ruido del tanque de oxígeno no logramos descansar mucho. Así que, recién bañada y con mi viejo camisón de franela que Dan llamaba "el camisón de no te atrevas a preguntar", me acosté junto a mi esposo, con quien había estado casada durante trece años y además era mi editor y amigo de casi toda mi vida adulta.

No creo en señales o en presagios, pero llegué a pensar que la atmósfera de una habitación adquiere el colorido de un cambio significativo. Por alguna razón me recosté cerca de la oreja de Dan mientras inhalaba y treinta segundos después exhalaba, y le susurré al oído: "Eres el hombre que mejor huele. El hombre más sensual de todos. Ha sido un privilegio estar casada contigo". A Dan le dio una especie de hipo e inmediatamente después estaba muerto. Él acababa de cumplir cuarenta y cinco años. Yo tenía cuarenta.

Uno se imagina que las lágrimas, por tanto tiempo reprimidas, formarán un torrente y los gemidos cimbrarán las paredes en un momento como ese. Sin embargo, sólo acerté a sentarme junto a su cuerpo, el cual me había sido tan familiar como el mío propio, y en ese momento no lo era menos, y dejé que mis dedos trazaran la línea de su nariz, ya sorprendentemente fría.

La puerta de la entrada se abrió con brusquedad y mis hijos entraron corriendo. Michelle me llamó para que fuera a recibir un paquete. Me puse unos pantalones de mezclilla y limpié la cara de Dan con el borde de mi camisón, prometiendo que no lo volvería a usar nunca, aunque de hecho lo uso todo el tiempo. Me repetía en la mente que si sólo lograba manejar esto como una profunda tristeza y no como algo terrible e inhabilitante, no me partiría en dos. Después de todo, el peor momento había ocurrido cuatro meses antes, cuando Dan fue al hospital para que lo atendieran por una molestia digestiva y le diagnosticaron un terrible cáncer terminal de colon para el que cualquier terapia sólo hubiera significado pérdida de tiempo. Mi esposo, el editor de un periódico en un pueblo pequeño, había sido un gran hombre durante su vida, en su trabajo y en la muerte. Lo único que decía cuando escuchaba las peores noticias era: "Mis bebés, mis bebés".

Ahora esos bebés eran solamente míos.

Este pensamiento me hizo erguirme mientras reunía a nuestros hijos alrededor de su cama, y más tarde, cuando les comenté a cientos de sus colegas y amigos:

—Cuando algo así le sucede a alguien tan joven, dan ganas de decir que la vida es una porquería y entonces uno simplemente se muere. Pero esa actitud deshonraría la misma razón que hace que todo sea tan triste: el hecho de que la vida es maravillosa y más aún por sus pequeños esplendores, como el buen café, los niños que huelen a lluvia, reñir acerca del clima para arreglar el linóleum, etcétera.

El sufrimiento de Dan había terminado, pero de algún modo olvidé advertir la línea en que terminaba su vida y empezaba la mía. Me sentía inválida, estúpida, ausente y perturbada. Para los niños, en cambio, que vivían el tiempo de una manera diferente a los adultos, cada día no era un paso hacia la curación sino otro paso más que los alejaba de Dan. Por las noches, a través de las paredes, podía escuchar a mi hijo mayor llorar:

—Papito, por favor, por favor.

Empezaron a transcurrir los meses de las tareas sin hacer, las visitas a terapia, las peleas en el campo de juego. Mi hijo de cuatro años llegó un día a casa con una sonrisa nerviosa y misteriosa.

—Mike es un bebito —me dijo—. Piensa que se puede pedir un deseo a las estrellas y se hará realidad. Sé que eso no sucede porque le pedí un deseo a una estrella durante diez noches y no se me concedió. Creo que sólo es un cuento.

Mientras tanto, el techo de la casa literalmente se estaba cayendo. Además quedaban todas las deudas y las decisiones que había que tomar. Yo trabajaba medio tiempo en el departamento de relaciones públicas de una universidad y trataba de realizar mi sueño de poder vivir de mis escritos. Dan me había animado y yo me aproveché y acepté su apoyo. Ahora, tenía que descubrir cómo volver a empezar.

—Renuncia a la niñera —me aconsejaban los amigos—. Los niños deben aprender que de pronto ya no hay dinero para este tipo de cosas. Consigue una casa más pequeña y un trabajo fijo.

Mi bien intencionado padre me recomendaba que hablara con un amigo suyo para obtener un puesto de relaciones públicas en una industria que fabricaba cojinetes para baleros.

—Ya no puedes correr riesgos —me decía—. Se acabaron los juegos. Siempre se necesitarán cojinetes para baleros.

Trabajando por lo menos parte de la semana en mi pequeña oficina, mientras mis hijos menores jugaban arriba, trataba de no renunciar al estilo de vida que me gustaba. Escribía febrilmente, a menudo con dos de mis mejores amigos a la mano, ayudándome cuando olvidaba el tiempo pretérito de los verbos comunes. Editores a los que nunca antes conocí accedían generosamente a darme trabajo.

Pero yo sabía que sólo estaba dejando huella en el agua. Una noche, después de pagarle al plomero, supe que me quedaban tan sólo 86 dólares. El fondo de ahorro para la educación de los hijos hacía mucho tiempo que se había esfumado, más que nada en reparaciones de la casa, y sabía que si recurría al seguro de vida de Dan no nos duraría mucho tiempo. Así que había llegado el momento de pescar o de recoger el anzuelo; en realidad hacía tiempo que había llegado. Tenía que fajarme los pantalones y negociar con la universidad o con el periódico para el que había trabajado hace algunos años, o incluso con el "Señor Cojinetes para Baleros", para conseguir un trabajo seguro y de tiempo completo.

Eso era algo bueno.

Era lo correcto.

Esto de alguna manera resultaba... diferente a la vida por la que tanto había luchado, creándome poco a poco una reputación como escritora independiente, abrigando el sueño de ir hilvanando historias por diversión en un principio y por lucro en un día no muy lejano, por lo menos era más seguro. Por lo menos. Pero mi trabajo en ese momento debía ser de rescate, no de descubrimiento. Eso era lo que todos me decían.

Al inicio de la primera primavera sin Dan fui a almorzar con una amiga cercana, una novelista aclamada que estaba a punto de publicar un *best seller*. Hablamos sobre el mareo que le causaba su éxito y luego sobre las espinas en el camino y los malos ratos. Si yo sabía lo que debía hacer, le dije a Jane, entonces ¿por qué el saberlo me hacía sentir que yo también estaba muriendo? Mientras ella trataba de consolarme, le conté algo que muy pocas personas sabían: una historia. La había soñado la noche anterior a que Dan enfermara, aunque no soy muy buena para narrar sueños. Se trataba de la historia de una numerosa familia italiana que pasaba por una fuerte crisis debido a uno de sus hijos. Yo conocía sus nombres, sabía cómo eran y lo que harían. En vista de lo que había sucedido en mi vida, le comenté a Jane que casi era un alivio saber que nunca descubriría que no podría escribirla. Deseaba que ella sintiera por mí la misma lástima que yo sentía por mí misma. Pero en lugar de eso me dijo:

—Solicita una beca.

—¿Para estudiar ballet clásico? —le respondí—. ¿O para aprender a soldar?

¿No acababa de explicarle con detalle que casi todos mis conocidos sugerían que renunciara a mis sueños y dejara de pensar en planes tan poco prácticos? Pero Jane me contestó:

—Esas son muy buenas excusas. Pero creo que deberías solicitar la beca.

Soy una mujer práctica, y no estaba muy convencida de aquello. Pero poco tiempo después, sentada en mi porche a medianoche, sopesando las cosas que necesitaba y lo que tenía, recordé algo que Dan me dijo poco antes de morir. Yo me quejaba de que no podría vivir sin él, cuando de pronto dijo:

—Escucha bien. En dos años habrás prosperado mucho. Serás una escritora de éxito. Pero tienes que creer en ello, igual que yo creo en ti.

Sin decirle a nadie, llené las solicitudes para la Fundación Ragdale en Lake Forest, Illinois, en donde había un programa de becas para artistas. Me aceptaron. Después de poner mis apuntes en sucio, un diccionario de sinónimos, una Biblia y una copia de *Cumbres borrascosas* en la parte trasera de la camioneta, junto con mi computadora, me fui en octubre.

Debían haber sido de felicidad las primeras ocho horas de soledad que podía recordar en mi vida adulta. Pero yo realmente era todo un caso. Me había desempeñado bien hablando, pero ¿quién sabía si verdaderamente podría escribir? Ahí estaba yo, privando a mis tristes niños de mi presencia reconfortante y a mí misma de tres semanas de trabajo, ¿y todo para qué? Cerré la puerta de mi hermoso cuarto y me puse a llorar.

A partir de la mañana siguiente, y durante tres semanas, me dediqué a escribir. En esas tres semanas mi hija me dijo que estaba a punto de perder su beca, mi hijo mayor se puso a dar vueltas en un autobús de la ciudad durante cuatro horas, mientras Michelle lo buscaba frenéticamente, y mis hijos menores lloraban todas las noches al teléfono, pero yo seguí escribiendo. Los acreedores me asediaban. Los maestros de mis hijos estaban preocupados. Incluso mi padre explotó:

—¡Estos *niños* son tu futuro, Jackie!

Sin embargo, continué escribiendo. Pensaba que estaba dando el paso decisivo; ya no tenía nada que perder. Si no me esforzaba al máximo, el sacrificio de mi familia no valdría la pena.

Y fue en este tiempo cuando realmente lloré por Dan y dejé que mi pena tuviera vida en el lamento de otra madre, Beth, un personaje de mi libro que había perdido incluso más que yo. Recordé la agonía del año anterior, la noche en la sala de terapia cuando Robert, mi hijo mayor, me reclamó:

—¡Tú dijiste que papá no se moriría antes de que yo regresara a casa! Nunca pude despedirme de él y ¡siempre te odiaré por eso!

Desenredé ese dolor y volví a tejerlo, tratando de ser perdonada.

Seis semanas después de que regresé a casa, mi agente literario le vendió mis setenta y cinco páginas a un editor que él seleccionó. Retadora y motivada, renuncié a la universidad para escribir el resto. Llamé a mi hermano para decirle que había decidido dejar mi empleo y lanzarme por mi cuenta.

—¡No! —me dijo horrorizado—. ¡No lo hagas! Quizá puedas hacerlo después de escribir unos tres libros. No hagas esto. Piensa en los niños.

—Estoy pensando en ellos —contesté con más convicción de la que sentía—. Si no lo hiciera, no estaría demostrando mucha confianza en mí misma, ¿no es así?

—También existe el exceso de confianza —dijo con suavidad.

Pero el invierno pasado, cuando el libro concursó para llevarlo al cine, mi hermano lo celebró:

—Esto es como la película de televisión en la que el equipo con el niño gordito gana el trofeo. Mereces triunfar.

—¿Felices por siempre? Bueno, trabajo más de lo que pensé que podía y mis hijos se enojan cuando tienen que renunciar a pasar algún tiempo conmigo. Cuando ellos se sienten lastimados, yo me siento mal. Pero ninguno de nosotros pone en duda que este sacrificio lo hacemos por algo que vale la pena.

Como la mayoría de las mujeres que se encuentran en la mitad de su vida, recibo el mismo mensaje que casi todo el mundo. La clave de la madurez consiste en arriesgar menos y construir más. Incluso aquellos que no pretendían desanimarme dejaron claro que, en mi lugar, serían más precavidos y más conservadores. Para ellos debo haber sido una egoísta que sólo pensaba en mí olvidando mis responsabilidades. Pero para mí, tomar decisiones basándose en el miedo era algo deprimente, humillante y deshonesto. ¿Acaso una buena madre enseña a sus hijos a ser tímidos, a olvidar sus sueños? ¿Les enseña que la pérdida de un ser querido rompe nuestra voluntad así como nuestros corazones?

¿Y qué es la vida, durante el tiempo que se nos permite disfrutarla, sino atreverse?

Cierta tarde, un vecino se llevó a mis hijos a un día de campo, así que pude dedicarme a hacer las últimas revisiones de mi libro. No esperaba terminarlo esa calurosa noche, pero de pronto me vi escribiendo las palabras finales, y poco después estaba terminado. Deambulaba en el patio con mi taza de café, el aire de la noche era como un baño cálido en mi piel. Estoy segura que de alguna manera lo sabía, pero no fue sino hasta ese momento que me percaté de ello. Era el 4 de junio de 1995. Exactamente dos años después del día en que Dan murió.

No creo en señales o en presagios. Y no creo que tengamos algo más reservado que esta vida. Por otra parte, la vida me ha hecho desear ser sorprendida. Y quizás algún día, cuando la atmósfera de la habitación cambie nuevamente y esta vez el llamado sea para mí, descubriré que ha sido Dan, después de todo, quien ha enviado esas maravillosas providencias en mi dirección.

Aparte de eso, hay algo más en lo que creo: en el brillo de una relación buena y duradera, que es como la luz de una estrella que permanece irradiando energía hacia la Tierra mucho tiempo después de que se ha extinguido. Tal vez no convierta en realidad todos nuestros deseos, pero puede iluminar y guiar nuestro camino.

Jacquelyn Mitchard

(NOTA DEL EDITOR: *El libro con el que soñaba Jacquelyn,* El profundo final del mar, *se convirtió en un* best seller *del* New York Times *y fue el primer libro que escogió Oprah Winfrey para lanzar su Club del Libro del Mes.)*

Realmente libre

Sujétate de los sueños, ya que cuando los sueños desaparecen, la vida es como un pájaro con las alas rotas que no puede volar.

Langston Hughes

La vida era difícil en Cuba. A principios de los ochenta, cientos de cubanos trataban de llegar a Estados Unidos a bordo de frágiles balsas. Algunos realizaban el viaje con éxito y se les permitía instalarse en Estados Unidos, pero muchos otros no tenían tanta suerte y eran detenidos o arrestados antes de poder escapar o, peor aún, perecían en el mar. En un barco construido con llantas viejas hay que recorrer 144 largos kilómetros de Cuba a Key West.

Una joven mujer llamada Margherita persistía en su determinación de ser libre. Su ambición era practicar la medicina y sabía que este sueño era difícil de realizar en su país natal, donde la mayoría de los cubanos graduados en medicina terminaban ganándose la vida como taxistas, pues les iba mejor. Su familia había partido a Estados Unidos dejándola sola en un país comunista que ofrecía pocas esperanzas de alcanzar un buen nivel de vida.

Margherita intentó escapar en varias ocasiones, pero siempre había fracasado. Sin embargo, era una mujer con mucha fuerza de voluntad, algo que no le interesaba a esta sociedad comunista. Muy pronto los funcionarios del gobierno empezaron a acosarla constantemente. A menudo policía la despertaba a medianoche con el pretexto de investigar su paradero.

En una ocasión la descubrieron durante un intento de fuga y la arrestaron antes de que pudiera colocar su balsa en el agua. Como resultado, Margherita fue despedida de su empleo en el sector turístico y la obligaron a lavar trastes durante un año sin recibir remuneración alguna. Frecuentemente la policía la detenía en la calle para pedirle su tarjeta de identidad. No tenía paz en su vida y su sueño estaba muriendo poco a poco. Finalmente, las repercusiones de su fallido escape resultaron demasiado grandes para ella y no sabía cómo manejarlas. Incluso pensó en el suicidio.

Pero Margherita tenía demasiado espíritu, demasiada esperanza como para disponer de su propia vida, así que decidió planear otra fuga; esta vez, se unió con otras dos personas para que le ayudaran. Ella y sus cómplices unieron sus recursos y compraron una cámara de llanta de un viejo camión, madera y algo de cuerda. El día fijado se encontraron después de la medianoche y se las ingeniaron para hacerse a la mar, rezando para tener un viaje seguro hacia la libertad. Sin embargo, no muy lejos de la costa, Margherita y sus amigos se toparon con serios problemas, aunque no con el gobierno, sino con la Madre Naturaleza.

Se encontraron con tormentas en el océano y su frágil embarcación fue puesta a prueba. Flotaron a la deriva exponiéndose al viento y la lluvia durante dos días. Los tres se deshidrataron severamente y fueron cruelmente golpeados por las olas antes de ser rescatados por un guardacostas de Estados Unidos. Habían viajado ciento veinte kilómetros durante su viaje de cuatro días y les permitieron la entrada al país, donde Margherita pudo reunirse con su familia.

¡Margherita era libre! Se inscribió en la universidad y empezó a trabajar con ahínco en su meta de convertirse en doctora. Aunque sus estudios le exigían mucho, para ella significaba un gran desafío. Margherita pasaba leyendo muchas noches hasta las primeras horas de la mañana, pero se sentía muy feliz de poder hacerlo.

Aproximadamente un año después estudiaba para su examen final. Descansando los ojos por un momento, se quedó sentada en silencio, recordando cómo había sido su vida en Cuba. Sintió una opresión en el pecho y recordó todas sus miserias. La vida era un callejón sin salida ahí, peor aún, la habían tratado con crueldad y falta de respeto. Sintió cómo empezaba a aflorar la ira y pensó en las injusticias que había tenido que soportar. Se acordó del hostigamiento que había recibido por parte de los oficiales cubanos, y de un hombre en particular. Aunque eran casi las dos de la mañana, decidió llamar a ese oficial a su casa en Cuba. Lo había llamado tantas veces cuando era el oficial encargado de su libertad condicional, que todavía recordaba su número telefónico. "Lo despertaré de un profundo sueño. Le ofreceré una cucharada de su propia medicina y veremos si le gusta", pensó.

Margherita no se permitió el tiempo para arrepentirse y marcó el número rápidamente. Su rabia aumentaba cada vez más al recordar sus desagradables experiencias mientras esperaba que se efectuara la conexión.

Cuando el funcionario cubano respondió al teléfono, ella no dudó en hablar.

—Soy yo, Margherita, la mujer que usted hostigó por tantos meses. Le estoy llamando para agradecérselo —le dijo.

—¿Agradecérmelo? —respondió el oficial, sorprendido.

—Sí. Ahora soy una estudiante de medicina en Estados Unidos y fue su acoso constante lo que me hizo insoportable la vida en Cuba. Usted me obligó a venir a este país de riqueza y libertad en el que una mujer puede convertir sus sueños en realidad —explicó con voz triunfante, llevando a cabo así su pequeña "venganza".

Margherita se desconcertó cuando el funcionario cubano dejó escapar un suspiro, guardó silencio durante unos instantes y luego le dijo:

—Mi propia vida aquí es muy difícil. Debo presenciar cómo se muere mi hija lentamente por una enfermedad hepática. El único consejo que recibo de los médicos es que le dé seis aspirinas diarias —en ese momento su voz empezó a quebrarse—. Usted llamó para despertarme, para reclamarme por mi hostigamiento, para hacerme sufrir. Pero le aseguro que ya estoy sufriendo al quedarme despierto todas las noches tratando de consolar a mi pequeña hija, que está perdiendo la vida con esta enfermedad porque no tengo el dinero suficiente para comprar aspirinas. Y aun si lo tuviera, no hay suficientes aspirinas disponibles para mí.

El hombre estaba sollozando en el teléfono, deshecho de dolor. Perturbada y confundida, Margherita no sabía qué responder, así que masculló sus reclamos y después colgó. Permaneció sentada largo rato, "viendo sus libros sin verlos".

"Esto es lo que se merece", se dijo a sí misma. "Él hizo mi vida miserable". Pero ya no sentía enojo ni deseos de vengarse. Un sentimiento completamente diferente llenaba su corazón.

A la mañana siguiente Margherita fue a la farmacia, compró todas las aspirinas que pudo, las empacó en una caja grande y las envió, con amor, a su antiguo enemigo, el funcionario del gobierno de Cuba. "Ahora soy realmente libre", pensó.

Elizabeth Bravo

Sin errores

En 1951 Bette Nesmith trabajaba en un banco de Dallas, en el cual desempeñaba un trabajo secretarial con el que estaba satisfecha. Tenía veintisiete años, era divorciada y madre de un hijo de nueve años. Estaba conforme con su sueldo de 300 dólares al mes, una suma muy respetable en esos días.

Pero tenía un problema: cómo corregir los errores que cometía en su nueva máquina de escribir eléctrica. Había aprendido mecanografía en una máquina manual y le horrorizaba la cantidad de faltas que cometía en la eléctrica. Era una pesadilla tratar de corregir todas esas fallas con una goma de borrar, así que debía hallar otra forma de hacerlo.

Tenía alguna experiencia en artes plásticas y sabía que quienes pintaban al óleo lo hacían sobre los errores, así que mezcló a escondidas un líquido para poder escribir encima de sus errores de mecanografía y lo colocó en un pequeño frasco vacío de esmalte de uñas.

Durante cinco años Bette mantuvo esta nueva técnica en secreto, hasta que finalmente las otras secretarias descubrieron su frasquito y le pidieron un poco de ese líquido. Les dio algunas botellitas a sus amigas y llamó al líquido "Fuera Errores".

A sus amigas les encantó y la animaron para que vendiera el producto. Fue a varias agencias y compañías comercializadoras, incluyendo la IBM, pero en todas la rechazaron. Sin embargo, a las secretarias les siguió gustando el producto, por lo que la cocina de Bette Nesmith se convirtió en su primera planta de producción y empezó a vender el producto por su cuenta. No renunció a su trabajo, sino que por las noches y muy temprano en las mañanas se dedicaba a preparar y empacar su producto.

Los pedidos empezaron a llegar y contrató a un estudiante universitario para que la ayudara con las ventas. Las cosas no fueron nada fáciles para estos dos vendedores inexpertos. Los distribuidores seguían diciéndoles que los clientes no deseaban "pintar" y escribir encima de sus errores. Los registros mostraban que de agosto de 1959 a abril de 1960 los ingresos totales del incipiente negocio habían sido de 1,141 y sus gastos de 1,217 dólares.

Pero Bette no se rindió. Tomó otro empleo secretarial de medio tiempo y trató de ahorrar 200 dólares para pagarle a un químico que desarrollara una fórmula que secara más rápidamente.

La nueva fórmula ayudó. Bette empezó a viajar por todo el país, vendiendo sus botellitas blancas en donde podía. Llegaba a un pueblo y, con ayuda de la guía telefónica local, llamaba a todos los distribuidores de suministros para oficina. Visitaba las tiendas y dejaba una docena de botellitas. Los pedidos aumentaron, y lo que ya desde entonces se conocía como Liquid Paper (papel líquido) empezó a tomar forma.

En 1979 Bette Nesmith vendió su empresa, la Corporación Liquid Paper, cuando las botellitas blancas estaban produciendo una ganancia de 3.5 millones de dólares anuales sobre ventas por 38 millones de dólares. El comprador de este próspero negocio fue la Compañía Gillette y el precio de venta fue de 47.5 millones de dólares.

Jennifer Read Hawthorne y Marci Shimoff.
Adaptado de una historia de Bits & Pieces

La mujer policía

Desde que era niña quería ser oficial de policía. Me sentía cautivada por el mundo de la ley y el orden. Mi programa favorito de televisión era *La mujer policía*, con *El hombre del rifle* en segundo lugar. Dentro de mi corazón quería salvar a las personas, hacer el bien; quería ser una heroína.

Siempre fui una chica pasada de peso. Cada vez que le comentaba a mis familiares mi sueño de ser una mujer policía, decían: "Bueno, tendrás que bajar de peso si quieres lograrlo". Sabía que tenían razón y me sentía avergonzada de mi cuerpo. Pero al paso del tiempo no sólo no perdí peso, sino que gané más.

A mis treinta y tres años, medía 1.57 metros y pesaba más de 136 kilos. No necesito aclarar que no me había convertido en oficial de policía. Y desde luego, no había manera de que pudiera lograrlo. Era demasiado vieja, demasiado pesada, por lo que resultaba ridículo siquiera considerarlo. Pero muy dentro de mí, ese era precisamente mi más grande anhelo. Cada vez que veía un policía sentía la misma emoción y la misma nostalgia que cuando era una niña.

Un día me miré al espejo y me vi como realmente era: una persona con buenos sentimientos y con sueños dignos, que se había abandonado a sí misma. Fue un momento dulce y amargo a la vez; sentí una nueva ternura, un nuevo amor por mi persona y una nueva clase de honestidad. Me enfrenté a la mujer que tenía ante el espejo y le pregunté: "¿Cómo sabrás lo que eres capaz de lograr si no lo intentas?"

Así que decidí intentarlo dando el primer paso: el examen de servicio civil. Pero someterme a exámenes nunca fue mi fuerte, así que fracasé. Aunque es posible unirse a la fuerza policiaca sin haber pasado el examen de servicio civil, sin duda resulta mucho más difícil. Quizá lo mejor habría sido darme por vencida en ese momento, pero yo estaba decidida a perseguir y alcanzar mi sueño.

Contacté al departamento de policía de mi comunidad, le hablé al jefe de policía sobre mi deseo de unirme a la fuerza y me dio una cita. Me sentía muy nerviosa mientras se acercaba la fecha del encuentro. Me la pasé recordándome que lo importante era el modo en que me comportara, mi sinceridad y la confianza que demostrara. Sin embrago, tenía mucho miedo y pensé: "Este hombre me va a echar un vistazo y luego dirá amablemente: 'No nos llame. ¡Nosotros lo haremos!'"

Pero no sucedió así en lo absoluto. Sencillamente me aceptó, invitándome a pertenecer al grupo de la policía auxiliar.

Tenía que obtener mi uniforme, y sólo de pensar en esto me ponía los nervios de punta. Me sentaba en el auto, día tras día, esperando el momento adecuado para hacer mi entrada en la estación de policía. ¿Cómo me verían? ¿Me respetarían o se burlarían?

Finalmente reuní fuerzas para actuar. Caminando tan erguida como pude, entré. No permitiría que notaran mi miedo. Con manos sudorosas me probé algunos uniformes, pero no encontré ninguno de mi talla. Tuve que ir con un sastre para que me arreglaran uno de los uniformes disponibles, lo que resultó muy incómodo para mí. Mientras el sastre, un hombre mayor, tomaba medidas y ajustaba el uniforme, yo sentía que la temperatura en el vestidor subía cada vez más. Me sentía humillada.

Empecé a asistir a las reuniones mensuales de la policía auxiliar y llegué a conocer al grupo, formado en su totalidad por hombres, casi todos retirados. Un par de ellos, al igual que yo, se esforzaban por convertirse en oficiales de policía. Nos reuníamos una vez al mes, veíamos diversas películas sobre seguridad y asistíamos a prácticas en el campo de tiro.

En poco tiempo el jefe me recomendó para un programa de capacitación de trece semanas en el Instituto Policiaco Regional del Noreste (NERPI por sus siglas en inglés), una escuela muy exigente tanto a nivel físico como académico. Tenía que aprender sobre la ley criminal, practicar la resucitación cardiopulmonar, manejar las esposas, el bastón con aerosol y las bayonetas. No estaba segura de poder hacerlo. Nunca me había alejado tanto de la zona en la que me sentía cómoda. "¿Cómo sabrás lo que eres capaz de lograr si no lo intentas?" Este pensamiento cruzó por mi mente de nuevo, dándome el empujón que necesitaba. Me sobrepondría al temor y la inseguridad para lograrlo.

En la escuela, más del 90 por ciento de los candidatos a policías eran hombres de menos de veinticinco años, con buena condición física y aspecto atlético. Me sentía totalmente intimidada y encerrada en mí misma, tratando de no imaginar lo que esos hombres estarían pensando de mí.

Así, el día que tanto temía finalmente llegó. Trabajando en parejas, aprenderíamos a manejar las esposas. Fingí no darme cuenta de que fui la última a quien escogieron como pareja. Uno de los miembros de cada pareja colocaba sus manos atrás mientras el otro recibía instrucciones acerca de cómo esposarle las manos unidas. El instructor supervisaba a cada equipo y los criticaba frente a toda la clase. Debido a mi tamaño no podía juntar las muñecas adecuadamente para que mi pareja pudiera esposarme. El instructor ya venía hacia nosotros y yo estaba tan preocupada que el sudor corría por mi rostro. Pude darme cuenta de que mi pareja también estaba muy incómoda, mientras hacía un gran esfuerzo para unir mis muñecas. Recé para que de alguna manera me volviera invisible, pero el instructor no nos ignoró. En lugar de eso le habló de "nuestro problema" a toda la clase.

Cuando todo terminó me di cuenta de que me había sentido terriblemente incómoda, pero que no había sido algo fatal. El miedo había sido peor que el suceso real. Comprendí que dependía de mí manejar el miedo, y lo más sorprendente de todo era que sabía que podía lograrlo. Fue un momento decisivo para mí.

Pude superar las trece semanas. Aunque someterme a exámenes y asumir riesgos fueron mis compañeros constantes, aprobé todos los exámenes finales, incluso los escritos, con buenos resultados.

Había llegado el momento de entrevistarme con el departamento de policía, que como dije no requería que se tomara o aprobara el examen de servicio civil. Seis oficiales condujeron mi entrevista. Empecé por contarles mi historia, de toda aquella pasión por la ley que siempre sentí dentro de mí. Mantuve mi cabeza muy en alto y hablé de lo que significaba *hacer la diferencia* en nuestro mundo.

Al final me ofrecieron un puesto como despachadora. No sería exactamente una mujer policía, pero lo más gracioso era que ya no me importaba. Lo importante era que había perseguido mi sueño frente a muchas desventajas. Había superado todos los límites. Sabía lo que podía y lo que no podía realizar.

¿Cómo sabrás lo que eres capaz de lograr si no lo intentas? Esto ha convertido en mi lema. Desde entonces me he permitido soñar libremente y he perseguido los sueños que me han conmovido. Me he convertido en oradora sobre temas de motivación, he navegado en los rápidos, he conducido motocicleta e incluso planeo probar el paracaidismo muy pronto.

Realmente es sorprendente lo que podemos lograr si tan sólo lo intentamos.

Chris Mullins

Tarde para llegar a la escuela

Nunca eres tan viejo como para no imponerte otra meta o para no soñar un sueño nuevo.

Les Brown

Toda mi vida he tenido este sueño recurrente que me hace despertar sintiéndome muy extraña, en el que soy de nuevo una niña preparándome para ir a la escuela.

"Apúrate, Gin, o llegarás tarde a la escuela", me grita mi madre en el sueño.

"¡Me *estoy* apurando, mamá! ¿Dónde está mi almuerzo? ¿Qué hice con mis libros?", le respondo.

Muy dentro de mí sé de dónde viene este sueño y lo que significa. Es la manera que tiene Dios de recordarme algo inconcluso que existe en mi vida.

Siempre me gustó la escuela, aunque a la que asistí en Springfield, Ohio, en los años veinte era muy estricta. Me gustaban los libros, los maestros, incluso los exámenes y las tareas. Siempre pensaba en el día en que marcharía por el pasillo bajo los acordes de "Pompa y circunstancia". Para mí esa melodía era aún más hermosa que "Ahí viene la novia".

Pero se presentaron problemas.

La gran depresión golpeó con más fuerza a las familias pobres como la nuestra. Con siete hijos, mamá y papá no tenían dinero para comprarnos buena ropa y calzado para ir a la escuela. Todas las mañanas cortaba tiras de cartón para meterlas en mis zapatos y cubrir los agujeros de las suelas. No había dinero para instrumentos musicales, uniformes de deportes ni para invitaciones a divertirse después de clases. Cantábamos, jugábamos al "burro" o a los "encantados", y mordisqueábamos cebollas mientras hacíamos la tarea.

Yo aceptaba estas penurias siempre y cuando pudiera asistir a la escuela. Cómo me veía o de lo que carecía no era tan importante para mí.

Lo que sucedió después, fue difícil de asimilar. Mi hermano Paul murió por una infección después de que accidentalmente se clavó un tenedor en el ojo. Luego mi padre contrajo tuberculosis y murió. Mi hermana Margaret contrajo la misma enfermedad y también murió.

La terrible impresión ante estas pérdidas me provocó una úlcera y me atrasé en mi rendimiento escolar. Mientras tanto, mi madre viuda trataba de mantenernos con los cinco dólares a la semana que ganaba haciendo limpieza en las casas. Su rostro se convirtió en una máscara de desesperación.

Un día le dije:

—Mamá, voy a dejar la escuela, conseguiré un empleo para ayudarte.

Su mirada reflejó una mezcla de dolor y alivio.

Así que a los quince años abandoné mi adorada escuela y entré a trabajar en una panadería. Mi esperanza de marchar por el pasillo bajo los acordes de "Pompa y circunstancia" estaba muerta. O por lo menos, así lo creí entonces.

En 1940 me casé con Ed, un maquinista, y empezamos a formar nuestra familia. Luego Ed decidió convertirse en predicador, así que nos mudamos a Cincinnati para que asistiera al Seminario Bíblico de ese lugar. Con la llegada de los hijos se fue el sueño de la escuela para siempre.

Aun así, yo estaba decidida a que mis hijos tuvieran la educación que a mí me había faltado, y me aseguré de que la casa estuviera llena de libros y revistas. Los ayudaba con sus tareas y los animaba a estudiar arduamente, lo cual dio resultado, pues nuestros seis hijos recibieron educación universitaria y uno de ellos es profesor en una universidad.

Pero Linda, nuestra hija menor, tuvo problemas de salud. Una artritis juvenil en manos y piernas le hacía imposible llegar al típico salón de clases. Además de esto, los medicamentos que tomaba le provocaban calambres, problemas estomacales y migrañas.

Los maestros y los directores no siempre eran comprensivos. Yo vivía temerosa de las llamadas telefónicas de la escuela.

—Mamá, me voy a casa —llamaba para avisarme que la habían regresado.

Ahora Linda tenía diecinueve años y aún no obtenía su certificado de preparatoria. Se estaba repitiendo mi propia experiencia.

Recé para que se solucionara este problema, cuando nos mudamos a Sturgis, Michigan, en 1979, empecé a buscar la respuesta. Me dirigí a la preparatoria local para investigar, y en el tablero de información vi un anuncio de cursos vespertinos.

"Esta es la respuesta", me dije. "Linda se siente mejor por las tardes, así que la inscribiré en la escuela nocturna".

Linda estaba llenando los formularios de inscripción cuando el encargado me miró y me dijo:

—Señora Schantz, ¿por qué no regresa usted a la escuela?

—¿Yo? ¡Ja! Soy una vieja, ¡tengo cincuenta y cinco años! —reí en su cara.

Pero él insistió, y antes de que me diera cuenta de lo que había hecho, estaba inscrita en clases de inglés y artesanía.

—Esto es sólo un experimento —le dije, y él sonrió.

Para mi sorpresa, tanto Linda como yo progresamos en la escuela vespertina. Regresé para el siguiente semestre y mis calificaciones mejoraron.

Era emocionante volver a la escuela, pero no era ningún juego. Resultaba embarazoso estar sentada en una clase llena de jóvenes aunque la mayoría eran respetuosos y me daban ánimos. Durante el día aún tenía mucho trabajo por realizar en casa y nietos que cuidar. Algunas veces me quedaba levantada hasta las dos de la mañana sumando columnas de números para mi clase de contabilidad. Cuando las sumas no salían, mis ojos se llenaban de lágrimas y me regañaba a mí misma. "¿Por qué soy tan tonta?"

Pero cuando me sentía deprimida, Linda me animaba.

—Mamá, no puedes darte por vencida ahora.

Y cuando ella se deprimía, yo le levantaba el ánimo. Juntas saldríamos adelante.

La fecha de la graduación se acercaba y un día el encargado me citó en su oficina. Entré temblando por el temor de haber hecho algo mal. Él sonrió y me invitó a sentarme.

—Señora Schantz, se ha desempeñado muy bien en la escuela.

Me sonrojé con alivio.

—De hecho —prosiguió— sus compañeros de clase han votado unánimemente por usted para que sea la oradora del grupo.

Yo estaba sin habla. El encargado sonrió nuevamente y me alcanzó una hoja de papel.

—Y aquí tiene una pequeña recompensa por haberse esforzado tanto.

Miré el papel. Era una beca universitaria por 3,000 dólares.

—Gracias —fue lo único que pude decir, y lo repetí una y otra vez.

La noche de la graduación yo estaba aterrorizada. Se encontraban ahí reunidas doscientas personas y la oratoria era una experiencia nueva para mí. Sentía la boca fruncida como si hubiera comido una fruta amarga. Mi corazón latía con arritmia y quería echarme a correr, ¡pero no podía! Después de todo, mis propios hijos estaban sentados entre esa audiencia. No podía acobardarme frente a ellos.

Entonces escuché los primeros acordes de "Pompa y circunstancia" y mis temores se disolvieron en un desbordamiento de felicidad. "¡Me estoy graduando! ¡Y también Linda!"

De alguna manera salí bien librada con mi discurso. Me sorprendió el aplauso que me brindaron, el primero que recibía en toda mi vida. Después llegaron las rosas por parte de mis hermanas y hermanos del medio oeste. Mi esposo me regaló rosas de seda "para que no se marchitaran".

Los medios de comunicación se presentaron con cámaras, grabadoras y muchas preguntas. Hubo lágrimas, abrazos y felicitaciones. Yo estaba orgullosa de Linda y un poco temerosa de haberle robado, sin querer, parte de la atención que merecía su victoria, pero ella se sentía feliz y muy orgullosa de nuestro éxito compartido.

La clase del 81 ya es historia y he continuado con mi educación universitaria. Pero algunas veces me siento a escuchar la grabación de mi discurso de graduación, diciéndole a la audiencia: "Nunca menosprecien los sueños en su vida. Cualquier cosa puede suceder si creen en ella. No se trata de creencias infantiles o mágicas. Se trata de trabajo arduo, pero nunca duden de que pueden lograrlo, con la ayuda de Dios".

Después recuerdo mi sueño recurrente: "Apúrate, Gin, o llegarás tarde a la escuela". Y mis ojos se llenan de lágrimas cuando pienso en mi madre.

Sí, mamá, llegué tarde a la escuela, pero fue muy satisfactorio haber esperado tanto. Sólo desearía que tú y papá hubieran estado ahí para ver a su hija y a su nieta con toda su pompa y circunstancia.

Virginia Schantz,
como se lo narró a Daniel Schantz

Colorea mi mundo

El hombre que había sido mi esposo durante once años me abandonó. No sólo se había ido... escapó con otra mujer, su contadora. Y no sólo me había dejado, también abandonó a nuestros cuatro pequeños hijos. Mi mundo de seguridad quedó sin colorido y se convirtió en humo cuando leí su nota; de aquella mujer que yo había sido, y de mi mundo, sólo quedaron cenizas grises.

Cuando hice el inventario de mi vida, encontré a un ama de casa insegura, pasada de peso, con cuatro hijos y sin ninguna preparación para poder mantenerlos. Las únicas dos cosas con que contaba eran mi determinación y mis amigos.

Debido a que de pronto me vi sin dinero, mi padre me ofreció trabajo como contadora en el negocio familiar, una distribuidora de implementos para granja de la que era copropietario junto con mi esposo. Remplazaría a la mujer que se había escapado con mi marido. Aunque estaba decidida a sacar a mis hijos a flote, parecía una broma cruel del destino tener que asistir todos los días y sentarme en *su* escritorio, contestar *su* teléfono y tratar de desempeñar *su* trabajo de contabilidad.

Los granjeros que llegaban se estremecían al verme. Todos conocían la historia y estaban conscientes de mi dolor. La humillación hacía que me enfermara del estómago todos los días. Me sentía tan insegura que el solo hecho de ir al correo o a la tienda de abarrotes consumía toda mi energía.

Hacía sólo una semana mis días transcurrían tranquilos cuidando a mis hijos, cocinando, limpiando la casa y tejiendo, ahora me había lanzado al mundo laboral sin ninguna preparación.

Después de unas cuantas semanas decidí que, si iba a trabajar como contadora, tenía que aprender a desempeñar el trabajo correctamente, por lo que me inscribí en clases nocturnas de contabilidad. Las odiaba, nunca me gustaron los números, y estar en clases con todos esos muchachos tan brillantes me ponía nerviosa. Pero yo estaba decidida a ganar dinero para mantener a mis hijos por encima de todo.

Después de pasar con éxito el primer curso, mi padre me ofreció comprarme la mitad que me pertenecía del negocio para que pudiera asistir de tiempo completo a la escuela. Esto significaba que tendría ingresos mientras asistía a clases. Para cuando dejara de recibir dinero ya tendría mi título y, tal vez, un trabajo con mejor sueldo.

Cuando le mencioné esta situación, con timidez, a mi amiga Robbie, exclamó con entusiasmo que me ayudaría en lo que fuera necesario. ¡Y así lo hizo! En pocos días nos encontrábamos en el estacionamiento de la universidad local y nos dirigíamos a la oficina del director, donde me inscribiría en clases de contabilidad. Iba a ser contadora, ¡yo que siempre odié los números!

Robbie dijo que teníamos que celebrar el primer paso hacia una nueva vida, así que nos detuvimos a almorzar en un restaurante. Ahí, nos encontramos con una antigua amiga, JoAnn, quien había estudiado artes gráficas. En ese momento se dedicaba a pintar acuarelas e impartía clases de arte; de hecho, sus clases habían sido uno de los pocos lujos que me había dado entre mis dos primeros bebés. Al igual que todos en el pueblo, JoAnn conocía de mi problema y me preguntó cómo me sentía. Por lo menos había algo nuevo que contar.

—¡Va a regresar a la escuela! —le dijo Robbie.

—¡Oh! —exclamó mi antigua maestra—. ¡Finalmente vas a inscribirte en diseño gráfico!

—N-no —tartamudeé—, en realidad acabo de inscribirme en contabilidad.

—¿Qué? —dijo confundida.

Yo me quedé atónita. Nunca se me ocurrió que podía ir a la escuela y estudiar algo que *realmente me gustara*. Desde la huida de mi esposo me había dejado llevar, trabajando afanosamente, haciendo lo que fuera necesario, siguiendo con inercia la evolución de mi vida.

Cuando nos dirigíamos a casa pensé en la posibilidad de cambiar de especialidad. Volví a abrir el catálogo que estaba en mi regazo, en la sección donde aparecía la descripción del diseño gráfico. Los nombres de los cursos danzaron ante mí, mientras se los leía a Robbie:

—¡Dibujo ilustrativo!, ¡historia del arte!, ¡pintura al óleo! ¿Puede todo esto conformar una carrera? —me quedé boquiabierta.

—¡Gracias a Dios! —ahora Robbie reía—. Estaba empezando a pensar que todo esto era un esfuerzo perdido. ¡No te había visto tan entusiasmada en meses!

Esa tarde me armé de valor y llamé a JoAnn a su casa.

—¿Piensas que podría mantener a mis hijos con el diseño gráfico? —le pregunté.

—Yo lo hice. Y tú eres buena... ¡muy buena! En realidad pienso que puedes lograrlo —respondió, y me pareció notar cierto alivio en su voz.

Al día siguiente regresé sola a la universidad. Cuando le dije al encargado que quería cambiar de especialidad, el consejero me miró como si yo hubiera enloquecido.

Resultó que fue una de las mejores decisiones que he tomado en mi vida. ¿Y saben una cosa? Estoy agradecida por mi primer matrimonio y por haber tenido que pasar por todas esas experiencias traumáticas. Si no hubiera sido por ese matrimonio, no tendría a mis maravillosos hijos. Si no hubiera tenido que luchar, todavía estaría pensando en mí como el ama de casa infeliz y pasada de peso, temerosa de salir de su hogar.

En lugar de eso, llegué a ganar el prestigioso título de directora creativa de una compañía importante, con el salario que acompaña a un puesto semejante. La pared de mi estudio está tapizada con premios y reconocimientos que considero como medallas de honor a mi ardua batalla. Pude mandar a mis hijos a la universidad; ahora están grandes y tienen sus propias familias y profesiones que atender. Estamos más unidos por haber tenido que compartir y superar aquella época de dolor y frustración.

Pero lo más importante es que los colores de mi vida no han desaparecido ni han permanecido en cenizas grises para siempre. ¡El espectro está completo y sus colores son vibrantes! Creo que no me di cuenta de que este arco iris de amor y fortaleza estuvo todo el tiempo dentro de mí. Todos los días le doy gracias a Dios por mi determinación y por el apoyo de mis amigos, quienes me ayudaron a encontrar y a liberar el arco iris en los tiempos más tormentosos.

Sharon M. Chamberlain

Él me enseñó a volar

Todos deberían observar cuidadosamente a dónde los lleva su corazón y entonces elegir ese camino con todas sus fuerzas.

Proverbio hasídico

Mi padre creció cerca del proyecto de viviendas Cabrini Green, en Chicago. Este proyecto se terminó mucho después de que mi padre se mudó de ahí, pero el vecindario difícil y apretujado de su juventud no es muy diferente del vecindario de hoy en día. Todavía es un sitio donde las personas tratan de encontrar la manera de salir de la pobreza y del peligro. Ver ese edificio de departamentos era conocer al fin la parte más profunda de mi padre. Era comprender definitivamente por qué habíamos pasado tanto tiempo en desventaja.

Papá y yo siempre fuimos apasionados acerca de nuestros sentimientos, después de todo éramos italianos, y cuando llegué a la adolescencia, nuestras discusiones realmente subieron de tono. No puedo recordar ni una sola comida en esos años en la que no discutiéramos, ya fuera sobre política, sobre el feminismo, sobre la guerra de Vietnam. Sin embargo, nuestra peor discusión fue una que continuó por mucho tiempo, acerca de la profesión que elegí.

—¡Las personas como nosotros no son escritores! —gritaba papá.

—A lo mejor las personas *como tú* no son escritores —le gritaba yo también—, ¡pero las personas *como yo* sí lo son!

Lo que yo decía era más cierto de lo que podía imaginar.

Crecí en una linda casa con jardín, con un perro y mucho espacio para moverse. Mis únicas responsabilidades eran sacar buenas calificaciones y permanecer alejada de problemas serios. Papá pasó su juventud apretujado en una vivienda; cuidando a su madre, que era viuda y no hablaba inglés; ayudando a criar a sus dos hermanos menores y ganando como pudiera el dinero suficiente para irla pasando.

El sueño de papá era mudarse de ese vecindario, y lo hizo después de casarse. Corrió una cortina sobre su pasado y no hablaba de los días de su niñez. Con nadie. Nunca. Para él, era una cuestión de orgullo evitar que los demás conocieran sus penurias. Pero al no conocer el pasado de papá, tampoco pude conocerlo a él en realidad, ni saber por qué se empeñaba tanto en que yo tuviera seguridad y comodidad.

Al persistir en la elección de mi carrera, no obstante todos los rechazos, mamá me dijo que papá leía y releía todo lo que yo había publicado, aunque nunca hablara de mi trabajo conmigo. En lugar de eso, continuamente trataba de hacer que cambiara de opinión y eligiera una carrera más "segura" como enfermería, docencia o secretariado.

En la última semana de su vida, estando yo sentada junto a su cama, papá se sinceró conmigo. Era como si de repente se hubiera dado cuenta de que pronto sería demasiado tarde para que conociéramos la verdad. Así que me hizo buscar una caja de fotografías que había escondido en el garaje; por fin supe cómo eran él y sus hermanos cuando niños, y dónde habían vivido. En ese momento, frente a frente, sentí que recuperé a mi padre y agradecí la casa y la seguridad que me brindó.

En aquellos últimos días papá habló de todo. De cómo se sentía al tener que cargar las cubetas de carbón, subir cuatro pisos y compartir un baño con otras cinco familias. Dijo que siempre se preocupaba porque su hermano y su hermana no tuvieran suficiente alimento para comer ni suficientes ropas para calentarse en el invierno, o que alguien en la familia enfermara y no hubiera suficiente dinero para pagar el doctor o las medicinas. Me habló de los sábados que pasaba en un club de golf, lo hermoso que le parecía el pasto y cómo se esforzaba para que lo escogieran como *caddy*. Después de dieciocho hoyos, si tenía suerte, le daban veinticinco centavos de propina.

Papá me contó cómo deseaba protegerme de la pobreza y de las privaciones, para que nunca tuviera que pasar por lo que él vivió. Me habló de lo importante que era para él que yo tuviera algo en qué apoyarme. Y le dije que siempre me había apoyado en él. Le dije también que mis esperanzas y mis sueños se habían formado sobre sus fuertes hombros, que las raíces que me había proporcionado eran profundas, y cuando quiso disculparse por haber tratado de "cortarme las alas", le respondí que fue él quien me había dado la oportunidad de volar. Papá sonrió y trató de asentir con la cabeza, pero no estaba segura de que entendía lo que yo quería decir.

La tarde del último día de su vida, mientras mamá y yo lo tomábamos de la mano, pidió a dos enfermeras del hospital que se acercaran.

—Ya conocen a mi hija —susurró con gran esfuerzo—. Bueno, sólo quiero que sepan que ella es escritora.

Fue el momento de mi vida en el que me he sentido más orgullosa.

Cynthia Mercati

4

SOBRE EL MATRIMONIO

¿ Cómo te amo? Permíteme contarte de qué maneras. Te amo con la profundidad, amplitud y altura que mi alma puede alcanzar...

Elizabeth Barrett Browning

Algo muy auténtico

Si yo sé lo que significa el amor, te lo debo a ti.

Herman Hesse

Cecile y yo hemos sido amigas desde la universidad, durante más de treinta años. Aunque nunca hemos vivido a menos de 160 kilómetros de distancia desde que nos conocemos, nuestra amistad ha sido constante y firme. Nos hemos reunido en bodas, nacimientos, divorcios, sepelios de seres queridos, y en todos esos momentos en los que realmente se necesita a un amigo.

Para celebrar nuestra amistad y nuestro quincuagésimo cumpleaños, Cecile y yo hicimos juntas nuestro primer viaje por carretera. Fuimos en automóvil desde mi casa en Texas hasta California y de regreso. ¡Qué maravillosos momentos pasamos!

El primer día de nuestro viaje terminó en Santa Fe, Nuevo México. Después de un largo trayecto estábamos muy cansadas, así que decidimos cenar en un restaurante que se encontraba cerca del hotel. Nos sentamos en un lugar bastante tranquilo del comedor, donde sólo había unos cuantos comensales. Pedimos nuestros platillos y nos acomodamos para repasar los sucesos del día. Mientras hablábamos eché una mirada a las otras personas que estaban en el restaurante. Me fijé en una atractiva pareja de edad sentada a poca distancia de nosotras. El caballero era muy alto y de cuerpo atlético, con el cabello plateado y la piel bronceada. La señora sentada junto a él era "bajita", iba bien vestida y lucía encantadora. Lo que llamó mi atención inmediatamente fue la mirada de adoración en la cara de esa mujer. Estaba sentada con la barbilla descansando delicadamente sobre sus manos, y miraba fijamente al hombre mientras éste hablaba. ¡Me recordó a una adolescente enamorada!

Le pedí a Cecile que se fijara en la pareja. Mientras los observábamos, él se inclinó para darle un beso en la mejilla y ella sonrió.

—¡Esto es lo que llamo amor verdadero! —dije con un suspiro—. Me imagino que han estado casados durante mucho tiempo. ¡Se ven tan enamorados!

—O tal vez —comentó Cecile— no han estado juntos por mucho tiempo. Podría ser que acabaran de enamorarse.

—Bien, cualquiera que sea el caso, es obvio que se tienen mucho cariño. Se ve que están enamorados.

Cecile y yo estuvimos viéndolos y escuchando su conversación sin que se dieran cuenta. Él le explicaba algo relacionado con una nueva inversión comercial que estaba considerando y le preguntaba su opinión. La mujer sonreía y estaba de acuerdo en todo lo que él decía. Cuando la mesera se les acercó, él ordenó por ella, recordando que la ternera era su platillo favorito. Acariciaba su mano mientras le hablaba, y ella escuchaba embelesada cada una de sus palabras. Estábamos extasiadas ante esa escena tan conmovedora de la que éramos testigos.

De repente la escena cambió. Una mirada perpleja se apoderó de la cara arrugada pero hermosa de la dama. Se quedó mirando al hombre y le dijo con voz dulce:

—¿Lo conozco? ¿Qué lugar es este? ¿Dónde estamos?

—Pero, mi amor, tú me conoces. Soy Ralph, tu esposo. Y nos encontramos en Santa Fe. Mañana vamos a ver a nuestro hijo, que se encuentra en Missouri. ¿Lo recuerdas?

—Bueno, no estoy segura. Parece que lo había olvidado —dijo con voz suave.

—Está bien, mi amor. Todo va a estar bien. Ahora sigue comiendo y después nos iremos a descansar —se acercó y le acarició la mejilla—. Luces muy hermosa esta noche.

Las lágrimas rodaron por nuestras mejillas mientras Cecile y yo nos mirábamos una a la otra.

—Teníamos razón —dijo en voz baja—. Esto es algo muy auténtico. Es amor.

Frankie Germany

El medallón

Como conferenciante he escuchado muchas historias acerca de las vidas y experiencias que tienen otras personas. Cierto día, al finalizar una conferencia, se acercó una mujer y me contó un suceso que cambió su vida, y la siguiente narración me tocó el corazón.

"Yo creía que era una simple enfermera" empezó a decirme, "hasta hace dos años".

"Era mediodía y estaba alimentando a aquellos pacientes a los que les damos de comer en la boca, los ancianos que ya no pueden valerse por sí mismos. Es un trabajo complicado, porque hay que llevar la cuenta y asegurarse de que mantengan el alimento en su boca. Observé a un señor mayor que pasaba por la puerta del comedor y se dirigía hacia el pabellón para hacer la visita diaria a su esposa.

"Nuestros ojos se encontraron a la distancia y supe dentro de mi corazón que estaría con ellos dos al mediodía. Mi compañera me sustituyó y lo seguí cuando atravesaba el corredor.

"Cuando entré al cuarto ella estaba acostada en la cama, viendo hacia arriba, con los brazos cruzados sobre su pecho. Él estaba sentado en la silla, al borde de la cama, con los brazos cruzados, mirando al piso.

"Caminé hacia ella y le dije:

—Susan, ¿hay algo que quieras compartir hoy? Si es así, estoy aquí para escucharte.

"Trató de hablar, pero sus labios estaban secos y no dijo una palabra. Me incliné lo más cerca que pude y le pregunté de nuevo:

"—Susan, si no puedes decirlo con palabras, ¿puedes expresarlo con tus manos?

"Cuidadosamente separó las manos de su pecho y las sostuvo frente a sus ojos. Eran las manos de una anciana, con la piel arrugada y los nudillos inflamados, gastadas por los años de uso en el trabajo y en la vida misma. Tomó el cuello de su camisón y comenzó a jalarlo. Le desabroché los botones de arriba. Luego buscó y sacó una larga cadena de oro de la cual pendía un pequeño medallón, también de oro. Lo sostuvo mientras brotaban lágrimas de sus ojos.

"Su esposo se levantó de la silla y se acercó. Sentándose junto a ella, tomó sus manos y tiernamente las colocó alrededor de su cuerpo.

"—Existe una historia sobre este medallón —explicó, y empezó a contármela.

"—Un día, hace muchos meses, despertamos temprano y le dije a Susan que ya no podía hacerme cargo de ella yo solo. No podía llevarla al baño, mantener la casa limpia y, además, cocinar los alimentos. Mi cuerpo ya no tenía la capacidad para eso, pues yo también he envejecido.

"—Hablamos largo y tendido esa mañana. Me dijo que quería ir al café del club y preguntar dónde había un buen lugar al que pudiera ir. No regresé sino hasta la hora del almuerzo. Elegimos este sitio por consejo de otras personas.

"—El primer día, después de todos los procedimientos de rutina, de que la pesaran y le hicieran análisis, la enfermera nos dijo que sus dedos estaban tan inflamados que tendría que cortar su anillo de boda.

"—Después de que todas las personas salieron del cuarto, nos sentamos juntos y ella me preguntó qué haríamos con un anillo roto y un anillo entero, ya que yo también había decidido quitarme mi anillo.

"—Ambos anillos estaban viejos, y más ovalados que redondos, desgastados de algunas partes. Entonces tomamos una dura decisión. Esa fue la noche más difícil de toda mi vida. Era la primera vez que dormíamos separados en cuarenta y tres años.

"—A la mañana siguiente le llevé los dos anillos al joyero y los fundió. La mitad de ese medallón es mi anillo y la otra mitad es el de ella. El broche está hecho con el anillo de compromiso que le di cuando éramos novios, junto al estanque, en la parte trasera de la granja, la tarde de un caluroso verano. Ella me dijo que ya era tiempo de que pidiera su mano, y me dio el *sí*.

"—En la parte de adentro dice: *Te amo, Susan* y del otro lado *Te amo, Joseph*. Mandamos a hacer este medallón porque teníamos miedo de que algún día ya no pudiéramos decirnos estas palabras el uno al otro.

"Concluido su tierno relato, él la levantó y la sostuvo tiernamente entre sus brazos. Sabía que yo era el canal y ellos el mensaje. Me deslicé hacia la puerta y regresé con más bondad en mi corazón para alimentar a los ancianos.

"Después del almuerzo y del trabajo de oficina regresé al cuarto donde estaban. Él la mecía entre sus brazos cantando la última estrofa de 'Gracia plena'. Esperé mientras la acostaba, le cruzaba los brazos y le cerraba los ojos.

"Yo estaba en la puerta cuando volteó a verme y dijo:

"—Gracias. Acaba de fallecer hace un momento. Muchas gracias.

"Como dije, antes acostumbraba decir que era una simple enfermera o que sólo era una mamá, pero ya no volví a decirlo. Nadie es una cosa solamente. Cada uno de nosotros posee cualidades y talentos. No debemos limitarnos con esas definiciones. Ahora sé lo que debo hacer cuando escucho a mi corazón, y vivo gracias a ello."

Cuando terminó su historia nos abrazamos y se marchó. Yo estaba de pie en la puerta llena de gratitud.

Geery Howe

La dote

En el lejano mundo de la zona sur del Pacífico existe una isla llamada Nurabandi y cerca de ella otra llamada Kiniwata.

Los nativos de estas islas, que según cuentan son maravillosas, son educados y orgullosos, pero todavía conservan la costumbre ancestral de ofrecer una dote a la familia de la muchacha cuando un joven pide su mano en matrimonio.

Johnny Lingo vivía en la isla de Nurabandi. Era un joven bien parecido, rico y quizás el hombre de negocios más inteligente de toda la isla. Todos sabían que Johnny estaba soltero y podía darse el lujo de elegir a cualquier jovencita casadera de la región.

Pero Johnny sólo tenía ojos para Sarita, quien vivía en Kiniwata, lo que para algunas personas era difícil de creer.

Sarita era una muchacha común y corriente, dedicada a las labores del hogar. Cuando caminaba, dejaba caer los hombros e inclinaba la cabeza hacia abajo.

Pero Johnny estaba profundamente enamorado de Sarita y comenzó a hacer los arreglos necesarios para presentarse ante el padre de la muchacha, un hombre llamado Sam Karoo, para pedir la mano de su hija en matrimonio y discutir con él la dote apropiada.

La dote siempre se había pagado en vacas vivas, porque esos animales eran muy apreciados en las pequeñas islas del litoral del Pacífico. La historia decía que algunas de las más hermosas jovencitas del sur del Pacífico, habían sido entregadas por una dote de cuatro vacas, y en pocos casos, hasta cinco.

Además, Johnny Lingo era el mejor comerciante en la isla de Nurabandi, y por su parte el papá de Sarita, Dios lo bendiga, era el peor comerciante de la isla de Kiniwata.

Enterado de la situación, el preocupado Sam Karoo reunió a su familia la noche anterior a la cita para ponerse de acuerdo y planear la estrategia a seguir. Primero le pediría a Johnny tres vacas y después pediría dos hasta estar seguro de que Johnny estaría dispuesto a entregar una vaca por lo menos.

Al día siguiente, cuando comenzó la reunión, Johnny Lingo miró fijamente a los ojos de Sam Karoo y le dijo con firmeza:

—Me gustaría ofrecerle ocho vacas para que me otorgue la mano de su hija Sarita en matrimonio.

—Bien —tartamudeó Sam—. Eso sería magnífico.

Pronto se llevó a cabo una boda elegante, pero nadie en las islas podía entender por qué Johnny había ofrecido ocho vacas por Sarita.

Seis meses después, un visitante estadounidense, un escritor talentoso llamado Pat McGerr, se encontró con Johnny Lingo en su bella casa en Nurabandi y hablaron acerca de las ocho vacas.

El escritor había visitado previamente la isla de Kiniwata y escuchó a los lugareños, que todavía se reían por el hecho de que el tonto Sam hubiera estafado al sabio Johnny con ocho vacas por Sarita, una sencilla muchacha, común y corriente.

Sin embargo, en Nurabandi nadie se atrevía a reírse de Johnny Lingo pues lo tenían en gran estima. Cuando finalmente el escritor conoció a Johnny, los ojos del recién casado brillaban de curiosidad al interrogar al escritor.

—He oído que todos hablan de mí en esa isla. Porque debo decirle que mi esposa es nativa de allá.

—Sí, ya lo sé —dijo el escritor.

—Bueno, cuénteme, ¿qué es lo que dicen? —preguntó Johnny.

El escritor, esforzándose por ser diplomático, contestó:

—Bueno, dicen que usted se casó con Sarita en la época del festival.

Johnny lo presionó hasta que finalmente el escritor le dijo de la manera más sutil:

—Se dice que usted dio ocho vacas por su esposa, y todos se preguntan por qué dio tanto.

En ese momento, la más hermosa mujer que el escritor hubiera visto entró a la habitación para colocar unas flores sobre la mesa.

Era una joven alta. Sus hombros estaban rectos y levantaba la barbilla. Cuando sus ojos se encontraban con los de Johnny, se producía una chispa innegable.

—Ella es mi esposa Sarita —dijo Johnny, divertido, y cuando Sarita se retiró, el extranjero estaba desconcertado.

Entonces Johnny empezó a explicarle.

—¿Alguna vez ha pensado en lo que debe significar para una mujer el saber que su esposo ha ofrecido el precio más bajo para poder comprarla? Y después, cuando las mujeres hablan entre ellas, alardean sobre lo que sus maridos pagaron por ellas. Una dice cuatro vacas, otra dice tres. ¿Pero cómo se siente una mujer cuando ha sido comprada por una sola vaca?

"Yo no iba a permitir que esto le sucediera a mi Sarita. Quería que ella estuviera feliz, pero hay algo más. Usted dice que ella luce diferente de como le dijeron. Eso es verdad, pero muchas cosas pueden cambiar a una mujer.

"Existen cosas que suceden en el interior y otras que se dan en el exterior, pero lo más importante es lo que ella piensa acerca de sí misma. En Kiniwata, Sarita pensaba que no valía nada, pero ahora sabe que vale más que cualquier mujer en cualquiera de las islas".

Johnny Lingo hizo una pausa y finalmente agregó:

—Siempre quise casarme con Sarita, desde que la conocí. La amaba a ella y a nadie más. Pero también quería tener una esposa que valiera ocho vacas y, como puede darse cuenta, mi sueño se hizo realidad.

Roy Exum

Ir al lugar correcto

En 1939, en un pequeño pueblo de Oklahoma, una joven pareja había estado casada durante unos pocos y decepcionantes meses. Él nunca imaginó que hubiera tantas maneras de arruinar un pollo frito. Ella no podía imaginar por qué había pensado alguna vez que los chistes de él eran tan graciosos. Ninguno de los dos decía en voz alta lo que pensaba: que su matrimonio había sido un gran error.

Una tarde calurosa tuvieron una terrible discusión sobre si podían darse el lujo de pintar la sala. Los ánimos se calentaron, levantaron la voz y de alguna manera uno de los platones que les regalaron el día de su boda se estrelló en el piso. Ella estalló en llanto, le dijo que no tenía sentimientos y que era un miserable. Gritando, él respondió que prefería ser un miserable que una quejumbrosa, tomó las llaves del automóvil y salió de la casa. Sus últimas palabras, enfatizadas por el portazo, fueron:

—¡Fue suficiente! ¡Te dejo!

Pero antes de que él pudiera echar a andar su desvencijado automóvil, la puerta del pasajero se abrió de golpe y su esposa se sentó junto a él. Veía hacia adelante, con el rostro cubierto de lágrimas, pero con determinación.

—¿Y a dónde se supone que vas? —preguntó el marido con asombro.

Ella sólo dudó un instante antes de contestar, justo lo suficiente para estar segura de que su respuesta decidiría la dirección de sus vidas durante los próximos cuarenta y tres años.

—Mi madre me dijo que si me dejabas, debía irme contigo.

Lynne Kinghorn

Nunca entenderé a mi esposa

En cada unión existe un misterio.

Henri F. Amiel

Nunca entenderé a mi esposa.

El día que se mudó conmigo empezó a abrir y cerrar los gabinetes de la cocina exclamando:

—¡No tienes papel para las repisas! Vamos a tener que conseguir papel para las repisas antes de que coloque mis platos aquí.

—Pero, ¿por qué? —pregunté inocentemente.

—Para conservar los platos limpios —contestó con un tono de voz desafiante.

Yo no entendía cómo el polvo podía desaparecer mágicamente de los platos si se les colocaba debajo un papel engomado azul, pero sí sabía cuándo debía permanecer callado.

Entonces llegó el día en que dejé el asiento del retrete levantado.

—En mi familia nunca hemos dejado el asiento del retrete levantado —dijo enojada—. Es de mala educación.

—En mi familia no somos mal educados —contesté tímidamente—. Lo que pasa es que tu familia no ha tenido gatos.

Además de estas lecciones, aprendí cómo debe apretarse el tubo del dentífrico, dónde se debe colocar la toalla después de bañarse y en qué lugar se supone que deben colocarse las cucharas cuando se pone la mesa. No tenía idea de que yo fuera tan mal educado.

No, nunca entenderé a mi esposa.

Ella coloca en orden alfabético las especias, lava los platos antes de ponerlos en la máquina lavaplatos y divide la ropa en montones diferentes antes de echarla a la lavadora. ¿Puede usted imaginar esto?

Usa pijama para dormir. No puedo creer que todavía haya alguien en Estados Unidos que use pijama para irse a la cama. Tiene un abrigo que la hace parecerse a Sherlock Holmes.

—Te voy a conseguir un abrigo nuevo —le ofrecí.

—No. Este era de mi abuela —dijo con voz tajante, dando por terminada la conversación.

Después de que nacieron nuestros hijos se comportó de una manera aún más extraña. Traía el pijama puesto todo el día, desayunaba a la una de la tarde, a todas partes llevaba una bolsa de pañales del tamaño de una minivan y sólo hablaba con monosílabos.

Cargaba a nuestro bebé en todas partes: en la espalda, en el frente, en los brazos, sobre su hombro. Nunca dejaba sentada a la niña, incluso viendo que otras madres jóvenes sacudían la cabeza con desaprobación y colocaban a su bebé en la sillita para el automóvil o los metían en sus corralitos. Qué extraño era verla siempre aferrada a la bebé.

Mi esposa también decidió amamantarla, aun cuando sus amigas le decían que en ese momento no la molestara. Alzaba en brazos a la pequeña siempre que lloraba, aunque le decían que era saludable dejarla llorar.

—Es bueno para sus pulmones que la bebé llore —le decían.

—Es mejor para su corazón que sonría —les contestaba.

Cierto día un amigo mío sonrió disimuladamente porque leyó en la defensa de nuestro automóvil una calcomanía que decía: "Ser una mamá que se queda en casa es un trabajo del corazón".

—Mi esposa debió haberla puesto allí —le dije.

—Mi esposa trabaja —contestó, alardeando.

—La mía también —dije, sonriendo.

En una ocasión estaba llenando uno de esos cupones de garantía, y puse en la tarjeta "ama de casa" para señalar la ocupación de mi esposa. Fue un gran error. Ella se dio cuenta y rápidamente me corrigió:

—No soy ama de casa. No soy asistente doméstica. Soy una madre.

—Pero no existe ninguna categoría que diga eso —me disculpé tartamudeando.

—Pues agrega una —exigió.

Y así lo hice.

Unos cuantos años después, un día permaneció en la cama sonriendo cuando me levanté para ir a trabajar.

—¿Pasa algo malo? —le pregunté.

—Nada. Todo me parece maravilloso. No tuve que levantarme en toda la noche para dormir a los niños y tampoco vinieron a acostarse con nosotros.

—Está bien —dije, sin comprender nada aún.

—Es la primera vez en cuatro años que he dormido toda la noche.

¿Cuatro años? Eso es bastante tiempo. Yo ni siquiera lo había notado. ¿Por qué ella nunca se quejó? Yo lo hubiera hecho.

Otro día, sin reflexionar, le dije algo que la hizo salir de la recámara llorando. Entré en la otra habitación para disculparme y comprendió que estaba diciendo la verdad, porque en ese momento yo también estaba llorando.

—Te perdono —me dijo. ¿Y saben qué? Cumplió su promesa. Nunca volvió a tocar el tema. Ni siquiera cuando se enojaba mucho y podía habérmelo echado en cara. Sólo perdonó y olvidó.

No, nunca entenderé a mi esposa. ¿Y saben una cosa? Nuestra hija se está pareciendo cada día más a su madre.

Si resulta ser como ella, algún día otro hombre será la persona más afortunada del mundo, gracias al papel para las repisas en su alacena.

Steven James

Castillos de arena
que se derrumban

El amor no sólo se queda ahí, como si fuera una piedra; tiene que elaborarse como el pan, rehacerse todo el tiempo, hornearse de nuevo.

Ursula K. Le Guin

Un apacible día de verano junto al mar, mi marido y yo estábamos leyendo, tendidos en nuestras toallas de playa, cada uno encerrado en su propio mundo. Últimamente había sido así. Estábamos muy ocupados y preocupados yendo en direcciones opuestas. Esperaba que con el ocio de las vacaciones esto fuera diferente, pero hasta ahora habíamos empleado la mayor parte del tiempo escudándonos en el silencio.

Levanté la vista por encima de mi libro para ver el incesante oleaje del mar. Sintiéndome intranquila, pasé mis dedos por la arena.

—¿Te gustaría hacer un castillo de arena? —le pregunté a mi esposo.

En realidad él no quería hacerlo, pero me complació. Sin embargo, cuando comenzamos a construir el castillo, se concentró sorprendentemente en el proyecto. Ambos lo estábamos construyendo. De hecho, al poco rato trabajábamos con la arena de la playa como si pareciera que nos fueran a tomar una fotografía para un artículo de revista acerca de los "Castillos de arena". Sandy construyó puentes a través del foso mientras yo coronaba la cúspide del castillo con caracoles. Hicimos balcones y ventanas con arcos, alineándolas con pequeñas conchas ala de ángel. Se parecía al castillo de Camelot.

Ninguno de los dos nos dimos cuenta de que la marea cambió. Nunca vimos las olas que se acercaban, hasta que la primera se llevó un pedazo de nuestro castillo. Indignados, tratamos de reconstruirlo, apretándolo con unos cuantos golpecitos. Cuando las olas volvieron a su regular monotonía, nuestras manos dejaron de moverse y nuestros ojos se perdieron en el horizonte. Sandy alcanzó su toalla, yo tomé la mía y regresamos a nuestro silencio.

Cuando observé a mi alrededor, el castillo de arena que habíamos construido estaba desapareciendo a causa de la marea. Los puentes se estaban deslavando y los caracoles empezaban a caer.

Yo lo veía con melancolía y una tristeza inexplicable se apoderó de mí. De manera repentina tuve una completa e inesperada revelación en medio de ese verano ordinario. "Allí está cimentado mi matrimonio", pensé.

Miré a mi esposo. Los silencios entre nosotros parecían alcanzar el cielo. Se trataba del silencio vacío de un matrimonio de media vida, un matrimonio en el que el ruido incesante de la vida cotidiana amenazaba con ahogar la música de la intimidad.

Dios mío, ¿cuándo había cambiado la marea? ¿Desde cuándo la hipoteca, la lavandería y las citas con el ortodoncista habían sido más importantes que aquellas maravillosas miradas que intercambiábamos? ¿Cuánto tiempo hacía que no compartíamos nuestro dolor oculto o tropezábamos juntos con una experiencia de alegría y felicidad? ¡Cómo pudo pasar que dos personas que se amaban permitieran distanciarse de esa manera!

Pensé en las atenciones que nos brindábamos al principio de nuestra relación, y cómo, más adelante, las interminables demandas y rutinas de llevar una casa, criar a dos hijos y hacer malabares con dos profesiones habían aquietado nuestras manos y desviado nuestras miradas.

Esa noche, después de que los niños se quedaron dormidos, mi marido me encontró de pie a la sombra del porche mientras contemplaba fijamente la noche.

—Apenas has pronunciado dos palabras en toda la tarde —comentó.

—Lo siento —murmuré—. Tengo algo en mi mente.

—¿Quieres decirme qué es? —preguntó.

Volteé hacia a él y lo observé. Respiré profundamente.

—Estoy pensando en nosotros —dije—. Estoy pensando que nuestra relación se está ahogando con las demandas de la vida cotidiana. Hemos dado nuestro matrimonio por realizado.

—¿Qué tratas de decir? El nuestro es un matrimonio comprometido —señaló indignado.

—Por supuesto que es un matrimonio comprometido. Pero a veces parece que lo único que tenemos es ese compromiso. En ocasiones parecemos dos extraños que viven bajo un mismo techo pero siguen caminos diferentes.

No dijo una sola palabra más. "Ya lo hice", pensé. "Moví el barco hasta el punto de volcarlo. Le dije a mi esposo que nuestro matrimonio estaba a punto de convertirse en un compromiso vacío. ¡Dios mío!"

Nos miramos fijamente. Era como si estuviéramos atrapados dentro de una oscura burbuja de dolor que no quería reventarse. Las lágrimas brotaron de mis ojos y bajé la cara. Para mi asombro, noté que también de sus ojos salían lágrimas.

De repente, en lo que ha sido el momento más amoroso de mi vida de casada, Sandy siguió con su dedo el curso de las lágrimas que rodaban por mis mejillas, luego tocó su propio rostro humedecido y mezcló mis lágrimas con las suyas.

Es extraño ver cómo estas cosas pueden comenzar a recrear el misterio que existe entre dos personas. Sandy y yo bajamos los escalones del porche y caminamos hacia la playa, bajo las estrellas brillantes. Tranquilamente empezamos a hablar, durante largas horas, acerca de los pequeños inconvenientes de la vida de casados, de la lucha cotidiana. Conversamos acerca de los problemas, discusiones y lugares comunes de nuestro matrimonio y de cómo habíamos llegado a ellos. Hablamos de las palabras hirientes sobre nuestras necesidades insatisfechas.

Estábamos girando en la oscuridad que se había instalado en nuestra relación. Y sí, era algo incómodo y nos daba temor, como estar en medio del océano sin tener un bote. Pero negociar con el caos y desafiar al dolor es a menudo la única manera de descubrir o encontrarse con un nuevo camino que te lleve a la costa, ya que Dios también se encuentra en las aguas oscuras.

Finalmente, cuando ya era tarde y una profunda sensación y un nuevo crecimiento se gestaba entre nosotros, dije como si estuviera soñando:

—Sería bonito que algún día pudiéramos intercambiar nuestros votos matrimoniales otra vez.

—¿Por qué no ahora mismo? —preguntó mi esposo. Yo tragué saliva. ¡No tenían fin las sorpresas que este hombre me daba esa noche!

—¡Pero qué diremos! Quiero decir, no puedo recordar los votos exactamente.

—¿Por qué no decimos simplemente lo que está en nuestros corazones?

Y fue así que, bajo la luz de las estrellas, con el sonido de las olas que llenaba la noche, nos tomamos de la mano e intentamos ponerle música a las palabras que habían iniciado nuestro reencuentro.

—Prometo escucharte —empezó él—. Tener tiempo para compartir auténticamente...

—Y yo prometo ser honesta, y trabajar para crear una mayor unión entre nosotros —le seguí.

No recuerdo todas las palabras; más que nada recuerdo los sentimientos que tenían detrás, la manera en que mi voz temblaba cuando sus manos tomaban las mías.

Principalmente pensé que lo que estábamos haciendo era reconstruir el castillo, restaurar sus puentes, colocar de nuevo los caracoles.

A la mañana siguiente dejamos a los niños frente al televisor, con su cereal del desayuno, y nos fuimos a caminar por la orilla del mar. El sol vertía sobre el agua un halo de luz dorada que parecía apuntarnos sin cesar. Conversamos mientras caminamos, estábamos un poco asustados por los sucesos de la noche anterior, dándonos cuenta, a la luz del día, que pronunciar palabras era una cosa, pero llevarlas a la práctica era otra muy diferente. No podíamos renunciar a nuestros votos recién manifestados la noche anterior a la luz de la luna. Teníamos que llevarlos a casa con nosotros, al frenético itinerario del hogar, a la secadora descompuesta y a los residuos de botanas debajo de la cama de mi hijo.

Caminamos algunos kilómetros por la playa, esquivando las olas y con el agua hasta las rodillas. Nos quedamos de pie, empapados, entre el cielo azul turquesa y el agua verde jade. Estábamos a punto de regresar a casa cuando sucedió. Un gran delfín nariz de botella se acercó, brincando fuera del agua, a unos veinte metros de distancia, sobresaltándonos tanto que caímos hacia atrás.

Sentados en el agua, totalmente vestidos... con un delfín buceando y apareciendo ante nosotros en una danza plateada, fue una maravilla tan inesperada y estimulante que los dos reímos hasta que nos dolió el estómago. No puedo recordar en toda mi vida una alegría tan plena.

Nos levantamos delirantes y caminamos con las ropas empapadas hacia la playa, donde había varios castillos de arena derrumbándose. Me fijé en todos y cada uno de ellos.

Y empecé a escuchar dentro de mí una profunda voz que susurraba: "Cuando venga el mañana y la vida golpee las paredes de tu castillo, recuerda el poder del dolor

sincero y de las lágrimas mezcladas. Recuerda lo curati-
va que puede ser la risa profundamente compartida. Recuerda lo que es importante. Y aférrate a ello siempre".

Sue Monk Kidd

El último "te amo"

El esposo de Carol falleció en un accidente el año pasado. Jim, quien sólo tenía cincuenta y dos años, conducía del trabajo hacia su casa. El otro conductor era un adolescente que tenía un alto nivel de alcohol en la sangre. Jim murió al instante. El adolescente estuvo en emergencias menos de dos horas.

Hubo otras circunstancias irónicas: era el quincuagésimo aniversario de Carol y Jim traía en el bolsillo dos boletos de avión para Hawai. Pensaba darle una sorpresa a su esposa, y en lugar de eso murió por culpa de un conductor ebrio.

—¿Cómo has sobrevivido a esto? —le pregunté a Carol un año después.

Sus ojos se llenaron de lágrimas. Pensé que había dicho algo malo, pero tomó mi mano con ternura y dijo:

—Está bien; quiero contártelo. El día que me casé con Jim prometí que nunca le permitiría salir de casa por la mañana sin decirle que lo amaba. Él hizo la misma promesa. Esto llegó a ser una broma entre nosotros, pero cuando nacieron nuestros hijos, se convirtió en una promesa seria. Recuerdo que corría por la banqueta y le decía "te amo" con los dientes apretados cuando estaba enojada, o colocaba una nota en su automóvil para que la viera al ir manejando a su oficina. Todo esto representaba un gracioso desafío.

Todos los días de nuestra vida de casados, antes del mediodía, tratábamos de acumular muchos recuerdos que querían decir "te amo".

La mañana en que Jim murió, dejó una tarjeta de cumpleaños en la cocina y se escabulló hasta su automóvil.

Yo escuché el motor del auto. "Oh, no, no lo hagas", pensé; corrí hacia la calle y golpeé la ventanilla del auto hasta que bajó el cristal.

—Hoy, en mi quincuagésimo cumpleaños, señor James E. Garret, yo, Carol Garret, quiero continuar con la tradición diciendo: "Te amo".

Así es como he sobrevivido, sabiendo que las últimas palabras que le dije a Jim fueron: "Te amo".

Debbi Smoot

Amar a Donna

Se ha dicho que el amor no es algo que se encuentre sino algo que se hace. Amar a Donna es lo más sencillo que he hecho en mi vida.

Estuvimos casados durante veintiún años, y siempre parecimos como recién casados, si se toma en cuenta que el matrimonio es para siempre.

Hace un año, cuando sonó el teléfono y contesté, una voz dijo:

—Soy el doctor Freeman. Su esposa tiene cáncer de pecho —lo dijo muy bruscamente, sin escoger las palabras, aunque pude darme cuenta, por su tono de voz, que no era un hombre grosero. Es un médico cálido, compasivo y amable, y esa no era una llamada fácil de hacer. Habló con Donna durante unos minutos, y cuando colgó el teléfono, su rostro estaba pálido. Nos abrazamos y lloramos durante cinco minutos, hasta que ella suspiró y dijo:

—Esto es demasiado.

—De acuerdo —le dije mirándola—. Tenemos cáncer. Lo manejaremos.

Desde entonces y durante doce meses Donna ha tenido que someterse a quimioterapia, a una mastectomía, a un trasplante de médula ósea y a radiaciones. Perdió el cabello, perdió uno de sus pechos, perdió su intimidad y perdió también el consuelo asociado a la suposición de que el mañana siempre llegará. Repentinamente todos sus *mañanas* quedaron en lista de espera, racionados hasta que su vida pudiera volver a la normalidad.

Pero ella nunca perdió su dignidad ni su fe. Nunca se rindió, nunca dio su brazo a torcer.

Pusimos un pequeño letrero en la pared, junto a su cama, que decía: "Algunas veces el Señor calma la tormenta. Otras veces la deja seguir y le da calma a su hijo". Las palabras de este pequeño letrero se convirtieron en nuestro himno.

El día que regresó a casa después de la mastectomía, se miró detenidamente en el espejo. Se encogió de hombros y dijo:

—Así que esa es la imagen que ahora tengo —se puso el pijama y se metió en la cama. Viéndose, miró la esperanza; yo pude observar que estaba llena de valor.

Estuvo en el hospital durante la Pascua, el Día de las Madres y la graduación de la escuela preparatoria. Se perdió muchos sucesos importantes de la vida de otras personas durante una interminable lista de procedimientos médicos.

Pero ganó mucho, también.

Asistió a la boda de uno de nuestros hijos, en una silla de ruedas motorizada, usando una peluca y un sostén con relleno, y aparte de la novia indudablemente era la mujer más radiante.

Se dio cuenta de lo muy amada que era por su numerosa familia, vecinos, y amigos, y lo mucho que ella representaba en las vidas de todos nosotros. Recibimos notas, cartas, llamadas telefónicas y misteriosos paquetes con pan casero y galletas que alguien dejaban en la puerta de la casa. Donna siempre dijo que nunca imaginó que tantas personas se preocuparan por ella.

Una noche, en el punto más bajo de su dura experiencia física, yo estaba en mi silla de costumbre, en medio del silencio de su cuarto en el hospital. Había recibido una dosis muy fuerte de quimioterapia durante cuatro días seguidos y su sistema inmunológico quedó destruido. Su cabeza estaba calva y brillante, los ojos vidriosos, su cuerpo pesaba 15 kilos menos y se veía devastado por las oleadas de náuseas. Ella despertó y estiré mi mano para tocar la suya, sosteniéndola suavemente, pues su piel, sus venas y cada parte de su cuerpo eran tan frágiles como los pétalos de una gardenia. Si el trasplante de médula no tenía éxito, sería el principio del fin. Pero si el trasplante funcionaba, sería la base para empezar a escalar el escarpado camino hacia la recuperación.

—Hola —le dije—. Te amo.

—Sí, seguro que sí. Apuesto que eso les dices a todas tus novias —mencionó sonriente.

—Claro que sí, porque tú eres todas mis novias en una.

Volvió a sonreír, pero los sedantes comenzaron a hacer efecto y volvió a dormirse. Gracias a Dios, pasó toda esa semana bajo los efectos de una droga que la mantuvo en una penumbra mental.

Diez días después, el injerto de médula ósea prendió y su organismo empezó a recuperarse. Una encantadora enfermera llamada Nancy vino al cuarto de Donna para enseñarle a pintar con acuarelas, como parte de su terapia de recuperación. Yo estaba en la habitación y la mujer me dio un pincel, papel y pinturas, expresando una simple orden:

—Pinte lo que quiera.

Tengo un gran ojo para la belleza, la reconozco en cuanto la veo. Pero desde que estaba en la escuela elemental, cuando era lo suficientemente joven e inocente como para creer que lo que pintaba era una obra de arte, he aprendido que la coordinación de mis ojos con mis manos está limitada al uso del teclado de una computadora y del control remoto de la televisión. No dibujo y tampoco pinto.

Así que empecé a dar unas pinceladas poniendo un poco de color en la hoja, y pinté un ramillete de flores pretendiendo que fuera algo a lo Picasso, de estilo "cubista", o bien a la manera de la abuela Moses, de estilo "primitivo". Me sentí animado cuando Donna y Nancy reconocieron que lo que pinté eran unos narcisos, siete, para ser precisos, porque eso era lo que yo intenté pintar.

Recordé la letra de una vieja balada que escuché hacía más de cuarenta años y la escribí en la parte inferior del cuadro. Decía así:

No tengo ninguna mansión.
No tengo ninguna tierra.
No tengo ni un dólar arrugado en mi mano.
Pero puedo mostrarte las mañanas en mil colinas,
besarte y ofrecerte siete narcisos.

Donna puso mi pintura en la pared de su habitación, era como ver los sueños de mi niñez pegados una vez más en la puerta del refrigerador. Sólo que ahora se trataba de la vida y la muerte, del amor y la esperanza.

Ella se encuentra ya en casa y la vida sigue para nosotros. Todos los días reímos un poco y a veces lloramos también un poco. Y nos amamos mucho.

La amo por todas las mejores razones que un hombre ama a una mujer. Al fin y al cabo, la amo porque hace más por mi mundo y por mi vida de lo que puedo hacer yo solo.

Ella me ama por las simples razones por las que una mujer ama a un hombre. Por las noches tranquilas y los días soleados. Por las risas y las lágrimas compartidas. Por veintiún años de lavar platos y pañales, ir a trabajar y regresar a casa, y por ver su propio futuro en mi mirada.

Y por un cuadro de siete narcisos.

Ron C. Eggertsen

Historia y química

El otro día escuché a un grupo de mujeres que charlaban en el salón de belleza compadeciéndose mutuamente porque el romance, la chispa y la ilusión habían desaparecido de sus matrimonios. Dijeron que ya no había entusiasmo, ninguna motivación.

—Así es la vida —dijo una de ellas—. Esto es inevitable. El tiempo pasa y las cosas cambian.

—Me gustaría recuperar esa química —mencionó otra, suspirando—. Envidio a los amantes jóvenes, los violines y los fuegos artificiales.

Mi pensamiento se remontó a los días de mi propio romance especial, cuando flotaba en lugar de caminar. Nunca tenía hambre y frecuentemente olvidaba comer. Mi cabello era brillante, mi piel clara, tenía buenos sentimientos, era comprensiva y poseía un inagotable buen humor. Cuando mi gran amor y yo nos separábamos, pasaba cada momento pensando en él. Me sentía infeliz y sólo me reponía cuando otra vez estábamos juntos, algunas veces aunque sólo fuera por dos o tres horas. La vida iba de una ansiedad gloriosa a otra: cuando sonaba el teléfono, cuando lo recibía en la puerta o cuando nuestras manos se tocaban accidentalmente.

Pues bien, este es el mismo hombre que actualmente sólo recuerda nuestro aniversario de bodas una vez cada cinco años, el que raras veces cierra la puerta del armario o un cajón después de abrirlo y el que se resiste a comprar ropa nueva hasta que, a escondidas, me deshago de sus cosas más viejas para mantener la dignidad familiar.

No diría que es predecible, pero me pregunta: "Qué hiciste para el almuerzo" seis días de siete a la semana, olvidando que nos pusimos de acuerdo, después de que se jubiló, en que cada quien comería lo que quisiera a la hora del almuerzo. Hace poco me preguntó tantas veces qué quería para mi cumpleaños que, finalmente, cansada de oírlo, le pedí una cosa, pero me regaló otra diferente.

Él sólo disfruta la televisión o el cine cuando se trata de persecuciones en automóvil, explosiones o tiroteos cada siete minutos y a todo volumen. Considera su derecho, en virtud de haber nacido hombre, manejar el control remoto de la televisión, y es hormonalmente incapaz de hablar con suavidad o de cerrar la puerta del frente, sin ocasionar que la casa entera se cimbre.

Sin embargo... este también es el hombre que, cuando decido ponerme a dieta, me dice: "¿Por qué? Sí así estás bien para mí". Es el que, en una noche friolenta, sale a buscar una cobija extra porque, según él, tengo frío. Es el que me dio un hermoso collar en mi cumpleaños después de que le pedí un traje para pasear en bote durante el mal tiempo, y me dijo que además comprara lo que yo quisiera.

Es un hombre que tiene más integridad en su dedo meñique que cualquier otro hombre en el resto de su cuerpo, y el que recientemente le presumió a mi familia política, treinta y cuatro años después del hecho, que yo lo había mantenido durante los primeros y difíciles años de su carrera. Es un hombre que, a pesar de su austeridad personal, proveniente de su época de pobreza, hace préstamos por fuertes cantidades de dinero a nuestros hijos adultos en cualquier momento, sin fecha límite para pagar y sin intereses.

Siempre se puede contar con él en épocas de crisis, y se muestra tranquilo, racional, fuerte, justo y amoroso. A través de los años él me consoló en sus brazos cuando murió mi madre, sostuvo mi cabeza cuando vomitaba, tomó mi mano cuando estaba en labor de parto y robó mi corazón desde el primer momento en que lo vi.

Recordé a las mujeres en el salón de belleza mientras esperaba sentada en el automóvil a que él regresara de cumplir un encargo en la acera de enfrente. Le eché un vistazo al hombre delgado, bien parecido y vigoroso que venía caminando por la banqueta, con la cabeza inclinada y las manos en los bolsillos, mientras silbaba. Era muy apuesto. Levantó la cabeza y sonrió abiertamente. ¡Vaya!

El padre de mis hijos. El otro nombre en mi chequera. El hombre del cual me enamoré.

Historia y química. No va a mejorar mucho.

E. Lynne Wright

Tomados de las manos

Las manos de mi esposo Paul se sentían delicadas y firmes: eran cálidas, nunca estaban frías ni húmedas, su ligera presión siempre brindaba seguridad. Y cuantas veces buscaron esas manos las mías durante los últimos días de su vida, él las apretaba juntas, alrededor de una de mis manos.

Fue durante esta época, mientras permanecía sentada junto a su cama, que traté de memorizar sus manos. Eran dos veces más grandes que las mías y media mano más anchas. Sus dedos no eran afilados; eran largos y cuadrados, y las manos estaban adornadas con venas muy finas que corrían hasta la punta de los dedos. Sus uñas también eran cuadradas al final de los dedos, con las lunas y los bordes blancos claramente definidos. Siempre tuvo mucho cuidado en mantenerlas aseadas. No eran manos toscas, aunque tampoco suaves. Eran las manos de un profesor de la universidad cuyas herramientas eran el gis y los bolígrafos rojos.

Me preguntaba si sus estudiantes tendrían dificultad para leer sus jeroglíficos. Yo me tuve que acostumbrar a leerlos en sus cartas el año que tuvimos que separarnos, aunque estábamos comprometidos para casarnos, para que él pudiera obtener una maestría en la Universidad de Bradley, a 1 280 kilómetros de Pennsylvania, nuestra ciudad natal.

¿Había recordado decirle que sus largas manos me parecían hermosas? ¿Le había explicado alguna vez, en nuestros años de noviazgo, que cuando era invitado regularmente a cenar en mi casa, mi madre se quedaba fascinada por la manera tan cuidadosa con que manejaba los cubiertos de plata y las tazas de café, con unas manos en las cuales casi desaparecían? ¿Le había mencionado que al tomarme de la mano en el cine, o en los momentos conmovedores dentro de la iglesia y en las camas de hospital donde sus enfermedades lo confinaron los últimos cuatro años, sólo había sentido expresiones puras y sinceras de su amor?

Esas manos también contribuyeron a los cuidados que siempre tuvo con sus hijos. Era cuestión de orgullo que él le hubiera dado a nuestra hija recién nacida su primer baño. Pesando tres kilos y medio, cabía cómodamente en la longitud de esas dos manos, y sus largos dedos se movían con gracia y delicadeza para bañarla a ella y a los cinco bebés que llegaron posteriormente.

Esas manos, en nuestros difíciles primeros años, le cortaron el cabello a tres hijos mientras estaban creciendo y secaron con una toalla el cabello de tres hijas después de que se lo lavaban.

Manipularon las maletas, con mucho sudor y pocas palabras altisonantes, y las acomodaron en la parrilla de la camioneta durante veintiocho peregrinaciones veraniegas anuales para visitar a los abuelos en Pennsylvania. Esas manos dieron la comunión en la iglesia a los feligreses, en lo que era una tarea distinguida y honorable. Trazaron patrones en el aire cuando enseñaba a sus estudiantes de mercadotecnia en la universidad en la que él mismo estudió tantos años antes.

Esas manos se aferraron a las mías en los momentos más difíciles de su enfermedad. Buscaron las mías durante siete meses de quimioterapia con sus terribles efectos secundarios, y también cuando se quedó postrado en cama las últimas semanas de su vida, cuando nuestros hijos vinieron a visitarlo, a prestar ayuda y a sufrir anticipadamente por lo que podían ver con claridad como el final de los setenta y cinco años de vida de su padre.

Esas manos volvieron a aferrarse a las mías en el momento más dramático y más oscuro, cuando susurró cerca de mi cuello: "Me pregunto... cómo es la muerte. Me pregunto si duele". Lo único que yo podía darle era lo que consideraba la suma de su vida: que estuviera rodeado, ennoblecido, alborozado en la gloria de Dios.

Finalmente, ya no fue capaz de sostener mis manos. Una mañana muy temprano preparé a Paul para que lo viera el sacerdote que había venido todos los días durante la última semana a darle un fragmento de la comunión en una cucharadita de agua y a bendecirlo. Después de ofrecerle a Paul un desayuno que ya no pudo comer, en un arranque de ansiedad nerviosa le corté, limé y limpié las uñas. Ya no tenía movimiento, sus manos ya no me reconocían, no reaccionaban cuando se las coloqué sobre el pecho, donde habían permanecido inusualmente inmóviles durante varios días. Al cabo de una hora, cuando la enfermera del hospital lo revisó con su estetoscopio, ya no pude hacer nada más que cerrar sus brillantes ojos verdes y posar mis manos sobre las suyas por última vez, en el silencioso refugio de nuestra habitación.

Un domingo, meses más tarde, abrí el primer cajón de la cómoda de Paul y tomé uno de sus pañuelos limpios y bien planchados, pues me gustaba usarlos, pero lo sentí como un envoltorio abierto de bordes abrasivos.

Durante siete meses y medio, el dolor por la muerte de mi esposo había estado guardada dentro de mí como una presencia helada que no se rendía. Ese último domingo de febrero me sentí destrozada con esa simple presencia de bordes abrasivos. Las lágrimas brotaron de mis ojos y los cerré tratando en vano de recordar las caricias de las manos de Paul.

Poco después Stephen, mi hijo menor y el que más se parecía a su padre, vino a verme. A la hora de irse Stephen me dio un beso de despedida y luego, impulsivamente, tomó mi mano entre las suyas, grandes y anchas. Durante unos instantes no pude hablar. Era como si las largas y gentiles manos de su padre tomaran las mías de nuevo, dándome confianza y valor otra vez.

Helen Troisi Arney

5

SOBRE LA MATERNIDAD

*D*ios envió a los niños con un propósito
distinto a la mera conservación de la
especie; los envió para agrandar nuestros
corazones; para hacernos desinteresados y
llenarnos de compasión bondadosa y de
afectos; para dar a nuestras almas
objetivos más elevados; para convocar a
todas nuestras facultades con el fin de
extender nuestras misiones y nuestros
esfuerzos; y para cantar alrededor de
nuestros hogares con caras luminosas,
sonrisas felices y corazones tiernos y
amorosos.

Mary Botham Howitt

Segunda piel

Siempre consideré la crianza de los niños no sólo como un deber y un trabajo de amor, sino como una vocación tan interesante y llena de desafíos como cualquier honorable profesión en el mundo, y una que siempre demandó de mí lo mejor que pude dar.

Rose Kennedy

Mis pantalones de mezclilla favoritos nunca volverán a entrarme. Finalmente he tenido que aceptar esta innegable verdad. Después de dar a luz y criar a dos bebés, mi cuerpo ha sufrido una metamorfosis. Aunque quizá regresé al peso que tenía antes de ser madre, han tenido lugar algunos cambios sutiles y expansiones: mi propia versión del movimiento de los continentes. Cuando era adolescente nunca entendí la diferencia entre las tallas junior y las de mujer; sólo me parecía que la ropa de mujer estaba pasada de moda. Ahora me ha quedado muy claro que las cinturas de avispa y las minifaldas no son más que fugaces atuendos de la juventud. Pero eso está bien, porque aunque los pantalones de mezclilla ya no me cierran, la vida que intercambié por ellos me queda mucho mejor que aquellos pantalones.

Para mí esta es una época de la vida para andar descalza, en pantalones cortos y playera. Me he deslizado con mucha facilidad hacia la joven maternidad; es el papel más confortable que he asumido. Sin costuras toscas ni cierres estorbosos, sólo la sensación de que acabo de salir del vestidor con algo que finalmente me queda bien.

Amo la sensación de este bebé sobre mi cadera, con su suave cabeza que se amolda perfectamente debajo de mi barbilla, con sus pequeñas manitas que se extienden como rosadas estrellitas de mar sobre mis brazos. Amo la manera en que mi hija de ocho años camina junto a nosotros cuando atravesamos el soleado estacionamiento de la tienda de abarrotes. En los bellos días primaverales, la brisa le levanta la etérea cola de caballo y nos reímos de cómo provoca el sol que el bebé estornude y cierre los ojos. Constantemente estoy tratando de tocarlos, igual que una costurera tocaría dos pedazos de perfecta seda, imaginándose lo que podría hacerse con ellos, pero renuente a alterarlos, a perder el peso de su universalidad dentro de mis manos.

En esas raras mañanas en que despierto antes que ellos, entro en sus habitaciones y los veo durmiendo, con sus caritas tranquilas y rosadas. Por fin, se retuercen y se estiran al despertar, buscando un abrazo. Los recojo, sumerjo mi cara en ellos y respiro profundamente. Son como toallas recién salidas de la secadora, tibias y suaves.

Algunas veces sigo el sonido de voces infantiles que provienen del cuarto de mi hija, donde ella y sus amigas juegan a disfrazarse, forradas hasta las rodillas con gasas y realizando una venta de garaje, jugando a que la vida les queda a la medida. Se maquillan alborotadas frente al espejo, se cuelgan toda clase de baratijas y se ajustan las tiaras hechas con lentejuelas y cartón. Observo a estas pequeñitas con un cabello tan lacio y brillante que ni las ligas ni los broches pueden domesticar. Constantemente se acomodan hilos de perlas por detrás de las orejas, y en este ademán de personas mayores vislumbro a las mujeres que llegarán a ser. Sé que muy pronto estas nubes de organdí y encaje se quedarán guardadas para siempre en sus estropeadas cajas, esas mismas cajas que igual han desempeñado el papel de cofres del tesoro que de tronos de princesas. Se convertirán en el legado de la niñez de mi hija que me será devuelto al fin.

Sin embargo, por las tardes mis hijos todavía se acurrucan a mi alrededor en el sofá, quedándose dormidos a menudo, con sus piernitas desmadejadas y suaves pegadas a mí, como si fueran los dobleces de un camisón muy cómodo. Por ahora, todavía nos arreglamos unos a otros y ellos se sienten satisfechos de estar arropados con mi abrazo. Sé que habrá momentos en que les gustará usar suéteres de lana rasposa y tacones de diez centímetros. Vamos a tener que probar nuevas apariencias juntos, mientras jalamos y doblamos, tratando de que la tela básica permanezca intacta. Para entonces habremos tejido un complicado tapiz con su propio patrón peculiar, con sus tropiezos, sus tirones y sus lágrimas.

Pero nunca olvidaré *esta época* de cabezas soñolientas sobre mi hombro, de mamelucos y de vestidos iguales para madre e hija, de manos pequeñitas tomadas de las mías. Este tiempo me va. Planeo llevarlo bien.

Caroline Castle Hicks

ENCUESTA AL LECTOR

A nosotros nos importa su opinión. Por favor tome un momento de su tiempo para llenar esta tarjeta y envíela por correo. Nosotros le enviaremos información sobre nuestros nuevos libros y **un regalo muy especial. Gracias.**

Por favor escriba en letra MAYÚSCULA.

Nombre |___|___|___|___|___|___|___|___|___|___|___|___| Inicial. |___| Apellido |___|___|___|___|___|___|___|___|___|

Dirección |___|___|___|___|___|___|___|___|___|___|___|___|___|___|___|___|___|___|___|___|___|___|

Ciudad |___|___|___|___|___|___|___|___| Estado |___|___| Zona Postal |___|___|___|___|___| — |___|___|___|___|

Numero de
Teléfono (|___|___|___|) |___|___|___| — |___|___|___|___| Fax # (|___|___|___|) |___|___|___| — |___|___|___|___|

Dirección de correo electrónico |___|___|___|___|___|___|___|___|___|___|___|___|___|___|___|___|___|___|___|___|___|

(1) Sexo:

____Femenino ____Masculino

(2) Edad:

____12 o menos ____40-59

____13-19 ____60 o más

____20-39

(3) Estado Civil

____Casado

____Soltero

____Divorciado/Viudo

(4) ¿Recibió este libro como regalo?

____Si ____No

(5) En los últimos doce meses, ¿cuántos libros a comprado o leído?

En Español 1-3 ____ 4-6 ____ 7-9 ____ 10 o más ____

En Ingles 1-3 ____ 4-6 ____ 7-9 ____ 10 o más ____

(6) ¿Como supo de este libro? Por favor marque UNA

1) ____ Recomendación

2) ____ Exhibición en librería

3) ____ Lista de los libros más vendidos

4) ____ Internet

5) ____ Anuncio

6) ____ Entrevista a un autor

7) ____ Reseña de un libro

(7) ¿Usualmente donde compra libros? Por favor seleccione sus DOS respuestas favoritas

1) ____ Librería

2) ____ Almacén religioso

3) ____ Internet

4) ____ Catalogo

5) ____ Clubs de ahorro (Costco, Sam's Club, etc.)

6) ____ Otros almacenes (Target, Wal-Mart, etc.)

(9) ¿Que temas disfruta más leer? Seleccione solo CINCO. Marque el #1 para su favorito, #2 para el segundo lugar, etc.

	1	2	3	4	5
1) Paternidad, Maternidad/Familia	O	O	O	O	O
2) Relaciones humanes	O	O	O	O	O
3) Salud/Nutrición	O	O	O	O	O
4) Christianismo	O	O	O	O	O
5) Espiritualidad/Inspiraciónal	O	O	O	O	O
6) Auto ayuda para empresas	O	O	O	O	O
7) Temas para adolescentes	O	O	O	O	O
8) Deportes	O	O	O	O	O

(14) ¿Que le atrae mas de un libro? Marque el #1 para su favorito, #2 para el segundo lugar, etc.

	1	2	3	4
14) Titulo	O	O	O	O
15) Diseño de la portada	O	O	O	O
16) Autor	O	O	O	O
17) Contenido	O	O	O	O

Por favor de sellar en el centro; No engrapar

NO POSTAGE
NECESSARY
IF MAILED
IN THE
UNITED STATES

BUSINESS REPLY MAIL

FIRST-CLASS MAIL PERMIT NO 45 DEERFIELD BEACH, FL

POSTAGE WILL BE PAID BY ADDRESSEE

HCI EN ESPANOL
HEALTH COMMUNICATIONS, INC.
3201 SW 15TH STREET
DEERFIELD BEACH FL 33442-9875

DOBLE AQUI

(18) Generalmente, ¿que precio espera Ud. pagar por un libro?

1) _____ $ 5.00
2) _____ $10.00
3) _____ $15.00
4) _____ $20.00
5) _____ $25.00 o más

¿Tiene algún commentario o sugerencia
que le gustaria compartir con nosotros?

Para mas información sobre HCI Español:
www.hcibooks.com (800) 441-5569
NO NECESITA ESTAMPILLA POSTAL.

Ron

Ron era un adolescente de quince años, estudiante de primer año de preparatoria en la Escuela Granger. El día en que se celebraría un juego, él era el único estudiante de primer año que iba a jugar con el equipo titular. Emocionado, invitó a su madre a verlo. Era la primera vez que ella asistía a un juego de futbol y le prometió que iría con algunas amigas. Cuando el juego terminó, su madre lo estaba esperando afuera de los vestidores para llevarlo a casa.

—¿Qué te pareció el juego, mamá? ¿Viste los tres pases de anotación que hizo nuestro equipo, nuestra ruda defensa y el error en su patada cuando recuperamos el balón? —preguntó atropelladamente.

—Ron, estuviste magnífico —respondió su madre—. Tuviste mucha presencia y me sentí orgullosa de lo gallardo que te veías. Te subiste las calcetas once veces durante el juego, y podía ver que estabas sudando dentro de todas esas gruesas almohadillas, porque tomaste agua ocho veces y te echaste agua en la cara en dos ocasiones. Realmente me gusto cómo saliste de tu lugar para darle palmadas en la espalda al número diecinueve, al número cinco y al número noventa, cuando salieron del campo.

—Mamá, ¿cómo sabes todo eso? ¿Y cómo puedes decir que estuve magnífico si ni siquiera jugué?

Su madre sonrió y lo abrazó.

—Ron, no sé nada de futbol. No vine aquí a ver el juego. ¡Vine a verte a ti!

Dan Clark

Ry

Ry tenía tres años de edad y todos los días le pedía a su mamá que le fijara con seguros una toalla sobre la espalda de su playerita talla dos. En ese momento, dentro de su mente imaginativa infantil, la toalla se convertía en una capa mágica y brillante de colores azul y rojo. Y él se transformaba en Superman.

Ataviado con su "capa", todos los días de Ry estaban llenos de aventuras y audaces correrías. Era Superman.

Este hecho quedó claramente establecido el otoño pasado, cuando su mamá lo inscribió en el jardín de niños. Durante la entrevista, la maestra le preguntó su nombre.

—Superman —contestó Ry con educación y sin dudarlo.

La maestra sonrió comprensivamente, le echó una mirada de aprecio a su madre y preguntó de nuevo:

—Tu nombre real, por favor.

—Superman —respondió Ry de nuevo.

Comprendiendo que la situación exigía más autoridad, o quizá no demostrar que le hacía gracia, la maestra cerró los ojos por un momento y entonces, con una voz bastante inflexible le dijo:

—Debo saber tu nombre real para el expediente.

Dándose cuenta de que tenía que ser honesto con la maestra, Ry echó una mirada a su alrededor, se acercó a ella y, dando golpecitos sobre su hombro en una esquina de la toalla deshilachada, le dijo en voz baja y con cierto dejo de misterio:

—Clark Kent.

Joyce Meier

Al encuentro de un hijo

Me sentí como si fuera a dar a luz de nuevo cuando entré en una agencia de adopciones para encontrarme con mi hijo ya crecido. El dolor físico estaba ausente en esta ocasión, pero la ansiedad era la misma. Había pasado casi un cuarto de siglo desde que aquella muchacha asustada y sola había visto a su hijo primogénito por última vez.

No me acordaba mucho de esa muchacha. Con los años, nuevas experiencias y tragedias ocupaban el lugar donde aquellos recuerdos habían vivido. Los sentimientos que sobrevivieron tampoco estaban muy claros, todos fluían juntos, provocando un dolor sordo que nunca desaparecía.

Hace veinticinco años mi novio y yo vivíamos sin pensar en las consecuencias que tendrían nuestras acciones en el futuro. Las náuseas matutinas fueron mi primera advertencia. Aunque habíamos sido despreocupados, las leyes no lo eran, y en aquel momento interrumpir un embarazo hubiera significado terminar también con mi vida. No tenía otra opción más que enfrentar con temor a mis padres. Esto sería doloroso, pero no fatal.

Todos lloramos y aceptamos parte de la responsabilidad. Yo me adjudiqué la parte más grande porque estaba asumiéndola por dos: por el padre ausente y por mí. Afortunadamente, subí de peso despacio, lo suficiente para que la gente que me conocía no lo notara, y lo más importante, para que mi hermano menor tampoco lo hiciera. Mi madre tenía miedo de explicarle lo que me pasaba, así que obedientemente disimulé mi embarazo, pues no quería que mis padres me enviaran lejos de casa.

Mi madre y yo pasamos los meses siguientes como señoras ociosas.

Íbamos de compras, nos dedicábamos a redecorar la casa y salíamos a almorzar. Volví a ser una niña, una pequeña que estaba en casa con gripe y que era entretenida por su mami para que no pensara demasiado en lo mal que se sentía.

La táctica funcionaba durante el día, pero por la noche, ya acostada, me enfrentaba con la cruda realidad. No despertaría descubriendo que mi embarazo había desaparecido durante la noche como si hubiera sido fiebre. De hecho, cada día estaba más consciente de que no estaba sola en mi cuerpo. Empezó con un revoloteo, que podía significar que había comido demasiada pizza, pero en pocos días me di cuenta de que no era una función corporal. Este pequeño ser se estaba convirtiendo en una realidad para mí. Anhelaba compartir la emoción de este descubrimiento con alguien, pero sólo estaba mi madre, y no quería herirla. Sentí que podía regocijarme con la experiencia en ese momento, y de todos modos hacer lo que se esperaba de mí después. Pero me di cuenta de que a esa abuela primeriza le sería muy difícil enfrentarse al hecho de entregar en adopción a su nieto recién nacido a unos extraños.

Los ligeros ruidos intestinales que me arrullaban se convirtieron en repentinos pinchazos. Mis noches insomnes aumentaron y mis días estaban llenos de dolores de espalda y de aburrimiento. Tuve que suspender las tareas que implicaban levantar algo, inclinarme o saltar, y ya no podía salir porque alguien podía verme. Con el tiempo, todo esto empezó a afectarme y sentí que, a no ser que estuviera dispuesta a tener mi bebé en el ala psiquiátrica de algún hospital, debía salir un poco. Una amiga sugirió que fuéramos a un nuevo club, y de repente me convertí otra vez en una chica de dieciocho años. La frase ¿qué te vas a poner?" empezó a tener un nuevo significado para mí. Afortunadamente los vestidos de corte imperio estaban de moda, y pude ocultar mi estómago de siete meses de embarazo.

Ya en el club sentí temor por estar conviviendo con gente de mi edad, especialmente en mi condición. Pero mientras nos acomodábamos en asientos retirados de la pista de baile, me empecé a relajar y a disfrutar de aquel nuevo ritmo llamado "música disco". Me hice a la idea de que estaba en el año pasado y que todavía no había complicado mi vida.

De repente volví a la realidad cuando me percaté de que un muchacho me miraba fijamente pidiéndome que bailara con él. No había contado con esto, pero quizá si no me movía demasiado rápido, nadie lo notaría. Me estaba concentrando en el equilibrio de mi cuerpo y en los nuevos pasos de baile, cuando el *disc jockey* puso música lenta. Casi me quedé sin aire cuando mi compañero me tomó de la mano y suavemente deslizó su brazo alrededor de mi cintura. No había tiempo para apartarlo; en un segundo, este bien parecido y joven universitario comprendería que había estado coqueteando con una mujer embarazada. ¿Apartaría sus brazos con una mirada de repulsión y me dejaría sola en medio de la pista de baile? Pero, un momento, todavía estábamos bailando. ¿Sería que no había notado que me movía como si fuera una campana? Y entonces, mientras yo me felicitaba por el control que había demostrado, alguien cercano a mí despertó.

El movimiento empezó lentamente, como un gatito que se estira, y rogué en silencio: "Vuelve a dormir, bebé", pero él también quería bailar. La melodía casi terminaba, y todo parecía indicar que seguía con suerte, hasta que mi *compañerito* intentó un nuevo paso de baile. Antes de que pudiera retirarme, un diminuto pie se disparó contra mi abdomen. Cuidadosamente levanté la mirada y vi que mi pareja sonreía. ¿Significaba que era correcto que el niño de otra persona le lanzara patadas?

—Debes tener mucha hambre; hasta yo sentí ese gruñido en tu estómago —me dijo cuando terminó la música.

Necesitaría de estos divertidos recuerdos para soportar lo que vendría en las semanas siguientes. Todo lo que ya me resultaba físicamente difícil, se puso peor. Ya se acercaba. Sentí que me iba a partir en dos. Todas las caídas de los árboles y de las bicicletas no podían compararse con el agudísimo dolor que experimentaría ese día.

Cuando llegué a la sala de recuperación, no eran las contracciones ni el parto lo que me había dejado adolorida. Todavía podía ver la cara de la enfermera diciéndome que dejara de gritar.

—Tendrá que vivir con ello —me dijo.

De una manera cruel, su boca fue de profeta. Viví con ello durante los diez minutos que me permitieron sostener a mi bebé entre mis brazos, y durante los siguientes nueve mil días en que lo sostendría tan sólo dentro de mi corazón.

Una tarde, después de varias décadas, mi terapeuta me dijo en un momento de inspiración:

—De acuerdo, no puede cambiar mucho de lo que pasó, pero sí puede dar por terminado este capítulo. Vaya a buscar a su hijo.

Así lo hice. Y ahora me encontraba recorriendo oficinas y bajando escaleras hacia la habitación donde él me aguardaba. Me había esmerado tanto en arreglarme, aunque aparentaba ser una mujer madura, pero en mi interior no me sentía como la madre de un hombre de veinticuatro años. De nuevo era la chica asustada imaginando que los empleados de las oficinas de arriba estaban haciendo comentarios poco halagüeños acerca de mi persona. El consejero tomó mi brazo para sostenerme cuando entramos en la habitación.

—Este es su hijo —afirmó, después le dijo a él—: Y esta es tu madre. Tómense todo el tiempo que quieran.

Para cuando el hombre terminó de hablar, yo ya había recorrido la distancia que nos separaba y estaba siendo abrazada por un hombre joven, alto, moreno y bien parecido. Me aparté sólo lo suficiente para estudiar los rasgos de su rostro, el cual me resultaba muy familiar. Había observado esa cara muchas veces en un retrato que estaba en el tocador de mi madre, sólo que en aquella fotografía esa cara llevaba una gorra del ejército durante la Segunda Guerra Mundial. Este niño que tanto había intentado visualizar había crecido convirtiéndose en la imagen de mi padre. Nos abrazamos y nos besamos, reímos, lloramos, nos preguntamos y nos respondimos muchas cosas durante más de diez minutos.

Todo el personal de las oficinas de arriba sonreía, y algunos secaban las lágrimas en sus ojos cuando salimos tomados de las manos.

Eso sucedió hace tres años, y desde entonces mi hijo recién reencontrado ha conocido a muchos miembros de mi familia: a su hermana y dos hermanos; a mi hermano menor, ese tío que siendo adulto se enteró de que yo tenía un cuarto hijo. Mi primogénito finalmente conoció a su abuelo, dándole a mi padre la rara oportunidad de verse como era hacía cincuenta años. Mi madre nunca conoció a su primer nieto, pues falleció ocho años antes de que yo tomara la decisión de buscarlo.

Considero que tomé la decisión correcta. Me sentía tan afortunada de habernos podido encontrar, y de que nos sintiéramos tan bien juntos. Pensé que ya no podría haber una sorpresa más en mi vida, pero estaba equivocada.

Hace cinco meses mi primogénito y su encantadora esposa completaron este círculo de vida. Mi hijo colocó en mis brazos a su hijo, y yo lloré de alegría, sabiendo que los próximos nueve mil días serán nuestros para compartirlos.

Lin Faubel

Viburno y lilas

¿ Qué me gustaría que pusieran en mi lápida para la posteridad? "Madre".

Jessica Lange

Coloqué un gran sobre de papel manila sobre la mesa de mi madre, mientras continuábamos nuestra acostumbrada conversación, intentando darle poca importancia a este sobre y a su contenido. Luego de charlar sobre cosas sin importancia, logré darme el valor necesario y finalmente le pedí que lo abriera. Lo hizo, con una chispa noruega en sus ojos azules, esperando una sorpresa. Permaneció callada cuando sacó la fotografía del sobre y observó mis ojos castaños oscuros mirándola desde la cara de otra mujer. El parecido era asombroso y la comprensión asomó a su rostro cuando se volvió hacia mí con alegría y asombro, diciendo en voz baja:

—¿Ella es tu *verdadera* madre?

Mordiéndome los labios, un truco que aprendí de ella para detener las lágrimas, comprendí que esta maravillosa mujer de tanta enjundia que estaba frente a mí, nunca me había parecido más hermosa que en ese momento. Un destello del recuerdo de todos los años que había pasado cuidando a mis hermanos y a mí se presentó ante mis ojos, así como la vida que había llevado, una vida que cotidianamente se centraba en poner por encima de todo a sus hijos. Con el conocimiento de lo que era "verdadero", le respondí con sabiduría prestada:

—Sí, es un retrato de mi madre biológica.

Buscarla fue una necesidad que sentía para poder lograr mi autorrealización, y para contestar todas esas preguntas molestas que me había hecho alguna vez. Pero mi investigación también me trajo sentimientos de culpa. Aunque mis padres adoptivos siempre me animaron a indagar, diciendo que también sentían curiosidad, no deseaba que ninguno de ellos se sintiera lastimado en el proceso, o que pensaran que con esto los amaría menos. Me asombré en secreto de cómo me animaban y de la confianza que esto representaba en el inalterable cariño que sentía por ellos. Después de toda una vida de amor incondicional, se habían ganado esa seguridad con creces.

Los ojos de mi madre se entristecieron cuando le dije que mi madre biológica había muerto; mi madre y yo siempre mantuvimos la esperanza de que llegaría el día en que pudiéramos darle las gracias personalmente. Ahora supimos que ese día nunca llegaría.

Cuando se conmemoró el Día de los Caídos llevé a mis dos hijos pequeños al cementerio para colocar flores en la tumba de mi madre biológica, pero antes nos detuvimos en las tumbas de mis abuelos. Obviamente mi madre había estado allí, pues dejó su tradicional ramo de viburno y lilas que arreglaba en la casa y que era una tradición anual para ella. Año tras año siempre encontró consuelo en esas flores, que siempre estaban ahí y que hacían que los seres queridos siempre fueran recordados. Me recordaban a mi madre en la simple pero dulce belleza que Dios le había otorgado. Sonreí mientras pensaba en los narcisos que me daba en mi cumpleaños, uno por cada año de mi vida. Cuando era más joven, daba como un hecho la tradición de las flores amarillas de mi madre. Ahora, a los treinta y cinco años, contaba cada una, y cada flor me parecía muy importante. Nada me haría más feliz que adoptar a una niña y continuar esta tradición con ella.

Pero no era el momento de convertirme en una hija distraída que soñaba despierta, sino de ser una verdadera madre. Mis hijos se sujetaron de mis manos, como jugando a jalar la cuerda, mientras yo estaba pensativa. Nos apresuramos para llegar a nuestra última visita, en la tumba de mi madre biológica. Nuestro paso se hizo más lento conforme nos acercábamos y atravesábamos en actitud solemne las hileras de lápidas bellamente decoradas. Sabía que estábamos buscando una simple lápida sin flores.

Había hecho amistad en los últimos meses con mis hermanas y con mi hermano biológicos. Aunque ellos amaron profundamente a mi madre biológica, sabía que no acostumbraban visitar los cementerios. De alguna manera, esto hacía más importante para mí cumplir con ello. Definitivamente, mi madre biológica merecía flores, merecía ser recordada y muchas cosas más. Pero después de media hora de buscar inútilmente, mis hijos se empezaron a impacientar, por lo que decidí que tendría que regresar sola otro día. Estábamos a punto de irnos cuando la localicé.

No vi su nombre, no vi una lápida vacía, sino el mismo sencillo ramillete de viburno y lilas que había visto antes, las mismas flores que seguramente fueron colocadas allí por mi madre. Mamá había estado en el cementerio por la mañana para mostrar la gratitud y el respeto que sentía por la vida de esta mujer, y por el invaluable regalo que le había dado.

Me arrodillé para acercarme y observar mejor las fechas, y me fijé en el epitafio, en el que se leía muy apropiadamente: "Madre querida". Aunque me mordí el labio, ya no pude contener las lágrimas mientras honraba a esa maravillosa mujer que me había dado la vida, al igual que a mi propia y querida madre, que le había dado a esta vida tanto significado.

Lisa Marie Finley

La pequeña princesa

Vivien, mi hija de nueve años, es una pequeña princesa que en circunstancias normales ni siquiera puede servirse un vaso de leche. Desde que era un bebé tenía tal aire de realeza que su padre y yo acostumbrábamos a decir en broma que debía habernos encontrado en la categoría "esclavos" dentro de algún catálogo para bebés que están buscando padres.

Ahora, como madre soltera, soy para ella la única asistente en servicio durante todo el tiempo que pasa conmigo. Así que cuando un día de la semana pasada regresé a casa con mucha fiebre, a la hora del almuerzo, mi primer pensamiento fue: "¿Cómo reaccionará Su Alteza real?" Sería mucho esperar que me permitiera descansar, y mucho pedir que de alguna manera me cuidará. Pero, ¿estaría por lo menos dispuesta a buscar su propio alimento a la hora de comer?

A las 3:30 de la tarde salí de la cama y fui a la escuela a recogerla. En el automóvil, de regreso a casa, le dije:

—Querida, mamá está muy enferma, y en cuanto lleguemos a casa, tendré que acostarme otra vez. Lo siento, pero no puedo hacer nada por ti esta noche. No puedo hacer la cena, ni prepararte el baño, ni cualquier otra cosa. Sólo tengo que descansar. ¿Crees que podrás preparar tu cena esta noche?

—De acuerdo —contestó indiferente, pero esto no me tranquilizó. La verdadera prueba vendría cuando necesitara algo.

Cuando llegamos a casa, subí las escaleras casi a rastras y me métí en la cama, donde permanecí milagrosamente tranquila durante las siguientes seis horas. Bueno, casi tranquila, porque de vez en cuando despertaba de un sueño febril para encontrar a un angelito inclinado sobre mí, con algún ofrecimiento de buena voluntad, como un fresco y húmedo pañuelito que pasaba sobre mi frente afiebrada, una campana de metal para que la tocara si necesitaba algo, un dibujo de un gatito disfrutando del sol, que pintó para levantarme el ánimo, un osito de peluche con una corbatita de moño rosada que decía "siéntete bien", que alguien le obsequió alguna vez que estuvo enferma, y en cuyas "propiedades medicinales" parecía tener una gran fe.

Durante una de sus visitas le dije que necesitaba bajar la escalera para ir al baño. Vivien, muy considerada, me ayudó a ponerme el suéter "para que te mantengas caliente", e insistió en que me apoyara en ella para bajar la escalera. Al pasar por la cocina, por la fuerza de la costumbre empecé a guardar los platos, pero mi pequeña princesa me llamó la atención severamente.

—Mamá, estás haciendo demasiado esfuerzo. Regresa a la cama.

Obedecí dócilmente.

En el transcurso de la tarde Vivien me pasaba reportes periódicos sobre sus progresos: "Acabo de prepararme una ensalada para la cena". "Estoy preparándome para bañarme".

La prueba de fuego llegó a la hora de acostarse. Me informó, con una voz que imitaba a una mamá:

—Voy a bajar para ver si hay algo que hacer. Después me voy a cepillar los dientes, apagaré las luces y finalmente me iré a acostar. No pude evitar sonreír bajo las sábanas.

Vivien me dio un pequeño libro que hizo para mí, recortando y engrapando papeles de colores. En la primera página se leía: "TE QUIERO MAMI". La segunda página decía: "¡QUÉ BONITA ERES, MAMI!". En la tercera página leí: "Gracias por todas las cosas que has hecho por mí, MAMÁ. La cuarta página: *"No sabes lo sensacional que eres,* MAMI*"*. En la quinta: "Eres la mejor, MAMI". La sexta: "¡Buen trabajo, MAMI!". Y la séptima página concluía: "¡Adelante, MAMÁ!".

No pude evitar llorar al leer este testimonio de amor por parte de mi hija. Justo el día anterior me había sentido agobiada e ignorada como madre. Hoy, Vivien no sólo había cuidado muy bien de ella y de mí, sino que también me hizo sentir muy amada y valorada. Sus acciones y sus palabras me hicieron sentir que todos mis esfuerzos por ella habían valido la pena y me dieron más fuerza que cualquier medicina. Por la noche, cuando bajó las escaleras para cerrar la puerta, me invadió una ola de gratitud por la enfermedad que le había dado a mi pequeña princesa la oportunidad de demostrarme, y a mí la oportunidad de apreciar, el angelito tan dulce y generoso que realmente es.

Wendy Miles

¿Cuándo creció ella en realidad?

Todas las noches, después de que la metía en la cama, le cantaba una sencilla canción, una que habíamos inventado, *nuestra* canción. "Permanece siempre pequeña, permanece siempre pequeña, siempre, siempre permanece pequeña".

Ella reía divertida y yo sonreía. A la mañana siguiente le decía:

—Mírate, ya creciste. La canción no dio resultado.

Le canté esa canción durante años, y cada vez que terminaba de cantarla, ella hacía una cruz sobre su corazón y prometía ya no crecer más.

Pero una noche dejé de cantarla, no recuerdo por qué. A lo mejor su puerta estaba cerrada. Quizá porque estaba estudiando. Tal vez porque estaba hablando por teléfono. O quizá comprendí que ya era tiempo para darle permiso de crecer.

Ahora me parece que nuestra canción debió tener alguna magia, porque todas las noches que se la canté, permaneció siendo una bebé... cuatro, cinco, seis, siete, ocho, nueve, diez años. Fueron lo mismo para mí. Yo la veía igual durante todos esos años. Creció y se hizo más alta, sus pies se hicieron más grandes y algunos dientes se le cayeron y le salieron otros nuevos, pero aún debía recordarle que se los cepillara, y también que se cepillara el cabello y, de vez en cuando, había que recordarle que se diera un baño.

Ella jugaba con muñecas y con plastilina. Y aunque el juego del "País de los dulces" fue sustituido por el de "Monopolio" y "Quién", que jugaba en una mesa, ella todavía estaba ahí. Durante años fue como esas muñecas de madera de diferentes tamaños metidas una dentro de la otra, idénticas en todo, excepto en el tamaño. Por lo menos así es como yo la veía. Patinaba en ruedas, patinaba en hielo, corría empujando los carritos de los centros comerciales, soplaba burbujas de jabón y hacía dibujos que colocábamos en el refrigerador. Le fascinaban las canciones al estilo tirolés y las baladas románticas, y despertaba muy temprano los domingos para ver el programa de *David y Goliat*. Nunca dormía durante toda la noche, ni a los diez meses, ni a los diez años. Cuando era pequeña despertaba, lloraba y la tenía que llevar a la cama conmigo. Cuando fue más grande, despertaba y bajaba a la sala, y por la mañana, la encontraba acostada junto a mí.

Acostumbraba poner notitas bajo mi almohada antes de irse a la cama. Yo colocaba notitas en sus bocadillos de mortadela antes de que se fuera a la escuela. Solía esperarme cerca del teléfono cuando yo no estaba en casa, y por mi parte acostumbraba esperarla en la parada del autobús cuando salía a alguna parte.

La canción, las notitas, el despertar y encontrarla junto a mí, el esperar al autobús: todas esas cosas terminaron hace mucho tiempo. En el piso de arriba de la casa se encuentra ahora una joven mujer, una adulta. Ha crecido desde hace algún tiempo. Todos los demás se han dado cuenta de esto, todos menos yo.

Ahora que la veo, una semana antes de su graduación de la preparatoria, me siento orgullosa de ella, orgullosa de la persona en que se ha convertido. Pero también me siento triste, y no por ella, sino por mí. Siempre ha habido un niño en esta casa durante los últimos veinticinco años. Primero creció uno, después el otro, pero siempre había estado ella... la bebé.

Ahora la bebé ha crecido. Y a pesar de que las personas me dicen cosas como: "No pierdes a los hijos, se marchan pero siempre regresan a casa; te gustará la calma que disfrutarás cuando se haya ido, la siguiente etapa de tu vida es la mejor", sé que lo que me espera no será tan bonito como lo que fue con mi bebé. Yo amaba las cosas tal y como eran. Me gustaba cuando apenas aprendía a caminar y llegaba tambaleándose a mi oficina con su pequeña máquina de escribir de juguete y la colocaba junto a la mía. Me encantaba verla correr por la estancia de la guardería viniendo directamente hacia mis brazos, después de una separación de sólo dos horas y media. Me gustaba mucho llevarla a comprar calcomanías, a pasear y al cine. Me encantaba llevarla a sus clases de gimnasia y escuchar a sus amigas. Amaba ser la persona a quien acudía cuando estaba feliz, asustada o triste. Me encantaba ser el centro de su mundo.

—Mamá, ven a jugar conmigo.

—Mamá, ya regresé.

—Mamá, te amo más que a nada en el mundo.

¿Qué puede remplazar estas cosas?

—¿Quieres ver mi toga y mi birrete? —me dice ahora, asomándose a mi oficina. Me los enseña y sonríe. Está feliz. Y yo también me siento feliz por ella. Me besa en la mejilla y exclama:

—Te amo, mamá —y entonces se va por la escalera.

Me siento en mi escritorio, y aunque me duele el corazón, sonrío. Pienso en el incomparable privilegio de la maternidad y en lo afortunada que soy.

Beverly Beckham

Los hijos son prestados

Nunca fui muy buena para devolver las cosas, como regresar los libros a la biblioteca. No es que tuviera intención de conservarlos, pero tenían que suceder muchas cosas para que lo hiciera, una llamada de la bibliotecaria, por ejemplo. Hoy en día, en las bibliotecas esperan que los libros sean devueltos en tres días como máximo. Y hoy estoy tristemente consciente del paso del tiempo. Dentro de treinta minutos, suponiendo que mi hijo haya empacado, y lo hará, Christopher Paul ("el mejor chico de todos", según bromeaba con sus hermanas) se marchará para cursar el último año en la universidad. Es nuestro hijo más joven, el último en abandonar la casa. A estas alturas me digo que ya estoy acostumbrada a estas despedidas. "Ya estoy acostumbrada a estas despedidas. Ya estoy acostumbrada a estas despedidas..."

Sólo que esta vez es para siempre. El próximo mes de mayo no llegarán a casa bolsas con ropa sucia para lavar. Chris no regresará. Después de su graduación se casará con Pam, su novia de la soleada California, una chica adorable y muy querida por todos nosotros, y comenzarán su vida juntos, a 1 700 kilómetros de distancia. Cada tic tac del reloj de cobre que tenemos en la cocina parece decir: "Es-te-ni-do-se-es-tá-que-dan-do-va-cío".

Mi hermana, la investigadora química, me dice:

—Por el amor de Dios, tú sabías que este momento tenía que llegar.

—También tiene que llegar el fin de mundo, pero ¿quién está preparado? —respondía.

—Estás de mal humor.

Mi silencio habló por mí. ¿Quién nos conoce mejor que nuestras hermanas?

—Después de todo —agrega—, tu hijo vendrá a casa en las fiestas. De cualquier manera, no querías que permaneciera a tu lado para siempre, ¿o sí?

Siento que mi hermana no me entiende en lo absoluto. Me doy cuenta de que estoy acariciando mi grueso reloj de pulso tan tiernamente como si fuera la cabeza de un recién nacido. Hemos hecho tic-tac juntos durante mucho tiempo: esperando afuera de las escuelas, de los campos de entrenamiento, de las clases de piano, de los ensayos, de las prácticas. Más tarde, despiertos en la cama, escuchando cuando metía su primer automóvil al garaje. Esperando, mientras el tiempo seguía su marcha. Ahora, en el momento del despegue, los segundos están saltando.

Suena el timbre de la puerta y al abrir me encuentro frente a una niña que vende dulces para apoyar a la banda de su escuela. El paquete con seis barras de chocolate es la excusa perfecta para volver a entrar en la habitación de Chris antes de que se vaya. Las cajas que empacó bloquean la entrada, como si fuera una barricada. Las paredes se levantan fácilmente en momentos como este. Cuando me dice: "Hola, mamá", trato de leer su mente. ¿Está contento de que yo esté aquí? ¿Le molesta la intrusión?

Acomoda unos artículos en una caja de cartón etiquetada SUMINISTROS PARA BOTIQUÍN. Al echar un vistazo a las medicinas para el estómago, los cepillos para el baño, la solución para los lentes de contacto y las colonias almizcladas, me viene a la memoria aquella botella de colonia barata que le dio tanto gusto encontrar en su calcetín una Navidad hace tanto tiempo. Se la terminó en tan sólo una semana, pero su habitación quedó impregnada del olor todo el invierno.

—¿Has probado esta? —me pregunta ahora, sosteniendo una nueva marca de pasta de dientes. Le sonrío ampliamente, mientras niego con la cabeza, pero tengo el impulso de arrebatarle su extraña pasta y escribir TRAIDOR sobre su maleta. En casa todos usamos Crest. ¡Siempre hemos usado Crest!

Me doy cuenta de que tengo un pañuelo desechable húmedo en la mano cuando me descubro usándolo para limpiar su maltratado reloj despertador, en un esfuerzo inútil, pues no sólo ya no está manchado con mantequilla de cacahuate ni pegajosa coca-cola, sino que está entre las cosas que no se va a llevar.

—¿Esto todavía sirve? —le pregunto.

—Hasta ahora ese reloj nunca me ha fallado —responde. Esto significa que sólo quedan quince minutos.

—¿Tienes tiempo para tomar una taza de café? —dije pensando que haría cualquier cosa con tal de obtener más tiempo.

—Seguro —contesta sonriéndome de lado, como me gusta. Será un novio muy guapo, pero yo no tenía eso en mente cuando lo regañaba para que bajara de peso en segundo de secundaria.

Había pasado mucho tiempo desde que me paraba a mirar cómo se colaba el café. Recuerdo cuando ponía a calentar su primer biberón del día y dejaba el café colando. Nos acurrucábamos mejilla con mejilla mientras esperábamos que estuvieran listas nuestras bebidas matinales. Él estaba calientito con su sueño de bebé, y yo con mi amor de madre. A ninguno de los dos nos molestaba la espera.

Ahora, sentada frente a Chris mientras doy un trago a mi taza caliente, me tengo que conformar con el café y la conversación. Me siento agradecida por nuestra breve charla, pero me doy cuenta de que después me sentiré mortificada. Podríamos estar diciéndonos palabras mucho más significativas. Veo en su reloj que ya es tiempo de que se vaya. Sus manos son exactamente como las de mi padre. Es curioso que no lo hubiera notado antes. ¿Qué otras cosas me habrán pasado inadvertidas?

Su mirada se tornó seria cuando empezó a hablar del día en que visitó a Pam en su universidad, y de cómo se esforzaban ambos por tomar las cosas con calma. Detecto que en esto hay un mensaje para mí. Dios sabe que lo estoy intentando, pero en este momento no me caería mal un poco de su ayuda.

"Tú me metiste en esto", pienso. "Me dejaste compartir contigo ese asunto del nacimiento, pero algo salió mal con el de la maternidad, o quizá sea que no leí la letra pequeñita del contrato".

Bueno... Chris se levanta y empuja su silla. Nunca había empujado la silla. Es como si dijera: "Eso es todo, vieja silla. Adiós, vieja cocina; adiós vieja madre..."

Yo me levanto también, pero dejo mi silla en su lugar. Él se inclina y me da un beso. Siempre ha sido una dulce sorpresa, ese beso firme que establece que nunca ha tenido miedo de demostrar su afecto entre nosotros. ¿Sabrá lo mucho que esto significa para mí?

—Bueno... te llamaré en cuanto me instale —dice, y su interés desencadena mis lágrimas.

—En realidad intento tomarlo con calma —comento con una risa tensa.

—Mamá, no me voy para siem...

—Lo sé. Lo sé.

Tres minutos después de la partida, me limpié la nariz, arreglé mi maquillaje y estaba lista con mis libros. Al dirigirme hacia la puerta mis ojos se posaron en la placa que estaba arriba. Había estado ahí durante años, pero siempre la pasábamos por alto mientras continuábamos apresuradamente y con resolución nuestra vida como familia. Esa cita de Tennyson debió haber estado esperando precisamente este momento.

Dios nos da amor. Pero a los seres que amamos nos lo presta.

Los hijos son prestados. Y yo nunca he sido buena para devolver las cosas.

Norma R. Larson

6

SOBRE HACER LA DIFERENCIA

Derramen amor por dondequiera que vayan: primero que nada en su propia casa... No permitan que nadie se les acerque sin que se vaya de su lado siendo mejor y más feliz. Sean las vivas expresiones de la bondad de Dios; brinden bondad en sus rostros, en su mirada y en su cálido saludo.

Madre Teresa

Virtudes

En este mundo debemos ayudarnos los unos a los otros.

Jean de la Fontaine

En 1996, un viernes de febrero, un chico de catorce años entró a la preparatoria donde estudiaba mi hijo, sacó una pistola que llevaba escondida dentro de su chaqueta y mató a dos estudiantes y a una maestra.

Nuestra pequeña comunidad se estremeció. Al siguiente lunes en la escuela se convocó a una sesión para los estudiantes que desearan asistir, y yo decidí ir a la escuela, sólo para estar ahí. Había unas cuantas madres más, algunos policías y otros miembros de la comunidad que tuvieron la misma idea que yo. Nos dedicamos a abrazar a los chicos, dejarlos llorar y hacer lo posible por consolarlos. Parecían autómatas, pues todavía estaban sorprendidos, llenos de incertidumbre y de pánico. Lo que más me llamó la atención fue el vacío en su mirada. La inocencia y el entusiasmo que normalmente irradiaban sus rostros, habían desaparecido.

Continué ofreciéndome como voluntaria en la preparatoria por el resto del año escolar. En octubre me contrataron como directora de recursos comunitarios para seguir trabajando con los chicos en la escuela. Los quehaceres en el lugar donde almorzaban los muchachos eran parte de mi trabajo, y me esforzaba para que fuera un centro de entusiasmo jovial, donde los animaba, conversaba y reía con ellos. Quería ser una fuerza positiva en un lugar que estaba a punto de hundirse bajo el peso de los sentimientos negativos.

Entonces, justo antes de las vacaciones de Navidad, sólo diez meses después del tiroteo, sucedió lo impensable. Otro chico de la preparatoria fue a su casa y disparó contra su hermana, contra su madre y finalmente contra él mismo. La comunidad estaba completamente devastada. La frágil confianza que tanto trabajo nos costó reconstruir, se había esfumado. Toda la gente estaba agobiada por el dolor. Aquel vacío que había visto en los ojos de los chicos ahora se extendió a los ojos de los adultos. No sabía si íbamos a poder recuperarnos.

Durante las fiestas navideñas lloré y recé. Siempre había hallado consuelo e inspiración en la oración, y durante esa oscura etapa tuve una idea. Quería hacer algo para llenar el vacío que veía a mi alrededor. ¿Qué tal si todos, el pueblo entero, nos enfocábamos en las virtudes? La idea era muy específica y, a pesar de todo, muy simple. Lo primero era conseguir que todos pensaran en las virtudes. Después había que animar a todos a buscar esas virtudes dentro de sus vidas, dentro de los demás y dentro de sí mismos. Lo siguiente y más importante era enseñar a las personas a reconocer las virtudes que veían a su alrededor. No sabía si esto funcionaría, pero sabía que tenía que intentarlo.

Decidí empezar con cuatro virtudes: compasión, respeto, responsabilidad y tolerancia. Hice 150 letreros con las virtudes y sus definiciones, escritos en grandes letras negras sobre papel blanco. Mi plan era colocar los letreros en la escuela y pedir a los chicos que me ayudaran a colocar más letreros en todos los escaparates de las tiendas. Quería inundar a la comunidad con algo positivo, para que todos tomaran conciencia de lo que en realidad era importante, de lo que finalmente es verdad en la vida.

Esta idea me apasionó. El director de la preparatoria apoyó el plan, así que me volqué en poner en marcha el programa, al que llamé "Realidad virtuosa". Inmediatamente me topé con cierta resistencia por parte de unos cuantos estudiantes. Uno de ellos, llamado Andy, era el líder de los muchachos que se consideraban muy superiores para participar en el programa de virtudes. En definitiva, Andy tenía una actitud firme: era sombrío, sarcástico y grosero, el clásico ejemplo del adolescente retador. Sabía que tenía que ganármelo si quería seguir adelante con mi plan, así que lo mantuve presente en mis oraciones.

Un fin de semana tuve una idea acerca de Andy. Una vez más, mi idea era muy clara y específica. Estaba tan emocionada que apenas podía esperar que llegara el lunes para ponerla en práctica.

El lunes en la mañana, cuando entré a la escuela, Andy estaba sentado afuera de la oficina del director. Lo llamaron para "discutir" acerca del alfiler de seguridad que lucía en su oreja. Estaba malhumorado y casi gruñó cuando pasé a su lado.

Me senté en mi escritorio y lo llamé:

—Andy, ven acá.

Volteó a verme e hizo una mueca, pero se levantó y arrastrando los pies llegó hasta mi escritorio.

—Sí, ¿qué quiere? —dijo amargamente.

—Estuve pensando en ti durante el fin de semana —comenté y lo noté sorprendido.

—¿Ah, sí? —dijo mientras la máscara del tipo rudo se suavizaba un poco.

—Sí. ¿Te gustan los animales? —traté de indagar.

—Sí —respondió con cautela.

—¿Especialmente los perros?

—Sí. ¿Cómo sabe eso?

Para entonces era simplemente un muchacho curioso de catorce años. Mi estrategia estaba funcionando. Ignoré su pregunta y proseguí.

—¿Sabes lo que hace falta para convertirse en un verdadero amante de los animales? —negó con la cabeza—. Hace falta tener compasión.

De inmediato vi cómo se relajaban sus hombros y su cara.

—Andy —continué—, tú eres un hombre compasivo. ¿Lo sabías?

—No —dijo en voz baja. Su rostro se veía ahora tan dulce, que resultaba difícil creer que era el mismo muchacho. Seguí adelante.

—¿Permites que tus amigos conozcan esta faceta tuya? —negó con la cabeza, y continué—: Las personas se sienten atraídas por la compasión, Andy. Si les muestras esa faceta de tu vida, se sentirán atraídas a ti por razones positivas.

Terminamos nuestra conversación haciendo una promesa con el dedo meñique, la cual, entre algunos adolescentes, es una indicación de lo agradable que es un muchacho. Engarcé mi meñique con el suyo y me prometió demostrar compasión por los demás durante la siguiente semana.

Después de eso estuvo de mi lado. Nos habíamos conectado profundamente. Andy sabía que yo veía, y lo que es más importante, que reconocía la bondad en él.

Desde entonces el programa de virtudes ha prosperado. A los estudiantes les gusta y también se ha convertido en un proyecto de la comunidad. Cada semana los estudiantes eligen una virtud para que todos se enfoquen en ella. Existen letreros en la escuela y en todo el pueblo. Los estudiantes discuten la virtud de la semana en clases e incluso las estaciones de radio locales presentan avisos de la "Realidad virtuosa" a lo largo de la semana. Recientemente creamos en el hospital del pueblo una pared con virtudes. Los estudiantes seleccionan una virtud, la ilustran y después un artista local la pinta en la pared del hospital. Los sentimientos de amor y esperanza remplazan constantemente nuestro vacío.

Es cierto que las tragedias que experimentamos cambiaron a nuestra pequeña comunidad para siempre. Pero algunos de estos cambios han sido transformaciones mayores. La semana pasada, al asistir a una reunión en la preparatoria, me sorprendió ver a Andy, quien ahora está en segundo año, bailando con el equipo de entrenamiento frente a todo el alumnado. Más tarde, cuando estaba parada en el salón, Andy corrió hacia mí con el rostro encendido de alegría.

—¡Señora T! —gritó al momento que me daba un gran abrazo—. ¡Compasión! —volvió a gritar, y luego se alejó corriendo por el salón.

Colleen Treftz

Compartir

Al regresar del trabajo, papá entró en la cocina, donde mamá preparaba la cena y yo ponía la mesa. Por la expresión en su rostro, supimos que algo le preocupaba.

—El padre de Charles Roth ha empeorado —dijo—. El doctor asegura que sólo es cuestión de tiempo. El pobre viejo no se queja mucho de su dolor, sino más bien por las largas horas que debe pasar solo. Sus ojos están tan mal que ya no puede leer. No recibe muchas visitas. Se la pasa suplicando que le compren un perro grande para que sea su compañero, y para que pueda acariciarlo mientras está en su silla de ruedas tomando el sol.

—¿Y por qué no le compran un perro? —pregunté.

—Cariño, con todo el tiempo que pasa el señor Roth en el hospital, sus familiares tienen muchos gastos. No tienen suficiente dinero.

—Pueden ir al refugio de animales y conseguir uno —sugerí.

—Sí —dijo papá—, supongo que pueden hacerlo. Pero tiene que ser un perro muy especial, uno que puedan estar seguros de que se portará bien, ya que no todos los perros lo hacen.

Después de la cena fui al patio trasero, donde mi pastor alemán Dan dormitaba al pie de un árbol. Al verme, brincó y corrió a encontrarme como siempre lo hacía cuando me veía a lo lejos. No había otras niñas de doce años en nuestro vecindario, así que Dan era toda mi compañía. Cuando paseaba en bicicleta, corría detrás de mí; si patinaba en la banqueta, iba trotando a mi lado. Así había

...o desde el día en que papá lo trajo a casa, cuando era
...n cachorrito gordito y café, hacía cuatro años.

No podía olvidar las palabras de papá en la cocina. Puse
mis brazos alrededor del cuello de Dan y hundí mi rostro
en su pelo tieso. Él percibió mi pesar y empezó a gimotear.

—Te quiero —le susurré—. Estaría perdida sin ti, pero...
Ay, Dan, sé cómo debo actuar pero no quiero hacerlo.

Pensé en el señor Roth. Era un anciano enfermo y casi
ciego. Me parecía que no tenía muchas bendiciones. Me levanté rápidamente. Sabía lo que tenía que hacer, y si no lo
llevaba a cabo en ese momento, me convencería de lo contrario.

Encontré a papá sentado en su enorme silla leyendo el
periódico. Aunque se suponía que no debíamos interrumpir-
lo cuando leía, dije de pronto:

—Dan puede irse.

Me miró por encima del periódico.

—¿Qué dijiste? —me preguntó.

—El señor Roth puede tomar prestado a Dan empezaron a brotar lágrimas de mis ojos. Papá colocó el periódico en el suelo.

—Ven aquí —dijo mientras extendía los brazos. Me en-
caramé con todo y mis largas piernas en su regazo y
sus brazos me rodearon.

—En realidad no quiero que se vaya —lloriqueé—. Lo
voy a extrañar mucho. Pero, papá, eso es lo que debo hacer, ¿no es así?

—Es algo que me haría sentir muy orgulloso.

—Serán buenos con él, ¿verdad?

—Cuidarán bien a Dan —aseguró con suavidad—. El patio tiene una barda alta y el padre de Charles estará allí
la mayor parte del tiempo, en su silla de ruedas. Le pediré
a Charles que encadene a Dan cuando esté solo en el patio,
para evitar que brinque la barda y se pierda.

No me gustaba pensar en Dan encerrado o encadenado.
Él y yo corríamos juntos con toda libertad, y sabía que odiaba

sentirse restringido. Además odiaría estar separado de mí. ¿Cómo nos las arreglaríamos la una sin el otro?

Como si leyera mis pensamientos, mi papá me dijo:

—No será por mucho tiempo, cariño. ¿Recuerdas lo que dijo el doctor sobre el señor Roth?

Me levanté bruscamente. No podía seguir hablando de eso.

—Por favor, llámalo —le dije con ansiedad—. Dile que venga y se lleve a Dan esta noche —mi voz se quebró, y añadí—: Antes de que me arrepienta.

Estaba secando los platos de la cena cuando llegaron Charles Roth y su esposa. Prometieron que tratarían muy bien a Dan y me aseguraron que estaba haciendo muy feliz a un hombre viejo y enfermo.

Cuando traté de dormir esa noche, sólo pensaba en Dan, que estaba al otro lado de la ciudad, atravesando el río, por lo menos a dieciséis o diecinueve kilómetros de distancia.

Al otro día, por la tarde, deambulaba por la casa sintiéndome muy infeliz. Mi hermana mayor, Leila, tenía la visita de una amiga y lo que menos deseaban era la compañía de una niñita. Pasear en bicicleta o patinar sola no era divertido. Sintiendo lástima por mí, tomé un libro y me senté bajo la sombra de un árbol a leer. ¡Eso era todo lo que podía hacer!

El resto de la semana transcurrió sin novedades y empezó la semana siguiente. El sábado, cuando terminé mi tarea de sacudir las sillas del comedor, incluso por la parte de abajo que mi madre siempre inspeccionaba, me ofrecí a sacudir la sala por Leila, sólo para tener algo que hacer.

Después del almuerzo era mi turno de sacar las sobras al bote de basura del patio. Al abrir la puerta de la cocina y salir al porche trasero, un gran perro café subió por las escaleras con la lengua de fuera. Me brincó encima, colocando sus patas sobre mis hombros y su cara sobre la mía.

—¡Papá, mamá! —grité—. ¡Leila, vengan pronto, miren! ¡Dan ha regresado a casa!

Desde la cocina, mamá dijo:

—¡Está sonando el timbre de la puerta! Voy a abrir —y, luego mamá llamó a papá, y la escuché decir—: Charles Roth está aquí.

Me agaché para abrazar a mi perro. Me lamió los brazos y frotó su cabeza contra mi barbilla. Llené su traste de agua en el grifo del patio y me arrodillé junto a él, acariciando su lomo mientras bebía ávidamente. Un par de veces hizo una pausa para lamer mis brazos, pero volvía a beber agua rápidamente. Debió haber tenido mucha sed.

Papá y Charles Roth salieron al porche trasero.

—Bueno, lo veo ¡pero todavía no lo creo! —exclamó el señor Roth.

Esa mañana, muy temprano, Charles Roth llevó la silla de ruedas de su padre al patio trasero y le había quitado la cadena a Dan para que el anciano pudiera acariciarlo y lanzarle cosas para que Dan fuera a recogerlas. Más tarde metieron al viejo señor Roth a la casa mientras Charles y su esposa iban de compras.

—Como tenía prisa, no me acordé de volver a encadenar al perro —explicó Charles—. Y supongo que fue lo suficientemente listo para darse cuenta de que estaba solo y sentirse con la libertad de brincar la barda y regresar a su casa.

Mientras el señor Roth hablaba, miré a mi perro. Era sorprendente que hubiera sabido regresar solo a casa. Se lo habían llevado en auto y de noche a casa de los Roth, un lugar en el que nunca antes había estado. No hubo manera de que pudiera ver las calles para descubrir una ruta de regreso a casa. ¿Cómo lo había logrado?

El señor Roth contestó a mi pregunta con un comentario que hizo.

—Fue puro amor lo que dirigió al perro de regreso a ti —me dijo—. Y por difícil que pueda ser decirle a mi padre que Dan no regresará, no puedo pedirte que te separes de él de nuevo.

Vi a papá y su rostro me dijo que él tampoco iba a pedírmelo. Miré a Dan, totalmente estirado en el pasto, completamente relajado, claramente feliz de estar en casa. ¡Y yo también estaba muy feliz de tenerlo de regreso!

Pero entonces me acordé del anciano en la silla de ruedas. Estaría muy triste sin el perro, otra vez solo, igual que yo lo estuve cuando Dan se fue

Igual que yo estuve sola... Pero en realidad no sería igual, porque yo no estaba enferma ni vieja ni tenía que permanecer en una silla de ruedas todo el tiempo. Yo podía hacer muchas cosas. Podía montar en bicicleta y patinar, incluso cuando Dan no estuviera conmigo. Y también podía leer. Pero el señor Roth no podía hacer nada de eso.

—Señor Roth —dije impulsivamente— quiero que se lleve a Dan de regreso con usted.

Tanto él como papá me miraron sorprendidos, pero yo les sonreí diciendo:

—Con una condición. Tiene que prometer que me permitirá visitarlo. A lo mejor Dan no intenta venir a casa si sabe que me verá de vez en cuando.

Observé a papá y proseguí:

—Quizá una vez por semana tú o mamá me puedan llevar en el auto para pasar la tarde ahí. Así podría ver a Dan además de leerle al señor Roth, si él lo desea.

Así es como empecé a pasar las tardes de los jueves con el viejo señor Roth, quien se acordó de algunos libros maravillosos de su niñez, libros que quizá nunca hubiera descubierto por mí misma, y los disfrutamos juntos. Durante la semana él pensaba en acertijos para decírmelos y yo preparaba galletas para nuestros "días de campo" en el patio trasero. Llegamos a querernos mucho y Charles Roth hijo mencionó que tanto Dan como yo habíamos llenado de felicidad los últimos días de su padre.

Dan siempre estaba feliz al verme y a veces lloraba un poco cuando me marchaba. Pero nunca intentó regresar a casa de nuevo, sino hasta tres meses después... cuando el señor Roth murió, y trajimos a mi perro en el auto para que permaneciera a mi lado el resto de su vida.

Amé a Dan más que a ningún otro perro de los que tuvimos. Era inteligente, leal y sin duda me amaba. Pero más que eso, me ayudó a comprender que el amor compartido es el amor que perdura dentro de nosotros por toda la vida..

Drue Duke

Ahora sí es Navidad

El año pasado, un domingo antes de Navidad, mi esposo, que es oficial de policía en Arlington, Texas, y yo, estábamos a punto de salir rumbo a la iglesia cuando sonó el teléfono. "Probablemente es alguien que quiere que Lee, que ya les dedicó muchas horas extras, trabaje más", pensé, así que lo vi y ordené:

—¡Vamos a ir a la iglesia!

—Salgo en cinco minutos y estaré ahí dentro de veinte minutos —lo escuché decir al teléfono. Empecé a enojarme, pero su explicación me detuvo en seco.

—Entraron a robar a "Un deseo con alas" y los regalos han desaparecido. Tengo que irme, te llamaré más tarde.

Yo estaba perpleja.

Lee presta sus servicios en la junta administrativa, y "Un deseo con alas" es una organización que existe en nuestra localidad y que concede deseos a los niños que sufren enfermedades graves. Cada año organiza además una fiesta de Navidad en la que se distribuyen regalos. Ya se habían envuelto unos 170 obsequios donados y se encontraban listos para la fiesta, que se llevaría a cabo esa tarde, en menos de nueve horas.

Confundida, vestí a nuestros dos hijos: Ben, de sólo diecisiete meses y Kate, de cinco años, y nos fuimos a la iglesia. Después del servicio religioso les conté a los pastores y a mis amigos lo que había sucedido. El presidente de nuestra escuela dominical me dio cuarenta dólares para comprar más regalos. Una maestra dijo que su grupo de alumnos obsequiaría regalos para otra organización de caridad y que con gusto donarían algunos a "Un deseo con alas". "Una pequeña ayuda", pensé.

A las 10:30 a.m. telefoneé a Lee en la oficina de "Un deseo con alas", pero estaba ocupado haciendo otras llamadas, así que preparé a los niños y nos fuimos para allá. La escena que vi al llegar era desoladora, con vidrios rotos que cubrían el piso de la oficina por donde se metió el ladrón. El frío que prevalecía en la habitación provenía no sólo del viento que se colaba por la puerta rota, sino de las esperanzas rotas de los que se encontraban ahí, incluyendo a Pat Skaggs, la fundadora de "Un deseo con alas", y Adrena Martínez, la asistente administrativa.

Al ver hacia el estacionamiento me sorprendí al descubrir al equipo de noticias de una televisora local descargando una cámara. Después supe que las primeras llamadas de Lee fueron a las estaciones de radio y televisión locales.

Unos cuantos minutos después, una familia que escuchó la noticia en el radio, llegó con regalos ya envueltos. Otras personas los siguieron, incluyendo a un niño que trajo algunos de sus juguetes.

Me fui para darles de almorzar a mis hijos y traer refrescos para los compañeros de Lee. Cuando regresé, encontré a los voluntarios comiendo pizzas donadas por una pizzería local. Habían llegado otros extraños con más regalos y algunos querían ayudar como voluntarios. Una compañía que repara cristales arregló la puerta y las ventanas y se negaba a aceptar pago alguno. La esperanza empezaba a resurgir. ¡Tal vez todavía podíamos realizar la fiesta!

Lee estaba recibiendo muchas llamadas telefónicas, algunas veces con un auricular en cada oído. Mi hijo Ben se sentía molesto, así que lo llevé a casa esperando que durmiera una siesta mientras buscaba una niñera que lo cuidara.

Mientras tanto la ciudad cobraba nueva vida. Otros dos oficiales de policía iban de iglesia en iglesia para difundir la noticia. Lee me contó después que un hombre había llegado directamente de la iglesia, vestido con saco y corbata, y se puso a trabajar en el piso, envolviendo regalos. Otro oficial, cuya esposa trabajaba en una estación de radio, se puso el uniforme y se paró afuera de la estación recogiendo regalos mientras su esposa los solicitaba al aire. El departamento de bomberos aceptó ser un punto de recolección para que las personas dejaran más regalos. Lee llamó y me pidió que pasara a recogerlos.

El reloj seguía su marcha. Era media tarde y faltaba muy poco para las 6:00 p.m., hora en que estaba programada la fiesta. No pude encontrar una niñera y a mi hijo le empezó a dar una fiebre de 39 grados, así que lo llevé al edificio de "Un deseo con alas" justo a tiempo para intercambiar autos con Lee.

Nada de lo que vi antes me había preparado para lo que sucedió ahí: había una multitud formando fila en la puerta con los brazos cargados de regalos. Una familia cuyo padre había perdido su trabajo, llevó los regalos de su propio árbol. Era como una escena de *Es una vida maravillosa*.

En la oficina Lee aún estaba al teléfono. Afuera, los voluntarios cargaban los automóviles con regalos envueltos para llevarlos al lugar donde se realizaría la fiesta, un albergue a diez kilómetros de distancia. A las 5:50 p.m., justo antes de que los primeros de más de 100 niños invitados arribaran a la fiesta, ya tenían suficientes regalos en el albergue. De alguna manera los voluntarios lograron emparejar los regalos con los deseos de los niños, así que muchos recibieron justo lo que querían. Sus caritas brillaron de alegría mientras abrían los paquetes. Para algunos de ellos esa sería su última Navidad.

Sin embargo, aquellos regalos sólo eran una parte de lo que llegaría durante esa tarde. "Un deseo con alas" había perdido 170 regalos en el robo, ¡pero la gente había donado más de 1 500! Lee decidió pasar la noche en la oficina para revisar el remanente, así que preparé comida y una bolsa de dormir y se los llevé a la oficina. Los regalos estaban apilados hasta el techo, llenando cada centímetro disponible, excepto por un pequeño caminito que conducía a una oficina al fondo.

Lee pasó una noche tranquila, pero el teléfono empezó a sonar otra vez a las 6:30 a.m. La primera persona que llamó quería hacer un donativo, así que Lee empezó a darle indicaciones.

—Mejor déme la dirección de la oficina de correos —le dijo el que hablaba—. Estoy en Filadelfia.

La historia se había difundido por las noticias nacionales y muy pronto empezaron a recibirse llamadas de todo el país.

Para el mediodía, la oficina de "Un deseo con alas" otra vez estaba repleta de voluntarios, recogiendo todos los regalos extras para donarlos a otras organizaciones de caridad y distribuirse antes de la noche de Navidad, para la que sólo faltaban dos días. Pat y Adrena, cuyos rostros estuvieron cubiertos de lágrimas hacía apenas veinticuatro horas, ahora se veían radiantes de felicidad.

Cuando entrevistaron a Lee para el noticiero local, se sumó al sentimiento general:

—Ahora sí es Navidad.

Todos nos sentíamos imbuidos del espíritu y del significado de esta época del año.

Kitsy Jones

Una vida a la vez

Mientras nuestro automóvil se abría paso lentamente a través de las atestadas calles de Dhaka, Bangladesh, ciudad con dos millones de habitantes, pensaba que sabía lo que íbamos a encontrarnos. Como líder del Equipo Médico Voluntario Estadounidense (AVMT por sus siglas en inglés) había visto el terrible sufrimiento y la devastación en Irak, Nicaragua y Calcuta. Pero no estaba preparada para lo que vi en Bangladesh.

Viajé ahí con un grupo de médicos, enfermeras y voluntarios del AVMT después de que una serie de ciclones devastadores golpearon ese pequeño país en 1991. Más de 100 000 personas habían muerto, y ahora, debido a que las inundaciones acabaron con el agua limpia y los sistemas de drenaje, miles más estaba muriendo de diarrea y deshidratación. Los niños morían de polio y tétanos, enfermedades que ya casi ni se recordaban en Estados Unidos.

Mientras nos dirigíamos al hospital donde se suponía que estableceríamos una clínica, pensé que sabía contra lo que nos enfrentábamos: días húmedos y con un sol abrasador, lluvias intensas y condiciones de hacinamiento. Después de todo, desde que Bangladesh se independizó de Pakistán hacía más de veinte años, ahora más de 125 millones de personas vivían en un área un poco menor que el estado de Wisconsin.

Miré por la ventana hacia una calle repleta de personas: hombres hablando en grupos, mujeres vestidas con saris brillantes amarillos y rojos, y niños que correteaban rápidamente entre las muchas carretillas y carromatos.

Entonces observé más detenidamente. Las personas caminaban sobre aguas negras. Un hombre se paró encima de un cuerpo humano a la entrada de una casa, justo cuando una de las muchas carretillas que recogían los cuerpos, llegaba para llevárselo. En una esquina muy concurrida vi a una mujer muy quieta sosteniendo un pequeño bulto entre sus brazos, era un bebé. Mientras la miraba, deslizó ligeramente su chal y pude ver con claridad que el bebé estaba muerto. Pensé de pronto en mis propios hijos que se encontraban saludables en casa, y mis ojos se llenaron de lágrimas. Nunca había visto nada tan dramático.

Al día siguiente decidí visitar el orfanato de la Madre Teresa en la parte vieja de Dhaka. Una amiga me había pedido que antes de regresar a casa fuera a ver qué tipo de ayuda médica necesitaban.

Dos de las Hermanitas de los Pobres me recibieron en la puerta y de inmediato me condujeron al piso donde estaban los niños. Me sorprendió encontrar a 160 bebés, en su mayoría niñas, llorando para que las pocas hermanas que se encontraban trabajando ahí les hicieran caso.

—Hay tantos —dije asombrada.

—A algunos los abandonaron porque sus padres no podían alimentarlos —me informó una de las hermanas.

—Y otras han sido abandonadas por el solo hecho de ser niñas —dijo otra, explicando que a menudo las mujeres eran abortadas o asesinadas al nacer, porque eran consideradas como seres inferiores en aquella cultura dominada por los varones. El poco alimento disponible está destinado a los hombres.

La ironía de lo que acababa de escuchar me golpeó con fuerza. Estas niñas eran desechos de la sociedad, y sin embargo, ¿qué era lo que había visto ese día? Mujeres en todas partes: trabajando en los arrozales en las afueras de la ciudad, cuidando niños en la atestada Dhaka, tratando de ganarse la vida vendiendo baratijas en las calles, y aquí, en el orfanato, haciéndose cargo de los desposeídos.

—Un par de bebés tienen problemas médicos muy serios —dijo la hermana—. ¿Desea verlos?

La seguí por una hilera de cunas de paja hasta donde se hallaban las pequeñitas enfermas, parecían tener dos meses de nacidas. Una de ellas tenía un problema cardiaco y la otra era un caso severo de labio leporino.

—No podemos hacer mucho por ellas —dijo la hermana—. Por favor, ayúdelas. Lo que pueda hacer será una bendición.

Cargué a las dos bebés, acariciando su suave cabello negro y contemplando sus pequeñas caritas. Cómo me dolía el corazón ante esos inocentes angelitos. ¿Qué clase de futuro les esperaba, si es que acaso tenían alguno?

—Veré lo que podemos hacer —le dije.

Cuando regresé a la clínica, cientos de pacientes esperaban para recibir tratamiento y había mucho trabajo pendiente. Debo aclarar que no soy médico, así que mi trabajo varía: dirijo la farmacia, me encargo de conseguir los medicamentos que se agotan, negocio con los funcionarios locales para conseguir equipo y transportación y realizo reconocimientos entre las filas de pacientes buscando casos graves.

Al final del día tenía vértigo. El llanto desvalido de los bebés y los cientos de rostros de sufrimiento en las calles y en nuestra clínica, todos parecían reflejar lo mismo: una desesperanza absoluta. Ese pensamiento me asustó. "Estas personas no tienen esperanza". Ni siquiera Calcuta me había parecido tan desolado. "Sin esperanza". Repetí estas palabras en mi mente y mi corazón se estrujó. Más que otra cosa, lo que AVMT intenta hacer es brindar una luz de esperanza.

Mi inspiración fue una mujer que había dedicado su vida a ofrecer una esperanza a los demás: mi abuela. La llamábamos Lulu Belle y prácticamente dirigía el pueblo de Cairo, Illinois, junto al río Mississippi. No era ni alcaldesa ni funcionaria, pero si alguien sin trabajo tocaba a su puerta, llamaba a todas las personas que conocía para conseguirle un empleo. En una ocasión entré por la puerta de su cocina y me sorprendí al encontrar la mesa llena de extraños comiendo.

—Una nueva familia ha llegado al pueblo, Cindy —me dijo mientras colocaba el puré de papas sobre la mesa y regresaba a la cocina a buscar la salsa—. Sólo trato de ayudarles para que tengan un buen comienzo.

Después supe que aquel hombre no había podido encontrar trabajo y que Lulu Belle estaba asegurándose de que su familia tuviera por lo menos una comida caliente todos los días.

Lulu Belle tenía una fe enorme que la había convertido en la mujer más fuerte que hubiera conocido. Su versículo favorito de la Biblia era uno muy simple: "Haz por los demás lo que quisieras que hicieran por ti". Ella creía que si tratabas bien a las personas, de la misma manera en que te gustaría ser tratado, Dios haría el resto. Así que nunca le preocupaba de dónde vendría el empleo o los alimentos. Sabía que Dios los proveería.

Pero Dios parecía estar tan lejos de Bangladesh. Me debatí con ese pensamiento en nuestra junta matutina. Estábamos instalados en una clínica cerca de Rangpur, en la parte norte del país, y nuestro equipo se reunió para revisar el programa del día. Al final de la reunión les dije lo que les digo a todos los equipos: "Recuerden que estamos aquí para brindar esperanza". Pero las palabras se me quedaron en la garganta mientras me preguntaba cómo lograríamos esto. ¿De dónde provendría la esperanza para estas personas, especialmente las mujeres, tan abrumadas por tantas enfermedades, por la pobreza y con tantos factores en contra?

Unas 8 000 personas permanecían formadas para recibir tratamiento. Revisando la fila noté algo peculiar: todos eran hombres, y algunos de ellos con una apariencia bastante saludable. No fue sino hasta que llegué al final de la fila que pude ver a mujeres y niños, muchos de ellos se veían muy graves, algunos casi moribundos. Mi corazón latía rápidamente al darme cuenta de lo que sucedía: los hombres esperaban pasar primero, aunque no se sintieran tan mal, pues las mujeres podían esperar.

Me preguntaba qué debía hacer. Recordé a la mujer que había visto en la calle cargando a su bebé muerto quizá porque no pudo encontrar ayuda médica lo suficientemente rápido. Pensé en los bebés abandonados en el orfanato y la frustración y el coraje se apoderaron de mí.

Tal vez un poco de Lulu Belle estaba dentro de mí cuando corrí a lo largo de la fila y entré en la clínica para decirle al doctor lo que estaba pasando. Él se molestó tanto como yo.

—Bueno, ¿qué piensa? —me preguntó—. Podemos revisar a todos esos hombres sanos o podemos pasar al frente a las mujeres y a los niños.

—Hagámoslo —le dije—. Llevemos a cabo la labor por la que vinimos aquí.

Volví a salir y le pedí al intérprete que les dijera a los hombres de adelante que se hicieran a un lado. Lo hizo e inmediatamente escuché las murmuraciones de la multitud contrariada. Los hombres estaban enojados y las mujeres tenían miedo de adelantarse. El intérprete repetía la orden, y mientras intentábamos que la multitud se moviera, se armó una trifulca y aparecieron soldados con sus armas sobre el pecho. Trataban de restaurar el orden, pero algunos hombres todavía empujaban al principio de la fila.

—Dígales que no —le pedí al intérprete, reuniendo todo el valor que tenía—. Dígales que o atendemos primero a las mujeres y a los niños enfermos o cerramos la clínica.

Los hombres me miraron durante un momento y después se replegaron, dejando pasar a las mujeres adelante. El miedo y la tristeza que antes mostraban los rostros de aquellas mujeres se convirtieron en alegría mientras se apresuraban para entrar a la clínica antes que los hombres. Me sonreían y tomaban mis manos con agradecimiento.

Cuando una de las mujeres estiró su mano para entregarme una flor, nuestros ojos se encontraron y vi en ellos algo increíble: una luz de esperanza. Y entonces lo comprendí. No teníamos que buscar un milagro. Se trataba de lo que mi abuela creía acerca de hacer por los demás lo correcto. Y de este simple acto, Dios había traído la esperanza que era la afirmación de la vida.

Nuestros médicos y enfermeras salvaron varias vidas ese día y trataron a miles de enfermos durante nuestra estancia de dos semanas en Bangladesh. Cuando llegó el momento de regresar a casa, visité el orfanato para recoger a las dos bebés enfermas con el fin de llevarlas a Estados Unidos para que recibieran tratamiento. Ya en el avión supe que le daría una inesperada sorpresa a mi esposo: adoptaríamos a una de ellas, quien ahora es nuestra hermosa hija Bridget.

Varios meses después tuve el privilegio de encontrarme con la Madre Teresa para conversar acerca de las necesidades médicas en Calcuta. En su modo bello y simple se cristalizó lo que yo había sentido en Bangladesh.

—¿Cómo se enfrenta a esas necesidades tan abrumadoras, a la enfermedad, a la muerte? —le pregunté.

—Debes mirar a una sola cara —me dijo con su voz llena de paz— y continuar con el trabajo. Y saber que Dios hará el resto.

Cindy Hensley McCain,
como se lo narró a Gina Bridgeman

Buenos vecinos

Una de las razones por las que nos mudamos de nuestro departamento en el centro de Chicago a una casa en los suburbios, fue porque queríamos encontrar para nuestras hijas un verdadero "vecindario". Para mí, esto significaba un lugar donde las personas fueran algo más que simples conocidos, donde se compartieran risas, se intercambiaran recetas, se cuidara a los niños de las vecinas, se frecuentaran entre ellas y estuvieran dispuestas a compartir una taza de harina o de té. Así que nos mudamos en el verano de 1989, esperando haber tomado la decisión correcta.

Para calmar la ansiedad que experimentaban por tantos cambios nuestras hijas Anna, de diez años, y Rachael, de siete, les prometimos que podrían tener un perro. En un refugio para animales, encontramos a Lady, una perra adulta de raza indefinida, del color de un pastor alemán, y que era uno de los animales más dulces que he conocido en la vida. Resultó que Lady no sólo cautivó a nuestras hijas, sino que se convirtió en una atracción instantánea para la mayoría de los niños del vecindario. Cuando yo salía con las niñas y con Lady a explorar el nuevo barrio, los niños eran atraídos como imanes hacia el "nuevo perro", por consiguiente, hacían amistad con las dueñas de Lady.

Las cosas salieron bien. Había muchas familias jóvenes. Anna y Rachael pronto conocieron a la mayoría de los muchos niños del lugar. En las calurosas tardes del verano, todos se reunían para andar en bicicleta, patinar, jugar rayuela o brincar la cuerda. Los adultos también convivían; y mi esposo y yo conocimos a varias parejas con las que teníamos mucho en común.

Pero una pareja en particular, que vivía en una casa en la acera de enfrente, nunca visitaba a nadie. De hecho, su casa lucía extraña: con las persianas siempre cerradas y rara vez podaban el césped. No es que la casa fuera espantosa, sólo que no estaba tan bien cuidada como las demás. Los niños del vecindario les contaron a mis hijas anécdotas sobre la pareja de edad avanzada que vivía en esa casa.

—¡Son espeluznantes! ¡De verdad lo son! —dijeron los gemelos de al lado, que tenían diez años—. Una ocasión en que recolectábamos ropa usada para la venta escolar, llamamos a su puerta. El hombre abrió y pudimos ver hacia el interior de su casa. ¡Estaba completamente oscura, excepto por la luz de una rara vela en la sala!

—Se visten muy chistoso —agregó otra niña que vivía al final de la calle—. Cuando hace mucho calor, siempre están envueltos con mangas largas y cuellos altos.

—¡Y hablan muy cómico! —gritó otro niño.

Yo no tomé esta charla en serio y, al igual que las demás madres del vecindario, les advertí a mis hijas que no debían ser desconsideradas ni groseras. Un día, por casualidad, escuché a una de las niñas entonar una rima al brincar la cuerda, en la que se burlaba de la anciana: "La señora Feldman, de dientes amarillos, salió en búsqueda de un hombre y un martillo", e hice que la niña se callara. Tener gente excéntrica viviendo en el vecindario incluso lo hacía interesante, aunque no quiero decir que ellos lo fueran.

Una tarde, a finales del verano, cuando los días empezaban a acortarse, las niñas y yo salimos después de la cena para visitar a nuestros nuevos amigos y respirar las últimas fragancias del verano. Nos sentíamos tan relajadas y felices que lo que pasó después nos tomó completamente desprevenidas.

Cuando Rachael abrió la reja del patio trasero, Lady corrió ladrando y brincando feliz ante su recién descubierta libertad. Pero, por alguna razón, en lugar de dirigir su atención a los niños que se encontraban reunidos, corrió en línea recta hacia la única casa donde no sería bienvenida. Sin hacer caso de lo que le ordenábamos, cruzó la calle, traspasó el patio delantero y llegó directamente a la puerta de la peculiar pareja de ancianos.

Yo corrí tras de Lady, pero me detuve en seco cuando la señora Feldman apareció en la puerta, blandiendo una escoba frente a nuestra perra y gritando algo. Durante un momento permanecí clavada en el piso, desconcertada. Lady se alejó de la histérica mujer, regresó y se echó a mis pies. La sostuve del collar.

¿Qué debía hacer? ¿Tomar a mi perra e irme a casa? ¿Disculparme con nuestra vecina, quien ahora se encontraba frente a su casa temblando y con lágrimas corriendo por su rostro?

Repentinamente mi esposo y mis hijas estaban a mi lado y el señor Feldman apareció, abrazando a su esposa para llevarla hacia el interior de la casa. La puerta se cerró con brusquedad.

—¿Qué estaba gritando? —preguntó asustada Rachael—. ¿Va a llamar a la policía? ¿Perderemos a Lady?

Miré la cara bañada en lágrimas de mi hija, y durante un momento no pude contestar. Algo se me estaba aclarando, pero me tomó un poco de tiempo comprender de qué se trataba.

Mis padres alguna vez hablaron yiddish en casa cuando yo era una niña. Las palabras que la señora Feldman había gritado no eran en yiddish, pero sí algo muy parecido, como para que pudiera comprenderlas. En un alemán muy claro, la anciana había gritado: "¡No vuelvas por aquí, nunca más, vete perro!"

Esa noche, les aseguré a las niñas que no perderíamos a Lady por esa ofensa menor, pero al día siguiente había algo importante por hacer.

—Niñas —les dije—, iremos a la casa de los Feldman a disculparnos.

—¿Qué pasará si se molestan? —preguntó Anna con temor.

—Por lo menos nos escucharán —le respondí.

Tomadas de la mano, las tres subimos los escalones delanteros del porche de la casa de los Feldman. Rachael tocó el timbre. Cuando el señor Feldman abrió la puerta, lamenté no haber pensado en traer algo... un pastel, tal vez. Temía que cerrara la puerta cuando viera de quién se trataba. Pero no lo hizo.

—Hemos venido a disculparnos con usted y con su esposa, sentimos mucho que nuestra perra la asustara tanto. Se salió por accidente, pero nos aseguraremos de que no ocurra de nuevo.

Detrás del anciano efectivamente la casa estaba oscura, como lo mencionaran los hijos de los vecinos; la pequeña vela que habían descrito estaba encendida en la sala. Pero también vislumbré algo más. Por encima de la vela, en un marco de plata, distinguí una antigua foto de una niña.

El señor Feldman no dijo nada cuando terminé de hablar. Detrás de él surgió su esposa entre las sombras, miró a mis hijas y sonrió.

Mientras íbamos de regreso a casa, supe lo que debía explicarles a mis hijas. Nos sentamos a la mesa de la cocina y les hablé sobre el Holocausto. Les dije que yo pensaba que nuestros vecinos eran sobrevivientes de esa terrible tragedia. Eso explicaba su reticencia, la ropa que vestían, la cual probablemente cubría los números que llevaban tatuados, y su acento extranjero. Les dije que la vela que estaba encendida en la sala era un cirio conmemorativo judío; hablamos sobre la fotografía de la niña.

Algo pasó con todos los niños del vecindario después de eso, no sólo con mis hijas, ya que se había corrido la voz. Los gemelos de la casa de al lado empezaron a turnarse para cortar el césped de los Feldman. Sus periódicos y su correo nunca más fueron dejados en la calle, sino colocados cuidadosamente entre su rejilla y sus puertas del frente. Alguien dejó una maceta con geranios frente a su porche... y la señora Feldman empezó a salir para regarlos. Los niños montados en sus bicicletas pasaban frente a su casa y la saludaban con la mano, y ella les contestaba el saludo.

El clima empezó a enfriarse y las hojas comenzaron a caer. Dieron inicio las clases en las escuelas. Una tarde, nuestra familia salió para llevar a Lady de paseo. Estábamos en la banqueta cuando vimos que el señor y la señora Feldman también salían de su casa.

Lady les ladró, y por un minuto los vi asustados. Pero enseguida nuestros vecinos sonrieron, nos saludaron y siguieron adelante. Ellos ya eran realmente nuestros vecinos, buenos vecinos. Nos diéramos cuenta o no, se había llevado a cabo un intercambio entre nosotros, mucho más importante que los pasteles, la harina o incluso un saludo y una sonrisa, ya que los Feldman le habían dado un pasado a nuestro vecindario, y nosotros, en cambio, les ayudamos a encontrar un futuro.

Marsha Arons

Cartas al padre de Ana Frank

*P*ara mantener una lámpara ardiendo, tenemos que seguir poniendo aceite en ella.

Madre Teresa

Me senté sobre mi maleta mientras esperaba el tren suizo que me llevaría a un encuentro con el que había soñado durante dos décadas. Al final del viaje me esperaría Otto, el padre de Ana Frank, con quien había mantenido correspondencia desde que yo tenía catorce años.

Quería que este encuentro con el hombre que llegara a considerar como un segundo padre fuera lleno de emotividad, abrazos y lágrimas. Pero también comprendía que Otto probablemente sólo me saludaría de mano con formalidad, y eso sería todo. Estaba preparada para eso.

El sueño de este día empezó a tomar forma cuando tenía doce años y vivía en el Valle de San Fernando, California. Había audicionado para estelarizar en 1959 la película *El diario de Ana Frank*. No conseguí el papel, pero descubrí un mundo nuevo en el diario de Ana Frank.

A pesar de las monumentales diferencias entre Ana Frank y yo, me identificaba mucho con esta elocuente muchacha de mi edad. Su difícil situación consumía mis pensamientos: cómo se había escondido de los nazis en un anexo diminuto sobre la oficina de su padre en Amsterdam, teniendo una vida frustrada, "como un canario enjaulado". Cómo logró permanecer oculta durante dos años con sus padres Otto y Edith, su hermana mayor, la familia

Van Daan y un dentista. Cómo los atraparon para llevarlos a un campo de concentración, donde Ana murió. Cómo creía ella, después de todo lo que había pasado, que "las personas son buenas en el fondo".

Dos años después de haber leído el diario por primera vez, le escribí a Otto Frank en Birsfelden, Suiza, donde él y su segunda esposa, Fritzi, se establecieron finalmente. ¿Me contestaría? ¿Hablaría inglés? ¿Podría hablarle de Ana, o sería demasiado doloroso?

Entonces recibí una carta. Debo haberla leído cien veces.

> *Agosto 21 de 1959*
>
> *Recibí su amable carta y se la agradezco. El deseo ardiente de Ana era trabajar para la humanidad, y por consiguiente, se ha creado una Fundación Ana Frank en Amsterdam, para trabajar bajo ese espíritu. Tiene razón en el hecho de que recibo muchas cartas de jóvenes de todo el mundo, pero comprenderá que me es difícil mantener correspondencia, aunque como puede ver, trato de contestarles a todos.*
>
> *Deseándole siempre lo mejor, le envío saludos muy cordiales.*
>
> *Atentamente,*
> *Otto Frank*

Le contesté que no tenía que responderme. Yo le escribiría, me contestara o no. Cada vez que me daba un ataque de "no puedo soportarlo ni un minuto más", me ponía a escribirle una larga carta. Y él siempre respondía.

A los quince años le escribí acerca de mi deseo de ser actriz. Me contestó:

> *Continúa estudiando danza, sigue preparándote en literatura y teatro, pero deja que eso sólo sea un pasatiempo para ti... Ser actriz o bailarina de profesión es algo muy difícil.*

En la universidad, donde cambié de especialidad tan rápido como cambiar de calcetines, Otto Frank estuvo conmigo. De danza a teatro y después a inglés, mi querido y distante "consejero" tuvo más tolerancia que los asesores de la UCLA.

También estuvo ahí cuando planeaba casarme con un hombre que no era judío. Me aconsejó que consiguiera libros sobre el judaísmo e hiciera que mi novio los leyera. Así lo hicimos, y cuando nos casamos, Otto escribió:

> *Que no te preocupe la desaprobación de los demás. Lo más importante es que sus personalidades se compaginen y que ambos respeten sus convicciones.*

Aunque estaba feliz con mi matrimonio, llegó el difícil año de 1968. Después de que asesinaron a Robert Kennedy, le escribí:

> *Bob Kennedy está muerto. Martin Luther King, Jr. está muerto. John F. Kennedy está muerto. Medgar Evers está muerto. Todos han caído asesinados por locos. ¿Cómo puedo traer un hijo a este mundo?*

Me contestó:

> *¡Nunca te rindas! Una vez leí: "Si el fin del mundo fuera inminente, de todos modos hoy plantaría un árbol". La vida sigue, y quizá tu hijo hará que la humanidad dé un paso hacia adelante.*

Con motivo de mi cumpleaños, ese mismo año, el señor Frank me envió una nota:

> *Dos árboles en Israel llevan el nombre de la señora Cara Wilson por su cumpleaños. Fueron plantados por el señor Otto Frank en Birsfelden.*

La imagen que siempre mantuvo Otto Frank sobre la esperanza nos dio a mi esposo y a mí el valor y el ánimo necesarios para convertirnos en padres. Tuvimos dos hijos, Ethan y Jesse. Debido a mi viaje a Suiza, me separé de ellos por primera vez.

El tren empezó a reducir la velocidad. El conductor anunció la parada y las puertas se abrieron.

Miré hacia la multitud y observé a un hombre erguido y con aspecto parecido al del presidente Lincoln. Su cabeza calva estaba circundada por cabello blanco: un hombre alto, mayor, fuerte y apuesto todavía.

Realmente era él. Era Otto Frank.

—¡Cara! ¡Por fin! —dijo calurosamente. En realidad ahí estaba yo, abrazándolo, en un auténtico abrazo "de oso". Gracias a Dios. Sin apretones formales de manos o saludos corteses. Sintiéndose un poco tímido de pronto, metió su brazo en el mío. Fritzi tomó mi otro brazo y nos fuimos.

Cuando llegué a la casa de los Frank me sentí como en mi propia casa. Otto me condujo a su pequeño estudio. Un montón de cartas recién llegadas se apilaban sobre su escritorio. Me mostró toda una pared con cuadernos repletos de cartas.

Otto trajo otro cuaderno.

—Estas son tus cartas, Cara. Las he guardado todas.

Yo no podía creerlo. Me estaba enfrentando conmigo misma a través de veinte años de cartas. Observé cómo mis garabatos infantiles se transformaron en la escritura de una adulta y luego cambiaron por páginas mecanografiadas. Miles de signos de admiración y pensamientos subrayados, en los que fluían diversos sentimientos.

—Tú no has sido la única que me ha escrito durante todos estos años —comentó Otto.

Sonriendo, me habló de otras personas. Estaba Sumi, de Japón, quien había perdido a su padre, y al leer el diario de Ana sintió la necesidad de escribirle a Otto. Le dijo que le gustaría convertirse en su "hija por carta", y firmaba todas sus misivas: "Tu hija, Sumi". Otto le había brindado sus consejos a través de los años.

También estaba John Neiman, quien siendo ya estudiante universitario había releído *Ana Frank: historia de una adolescente* y le escribió al señor Frank. Otto le había respondido:

"Si quiere usted honrar la memoria de Ana y la de todas las personas que murieron, lleve a cabo lo que Ana tanto intentó: haga el bien a los demás".

Eso llevó a John a convertirse en sacerdote. Hoy es el padre John, sacerdote católico en Redondo Beach, California, y continúa tendiéndole la mano a los sobrevivientes del Holocausto.

Y también estaba Vassa. Hace algún tiempo, Otto había recibido una carta de Atenas. Se dirigió a la embajada griega, donde lo remitieron con un maestro local que le tradujo la carta del griego.

La joven de la carta le habló a Otto de su horrendo pasado: de cómo su padre, quien militaba en la resistencia contra los nazis, fue asesinado frente a ella. Vassa había perdido el interés por todo, por la vida misma.

Pero cierto día vio la obra *El diario de Anna Frank* y decidió escribirle a Otto, volcándole su corazón. Él le respondió que pese a que Ana se vio impedida de lograr sus metas, Vassa tenía ante sí toda una vida llena de promesas. La correspondencia continuó, y gracias al estímulo de Otto, Vassa superó su depresión.

Al darse cuenta de que la muchacha ya no necesitaba de sus consejos, Otto le escribió explicándole lo difícil que le resultaba conseguir que le tradujeran sus cartas, además de que se estaba haciendo viejo, por lo que tenía que dejar de escribirle.

Durante un año Otto no tuvo más noticias de Vassa, hasta que le llegó una carta con esa firma familiar. La carta estaba escrita en francés, un idioma que Otto podía leer. Durante esos meses Vassa estudió francés para poder escribirle a su querido mentor.

A lo largo de mi visita escuché cuidadosamente todo lo que Otto decía, sintiendo que sería importante recordar todo lo relacionado con esta época. Como si leyera mi mente, me dijo con tranquilidad: "Fue bueno que vinieras ahora. Ya sabes que soy un hombre viejo".

Continuamos intercambiando correspondencia durante dos años más, y un día recibí una carta de Fritzi que empezaba así:

> *Queridísima Cara:*
> *Mi amado Otto nos ha dejado a mí y a todos sus amigos...*

No podía más que maravillarme de cuántas vidas había afectado positivamente este buen hombre y sentirme afortunada de que la mía hubiera sido una de ellas. Aunque somos de diferentes razas y religiones, de alguna manera somos iguales. Después de todo, ¿no nos envió Ana para que le hiciéramos compañía a su padre?

Cara Wilson

Una razón para vivir

En octubre de 1986 el granjero Darrell Adams necesitaba ayuda con su cosecha de maíz, por lo que le preguntó a su esposa Marilyn si Keith, su hijastro de once años, podía dejar de ir a la escuela y quedarse en casa para ayudar. La petición de Darrell no era algo raro entre los granjeros, porque los niños a menudo ayudan a levantar las cosechas.

Marilyn reprimió un mal presentimiento y le dio permiso. "No asistir a la escuela para quedarse en casa y ayudar con la cosecha es un rito que todos los hijos de granjeros tienen que hacer", se dijo. Keith le había demostrado a su madre que conocía las reglas para trabajar con seguridad utilizando la maquinaria de la granja, y el muchacho estaba orgulloso de que Darrell le hubiera pedido ayuda.

Al día siguiente, antes de irse a una clase de computación en Des Moines, Marilyn preparó un suculento desayuno para Keith y Darrell. Cuando se despidió de ellos les dijo:

—Muchachos, tengan cuidado el día de hoy, pues no sé lo que haría si me faltara cualquiera de los dos.

Más tarde, cuando Darrell metió su cosechadora al patio de la granja para descargar más maíz, encontró a Keith en posición fetal al fondo del depósito de grano, con seis toneladas de maíz encima y muchos granos obstruyendo su garganta. Logró rescatarlo, luego, con un ataque de pánico, Darrell corrió cargando a Keith hasta la clínica más cercana, donde los estudiantes de medicina hacían todo lo que podían por el muchacho, mientras un helicóptero del hospital iba a buscarlo.

A Marilyn la sacaron de su clase de computación para que tomara la llamada que todas las madres temen. La llevaron al hospital con el terror impreso en el rostro, que parecía una mortaja. Darrell, que fue llevado al hospital por el personal de la clínica, se encontró con su esposa.

—¡Yo lo maté! ¡Yo lo maté! —gritaba, ocultando su cara entre sus grandes y rudas manos de granjero.

Junto a la cama de Keith, Marilyn examinó con ansia a su hijo; su pequeño cuerpo de treinta y cinco kilos se estremecía en estado de *shock*, con su cara casi toda cubierta por una máscara de oxígeno. Keith estaba conectado a todos los artefactos médicos imaginables y una bolsa de fluido intravenoso colgaba de una base de metal por encima de su cabeza. Mientras Marilyn le retiraba a su hijo el cabello de la frente, notó que su cara estaba fría y pegajosa. Le tocó los brazos, las piernas y los pies: estaban helados.

Angustiada e impotente, Marilyn se sentó a rezar por Keith, quien había leído toda la Biblia y quería ser ministro. Durante varias horas de su vigilia se inclinaba para hablar con su hijo.

—Keith —le había dicho—, tenemos que hablar con Jesús ahora.

Una sola lágrima salió del ojo izquierdo del muchacho y rodó por su mejilla.

A las 2:30 de la mañana, con Marilyn en un lado de su cama y su abuela en el otro, Keith dejó de temblar. Marilyn sintió que su adorado hijo partía a un lugar más allá del dolor y del sufrimiento. Su único hijo varón se había marchado.

Marilyn se hundió tan profundamente en el dolor, que incluso el amor y los cuidados de su familia no lograban consolarla. Dejó de ir a la iglesia porque todo lo que hacía era llorar. No quería asistir a programas escolares o reuniones de padres de familia con los maestros de las hijas que le quedaban, quienes tenían que cuidarla. Se daba cuenta, aunque aletargada por la pena, de que Darrell y ella se separaban cada vez más.

Fue una petición de ayuda de su hija Kelly la que hizo que Marilyn iniciara el camino a la recuperación. Kelly se había unido a los Futuros Granjeros de Estados Unidos, organización que enseñaba a los jóvenes todo sobre la agricultura. La muerte de su hermano menor motivó a Kelly para hacer una exposición sobre los peligros que implicaban los depósitos de granos.

Así, madre e hija investigaron el asunto y se encontraron con una recomendación de que se colocaran calcomanías de advertencia en los depósitos de granos. Nadie, para su sorpresa y consternación, había seguido esta recomendación, hasta que Marilyn Adams decidió que ella y su familia lo harían.

Marilyn comprendió que podía resucitar, si no su vida, sí la memoria de su hijo, difundiendo los peligros de que los niños realizaran labores de granjeros. Sintiendo que esa era su misión, Marilyn canalizó su profunda sensación de pérdida creando una organización llamada Seguridad en las Granjas sólo para Niños.

Gracias a que su patrón donó suficiente dinero para imprimir las calcomanías de advertencia, Marilyn y su familia las diseñaron sentados a la mesa de la cocina. Filiales de Futuros Granjeros de Estados Unidos en Iowa distribuyeron miles de estas calcomanías, pegándolas en los depósitos de granos mientras los granjeros esperaban en línea para descargar en los ascensores de granos por toda Iowa. Marilyn sentía que había renacido al encontrar una razón para vivir y una manera de mantener viva la memoria de Keith.

Marilyn sabía que aún tenía mucho trabajo por delante. Con el apoyo del Consejo de Seguridad para las Granjas en Iowa, asistió a una entrevista radiofónica; un par de artículos acerca de Marilyn y su recién creada organización aparecieron en revistas de granjeros. La publicidad provocó un diluvio de llamadas del público y de los medios de comunicación.

—El teléfono no dejaba de sonar. No podíamos ni sentarnos a cenar con calma. Llamaron muchas personas que habían perdido a un niño en un accidente de granja. Querían hablar conmigo y extenderme su mano. Muchas de las personas que se involucraron en Seguridad en las Granjas sólo para Niños también habían perdido hijos en este tipo de accidentes, y esto los ayudaba a manejar su dolor. Cada vez que me llama un padre que sufre, lo pongo a trabajar, pues esto nos da algo positivo que hacer con nuestras vidas. Así empecé a sentir que tenía un propósito claro en la vida, que podía empezar a vivir de nuevo —recuerda Marilyn.

Marilyn recorrió el país incansablemente, hablando con muchos empresarios. Con el tiempo, encontró suficiente apoyo económico para poder renunciar a su empleo y trabajar de tiempo completo en asuntos relacionados con la seguridad en las granjas. Convenció a la entonces primera dama de la nación, Barbara Bush, de convertirse en presidenta honoraria de Seguridad en las Granjas sólo para Niños.

—Nadie puede decirle *no* a Marilyn Adams —dijo la señora Bush.

Durante los últimos diez años, la organización ha crecido de manera notoria. Hoy en día, Seguridad en las Granjas sólo para Niños tiene un personal de nueve elementos, un presupuesto anual de 750 000 dólares y setenta y siete sucursales en Estados Unidos y Canadá.

Recientemente, un estudio encontró que los accidentes en granjas cobraron la vida de un 39 por ciento menos de niños desde que se creó Seguridad en las Granjas sólo para Niños. Existen muchas razones para esta disminución, pero la mayoría de los expertos están de acuerdo en que Seguridad en las Granjas sólo para Niños es una de ellas.

Sintiéndose realizada por su éxito, con una familia unida y feliz nuevamente, Marilyn y su esposo tuvieron otro hijo. Marilyn parece haber encontrado la paz. Cuando se le pregunta cómo visualiza a Keith en el cielo, ella se ríe y dice:

—Me parece que está muy ocupado indicándole a su madre la dirección correcta.

Jerry Perkins

La noche en que escribí mi Premio Pulitzer

Anhelo realizar una enorme y noble tarea, pero mi deber principal es cumplir con pequeñas tareas como si fueran enormes y nobles.

Helen Keller

Como escritor siempre sentí que algún día, en alguna parte, mi trabajo llegaría a tocar el corazón de los seres humanos, que construiría puentes entre los continentes y que uniría a las generaciones. Una noche sucedió esto.

Estaba en la taberna de McKelvey bebiendo cerveza, la banda de *blues* tomaba su descanso y de pronto un hombre pequeño, de cabello blanco, se sentó en la barra, a dos bancos de distancia.

—Tengo diez hijos —alardeó— y dos nietos en camino. Mi hija menor está en el ejército. Pienso mucho en esa chica. Hace cinco años que está en Alemania.

—¿Lo llama? —le pregunté.

—Algunas veces. Pero con su agenda tan llena y la diferencia de horario ya no hablamos mucho —se mordió los labios mirando su cerveza—. Cuesta mucho llamar por teléfono allá. Ella me dice que llame por cobrar, pero yo no puedo imponerle ese gasto.

—Escríbale una carta —le sugerí.

—No puedo sostener una pluma —me dijo—. He tenido cuatro embolias y mi brazo está paralizado.

Para mostrarme, levantó el miembro inmóvil con su mano sana. Tomé mi cuaderno, lo abrí en una página limpia y me incliné hacia adelante con la pluma en la mano.

—¿Cómo se llama ella?

—Suzie.

Miré sus ojos irritados y le pregunté:

—¿Cómo debo comenzar: "Querida Suzie; hola, Suzie o cómo diablos estás, Suzie"?

—Todo eso —sonrió abiertamente, exhalando el humo de su cigarrillo.

—Querida Suzie —repetí lentamente mientras escribía las palabras—. Usted hable, yo escribiré.

Apagó la colilla de su cigarrillo en el pequeño cenicero de hojalata, sacó otro, lo encendió e inhaló.

—Dígale que ya fumo una sola cajetilla al día... y que como todos los días... en el Centro de la Tercera Edad. La comida es maravillosa. Espagueti, pastel, helado. Me dan todo lo que quiera comer —añade con una sonrisa—. Lo que no hay es cerveza.

Yo lo escuchaba y escribía sin parar.

—Dígale que pienso mucho en ella. Dígale que Jen y Dave van a casarse y que Pat y Tim se están divorciando. Que el tío Wilbur todavía está en la Isla Doe, trabajando en el campo de calabazas. Ahí fue donde crecieron todos mis hijos.

Mientras lo escuchaba, una cierta intimidad se abría entre ese hombre arrugado y yo.

—Dígale que no se preocupe. No tengo ninguna queja. Que bailo todas las noches que puedo —sus ojos brillan—. Dígale que se acuerde del abuelo Jones, quien se murió haciendo ejercicio a los 104 años. Eso me da más de veinte años. Dígale... que pienso mucho en ella.

Su voz se quebró. Tomó un trago de cerveza y se limpia la boca.

Quedaban dos líneas en blanco al reverso de la hoja. Tomé su brazo flácido, coloqué mi pluma en su mano rígida y apreté sus dedos.

—Fírmela usted —lo animé.

Para servirse de una palanca, acomodó su mano izquierda alrededor de la mano con la que trataba de escribir. Observé cómo realizaba cada trazo. El garabato decía *Arror, Ja*. Sé que lo que quiere decir es *Amor, Pa*. La pluma cayo de su mano. Su brazo derecho se le fue de lado. Con su mano izquierda metió un dedo debajo de sus lentes y se secó una lágrima.

—Gracias —me dijo en un susurro y se aclaró la garganta.

—No es nada. Escribo en este cuaderno todos los días.

Le di unas palmadas en el hombro y me marché, diciéndole:

—Cuando vuelva a tocar la banda de *blues* el próximo sábado, traiga la dirección de Suzie. Yo traeré un sobre y una estampilla.

Cuando iba camino a casa lloré. Supe que acababa de escribir mi Premio Pulitzer.

Shinan Barclay

Una olla perfecta de té

Existen grandes momentos en nuestras vidas y la mayoría de ellos han surgido a través del estímulo que nos da alguien más. No importa lo grande, lo famoso o lo exitoso que pueda ser un hombre o una mujer, cada uno de ellos tiene hambre de aplausos.

George M. Adams

Una muchedumbre impaciente de casi 200 obstinados "cazadores de ofertas" se abrió camino hacia la gran sala del hogar de los Withers. El sofocante calor de treinta y dos grados no detuvo a uno solo de ellos, todos en busca de la venta de garaje del verano.

La señora que dirigía la venta, a quien conocía de tiempo atrás, me saludó inclinando la cabeza mientras contemplábamos a los "cazadores" que se habían levantado tan temprano.

—¿Qué le parece esto? Es como una casa de locos —rió nerviosamente.

Sonreí, dándole la razón.

—Ni siquiera debí haber venido. Tengo que estar en el aeropuerto en menos de una hora —reconocí ante ella—. Pero cuando era adolescente, vendía cosméticos en este vecindario y Hillary Withers era mi clienta favorita.

—Entonces vaya al ático —me sugirió—. Hay muchos cosméticos allá arriba.

Rápidamente me mezclé con la creciente multitud y subí las escaleras al tercer piso. El ático estaba desierto, excepto por una pequeña mujer de edad avanzada que atendía varias mesas repletas de bolsas amarillas de distintos tamaños.

—¿Qué le trae hasta aquí? —me preguntó, mientras le quitaba el tapón a una botella de perfume—. Aquí no hay más que antiguos productos de Avon, Tupperware y Fuller.

Respiré profunda y cautelosamente. La fragancia inconfundible de "Here's my Heart" de Avon me hizo regresar en el tiempo, casi veinte años.

—¡Oiga, esa es mi letra! —exclamé cuando mis ojos se posaron en una nota engrapada a una de las bolsas. El envoltorio intacto contenía más de cien dólares en perfumes y cremas, que había sido mi primera venta a la señora Withers.

En aquel día de junio de hace tanto tiempo, había recorrido la amplia avenida arbolada durante casi cuatro horas, pero ni una sola ama de casa me había invitado a pasar. Por el contrario, algunas me azotaron la puerta en la cara. Mientras tocaba el timbre de la última casa, me preparé para recibir el rechazo que para ese momento ya me era tan familiar.

—Qué tal, señora, soy su nueva representante de Avon —tartamudeé cuando la puerta tallada de roble se abrió—. Traigo varios productos que me gustaría mostrarle.

Cuando mis ojos finalmente encontraron el valor para enfrentar a la persona que abrió la puerta, supe que era la señora Withers, la chispeante señora madura con voz de soprano del coro de nuestra iglesia. Admiraba sus encantadores vestidos y sombreros, y soñaba que algún día yo también tendría ropa elegante.

Hacía dos meses yo había viajado a una ciudad distante para someterme a una cirugía cerebral, y la señora Withers me había enviado unas tarjetas bellísimas. Una vez hasta incluyó un versículo de las sagradas escrituras: "Todo lo puedo en Cristo que me fortalece". Lo llevaba en mi cartera roja de vinil. Cada vez que mis maestros me decían que nunca llegaría a la universidad, lo sacaba y reflexionaba mientras me repetía en silencio aquella promesa.

Yo creía en ese versículo, aun cuando mis maestros siempre decían:

—Con todas las clases que has perdido, Roberta, nunca podrás ponerte al día.

Tal vez pensaban que era mejor no dejarme soñar demasiado, dado que padecía neurofibromatosis, un severo desorden neurológico.

—Vaya, querida Roberta, pasa, pasa —cantó la voz de la señora Withers—. Necesito un millón de cosas. Me alegra que hayas venido a verme.

Con mucho cuidado me acomodé en el blanco e inmaculado sofá y abrí el cierre de mi maletín lleno de todas las muestras de cosméticos que había podido comprar con cinco dólares. Cuando le entregué el catálogo a la señora Withers, de pronto me sentí la chica más importante del mundo.

—Señora Withers, tenemos dos tipos de cremas, una para tonos de piel rosados y otra para pieles pálidas —le expliqué con una recién encontrada confianza—. Además son muy buenas para las arrugas.

—Muy bien, muy bien —exclamó.

—¿Cuál le gustaría probar? —le pregunté mientras me ajustaba la peluca que cubría mi cicatriz en la cabeza.

—Seguramente necesitaré una de cada una —contestó—. ¿Y qué tenemos en fragancias?

—Tome, pruebe esta, señora Withers. Se recomienda que la aplique en la zona del pulso para que el efecto sea mejor —le aconsejé mientras señalaba su muñeca cubierta de oro y diamantes.

—Bueno, Roberta, se ve que sabes mucho de todas estas cosas. Debes haber estudiado durante días. Qué jovencita tan inteligente.

—¿Realmente lo cree, señora Withers?

—Lo sé. ¿Y qué piensas hacer con tus ganancias?

—Estoy ahorrando para entrar a la universidad, quiero ser enfermera titulada —contesté, sorprendida de mis propias palabras—. Pero hoy estoy pensando más bien en comprarle a mi madre una chamarra para su cumpleaños. Ella siempre me acompaña a mis tratamientos médicos, y esa prenda le vendría muy bien cuando viajamos en el tren.

—Maravilloso, Roberta, y qué considerado de tu parte. ¿Qué me recomiendas entre los regalos? —dijo mientras iba pidiendo dos de cada artículo que yo le recomendaba.

Su extravagante pedido ascendió a 117.42 dólares. "¿Realmente necesitaba tantas cosas?", pensé. Pero ella sonrió y me dijo:

—Ya quiero recibir mi pedido, Roberta. ¿Me dijiste que el próximo martes?

Me estaba preparando para marcharme cuando la señora Withers dijo:

—¿Te gustaría tomar un poco de té antes de irte? En esta casa pensamos en el té como en rayos líquidos de sol.

Asentí con la cabeza y seguí a la señora Withers hasta su original cocina, que estaba repleta de curiosidades de todo tipo. Observé fascinada mientras ella preparaba, sólo para mí, una fiesta de té como aquellas que había visto en las películas. Cuidadosamente llenó la tetera con agua fría, dejó que soltara un "verdadero" hervor y dejó que las hojas permanecieran en infusión "exactamente" cinco largos minutos.

—Así el sabor florecerá —me explicó.

Entonces colocó una bandeja de plata con un delicado juego de té de porcelana, una cubretetera de algodón, tentadoras galletas de fresa y otras pequeñas maravillas. En mi casa a veces bebíamos té helado en vasos de gelatina, pero ese día me sentía como una princesa invitada al té de la tarde.

—Perdone, señora Withers, pero ¿no hay una manera más rápida de preparar el té? En casa utilizamos bolsitas de té.

La señora Withers echó sus brazos sobre mis hombros.

—Existen algunas cosas en la vida que no deben apresurarse —me confió—. He aprendido que preparar una olla perfecta de té es como vivir una vida que agrada a Dios. Implica un esfuerzo extra, pero siempre valdrá la pena. Mírate tú, por ejemplo, con todos tus problemas de salud pero llena de determinación y ambición, igual que una olla perfecta de té. Muchos en tu lugar se rendirían, pero no tú. Y con la ayuda de Dios, siempre podrás lograr lo que tengas en mente, Roberta.

De pronto mi viaje por el tiempo se interrumpió cuando la señora que estaba en el caluroso y húmedo ático me preguntó:

—¿Usted también conocía a Hillary Withers?

—Sí... Una vez le vendí algunos de estos cosméticos. Pero no entiendo por qué nunca los usó ni los regaló —dije limpiándome el sudor de la frente.

—Regaló muchos de ellos —afirmó la señora enfáticamente—, pero de alguna manera, muchos se extraviaron y vinieron a dar aquí.

—Pero, ¿por qué los compraba si no iba a usarlos?

—Ella compraba una marca especial de cosméticos para su uso personal —señaló en un tono confidencial—. Hillary sentía una debilidad especial por los vendedores de puerta en puerta. Nunca rechazó a ninguno. Y decía: "Podría darles dinero, pero el dinero por sí solo no compra el autorrespeto. Así que les doy un poco de mi dinero a cambio de sus productos, les presto un oído dispuesto a escuchar y comparto con ellos mi amor y mis oraciones. No sabes lo lejos que puede llevar a alguien un pequeño estímulo".

Hice una pausa recordando cómo habían mejorado mis ventas de cosméticos después de que visité a la señora Withers por primera vez. Le compré la chamarra nueva a mi madre con el dinero de mi comisión sobre la venta y todavía quedó suficiente para mi fondo de la universidad. Incluso gané varios premios regionales y nacionales por la venta de cosméticos. Tiempo después fui a la universidad y realicé mi sueño de convertirme en enfermera titulada. Más adelante hice una maestría y un doctorado.

—¿La señora Withers rezaba por todas esas personas? —pregunté, señalando las docenas de bolsas con pedidos sobre la mesa, gastadas por el tiempo.

—Desde luego que sí —aseguró—. Pero lo hacía sin el más mínimo deseo de que nadie lo supiera.

Pagué mis compras en la caja: la bolsa de cosméticos que le había vendido a la señora Withers y un pequeño relicario de oro en forma de corazón. Metí el relicario en la cadena de oro que llevaba al cuello y me apresuré rumbo al aeropuerto; más tarde me encontré dirigiéndome a la audiencia de una convención médica en Nueva York.

Cuando llegué al salón de baile del elegante hotel, subí al podio de oradores y examiné el mar de rostros de especialistas médicos de todo el país. De pronto me sentí tan insegura como aquel día vendiendo cosméticos en ese vecindario tan ajeno para mí.

"¿Puedo hacerlo?", me pregunté.

Mis dedos temblorosos buscaron el relicario, el cual se abrió mostrando una fotografía de la señora Withers. Escuché de nuevo sus suaves pero enfáticas palabras: "Con la ayuda de Dios, siempre podrás lograr lo que tengas en mente, Roberta".

—Buenas tardes —empecé despacio—. Gracias por invitarme a hablar sobre volver a incluir los cuidados de las enfermeras dentro del cuidado de la salud. A menudo se dice que la enfermería es el amor hecho visible, pero esta mañana aprendí una lección inesperada acerca del poder del amor que se profesa en secreto. Una clase de amor que se expresa no para que los demás se den cuenta, sino por el bien que puede hacer en las vidas de los demás. Algunos de nuestros actos más importantes de amor suelen

pasar inadvertidos hasta que han tenido el tiempo suficiente de impregnarse para que su "sabor" aparezca.

Entonces les conté a mis colegas la historia de Hillary
Withers y, para mi sorpresa, hubo un gran aplauso. Recé
en silencio: "Gracias, Dios mío y señora Withers". Y pensar que todo empezó con una olla perfecta de té.

Enfermera diplomada Roberta Messner

7

SOBRE SUPERAR LOS OBSTÁCULOS

Camina por un sendero de arco iris; camina por un sendero de melodía y todo lo que tenga que ver contigo, será bello. Existe una salida de toda llovizna oscura, si se toma la senda del arco iris.

Canción de los indios navajos

Almuerzo con Helen Keller

A mi marido y a mí nos encantaba nuestra casa en Italia. Estaba en lo alto de un acantilado, cerca de Portofino, tenía una extraordinaria vista del puerto azul y su blanca playa rodeada por cipreses. Sin embargo, "había una serpiente en nuestro paraíso": el camino hacia el acantilado. Las autoridades municipales se negaban a darnos el permiso para construir un camino apropiado en lugar de este camino de terracería. El único vehículo que podía subir por el estrecho camino y sortear las curvas cerradas, la cuesta empinada y los agujeros, era un viejo *jeep* del ejército estadounidense que habíamos comprado en Génova. No tenía ni amortiguadores ni frenos. Cuando queríamos que se detuviera, había que ponerlo en reversa e irse contra algo. Pero el *jeep* era indestructible y confiable en cualquier época del año.

Cierto día, en el verano de 1950, nuestra vecina, la condesa Margot Besozzi, que por necesidad también tenía un *jeep*, llamó para decirnos que su prima había llegado al pueblo con una acompañante, pero su *jeep* estaba descompuesto y me preguntaba si me importaría ir a buscar a las dos señoras en nuestro vehículo. Ellas se encontraban en el Hotel Splendido. Le dije que no había problema.

—¿Por quién debo preguntar en el hotel?

—Por la señorita Helen Keller.

—¿Por quién?

—Por la señorita Helen Keller, K-e-l-1...

—Margot, ¿estás hablando de Helen Keller?

—Claro —me respondió—. Es mi prima. ¿No lo sabías?

Me apresuré hacia el garaje, subí al *jeep* y corrí montaña abajo.

Cuando yo tenía doce años mi padre me regaló un libro sobre la vida de Helen Keller, escrito por Anne Sullivan, la notable mujer a quien el destino escogiera para ser la maestra de aquella niña ciega y sorda. Anne Sullivan había transformado a esa chiquilla rebelde y primitiva (cuando logró enseñarle a hablar) en un miembro civilizado de la sociedad. Todavía recordaba claramente la descripción de los primeros meses de la dura batalla física que libró esta mujer con la niña, hasta que llegó el momento glorioso en que sostuvo la mano izquierda de Helen bajo un chorro de agua y la pequeña ciega, sorda y hasta entonces muda, había hecho historia tartamudeando una palabra inteligible: "A-gua".

Al paso de los años leí varios artículos en los periódicos sobre Helen Keller y me enteré de que Anne Sullivan ya no se encontraba con ella y que actualmente otra persona la acompañaba a todas partes. Los pocos minutos que tardé en manejar colina abajo fueron insuficientes para hacerme a la idea de que iba a encontrarme personalmente con este personaje mítico de mi juventud.

Retrocedí el *jeep* contra una pared cubierta de bugambilias y me presenté en el hotel. Observé a una mujer alta y corpulenta que se levantó de una silla del hotel y me recibió: era Polly Thomson, la acompañante de Helen Keller. Una segunda figura se levantó despacio de la silla que estaba a su lado, y me tendió la mano. Era Helen Keller, que entonces aparentaba unos setenta años, una mujer pequeña, de cabello blanco, con grandes ojos azules muy abiertos y una tímida sonrisa.

—¿Cómo le va? —me dijo despacio y con un tono un tanto gutural.

Tomé la mano que ella mantenía demasiado en alto, porque obviamente aún no sabía, qué tan alta era yo. Ella cometía este error con las personas con que se encontraba por primera vez, pero nunca se equivocaba dos veces. Más tarde, cuando nos despedimos, tendió firmemente su mano hacia la mía, exactamente al nivel correcto.

Colocaron el equipaje en la parte de atrás del *jeep* y ayudé a la jovial señorita Thomson para que se sentara junto a él. El portero del hotel cargó el frágil cuerpo de Helen Keller y la sentó en el asiento delantero, al lado mío. Fue hasta ese momento que se me ocurrió pensar que esto iba a ser una tarea arriesgada. El *jeep* estaba abierto; no había nada de lo que uno pudiera sostenerse adecuadamente. ¿Cómo podía impedir que una mujer ciega y sorda no se cayera de esa carcacha cuando tomáramos una curva? Y esto tenía que hacerse con giros rápidos debido al ángulo y la condición general del *jeep*. Me volví hacia ella y le dije:

—Señorita Keller, debo advertirle que vamos a subir por una cuesta muy empinada. ¿Puede sostenerse firmemente de este trozo de metal del parabrisas?

Pero ella continuaba mirando con expectativa hacia adelante. Detrás de mí, la señorita Thomson me dijo con tono paciente:

—No puede oírla, querida, ni puede verla. Sé que es difícil acostumbrarse al principio.

Me sentí tan avergonzada que tartamudeé como una idiota, mientras intentaba explicar el problema al que nos íbamos a enfrentar. En todo ese tiempo, la señorita Keller nunca volteó la cabeza ni pareció sorprendida por el retraso. Permanecía sentada sin moverse, con una ligera sonrisa en su rostro, esperando pacientemente. La señorita Thomson se arrodilló sobre el equipaje y alcanzó su mano. Rápidamente movió los dedos de Helen hacia arriba, hacia abajo y a los lados, comunicándole en el lenguaje de sordos y ciegos lo que yo acababa de decir.

—No se preocupe —dijo Helen, riéndose—. Me sostendré bien.

Me armé de valor, le tomé las manos y las coloqué en el trozo de metal que había frente a ella.

—Muy bien —gritó alegremente y encendí la marcha.

El *jeep* arrancó con un salto y la señorita Thomson cayó del asiento y fue a dar encima del equipaje. No podía detenerme para ayudarla, debido a la empinada cuesta, la curva peligrosa que se avecinaba y la falta de frenos. Nos lanzamos hacia arriba, con mi vista fija en la estrecha senda y con la señorita Thomson sosteniéndose como un escarabajo en la parte de atrás.

Había llevado a muchos pasajeros en el *jeep* y todos se quejaban de la falta de amortiguadores, lo cual no era extraño, pues había que tomar en cuenta todos los peñascos y los agujeros, sin mencionar las cerradas curvas a través de los olivares, que sólo servían para disimular parcialmente el precipicio que había destrozado los nervios de algunos de nuestros invitados. Helen era la primera pasajera a quien no le importaba el peligro; estaba encantada con los violentos brincos y cuando era lanzada contra mi hombro, sólo reía. Entonces, Helen empezó a cantar.

—Esto es divertido —decía alegremente, mientras rebotaba arriba y abajo—. ¡Encantador!

Pasamos por nuestra casa a toda velocidad; con el rabillo del ojo pude ver a Giuseppe, nuestro jardinero, que cruzaba el camino, y continuamos hacia arriba. No tenía idea de cómo se las estaba arreglando la señorita Thomson, ya que el rugido del *jeep* hacía mucho tiempo que había ahogado sus angustiosas protestas. Lo que sí sabía era que Helen todavía estaba a mi lado. Sus delgados cabellos blancos se habían despeinado y estaban revueltos sobre su cara, disfrutaba del loco paseo como una niña montada sobre un caballito de madera en un carrusel.

Por fin tomamos la última curva y fuimos a detenernos entre dos higueras gigantes. Podía ver a Margot con su esposo que nos esperaban en el portón de su entrada. Sacaron a Helen en brazos y descargaron el equipaje; la señorita Thomson se puso de pie y se sacudió el polvo.

Me invitaron a almorzar. Mientras les mostraban sus habitaciones a las dos señoras para que pudieran refrescarse, Margot me habló sobre la vida de su prima. Helen era famosa en todo el mundo, en todos los países civilizados las personas célebres y renombradas querían conocerla y hacer algo por ella. Los jefes de Estado, los intelectuales y los artistas competían por recibirla, así que Helen había viajado por todo el mundo para satisfacer su inagotable curiosidad.

—Pero no lo olvides —me dijo Margot—, lo único que nota realmente es un cambio de olor. Ya sea que se encuentre aquí, en Nueva York o en la India, permanece en un silencioso agujero negro.

Tomadas del brazo con desenfado, como si acabaran de encariñarse, las dos ancianas atravesaron el jardín hacia la terraza donde las esperábamos.

—Esas deben ser glicinias —dijo Helen—, y creo que hay muchas. Reconozco su aroma.

Fui a recoger un gran ramo de las flores que rodeaban la terraza y lo coloqué sobre su regazo.

—¡Sabía que eran estas! —gritó alegremente, tocándolas.

Desde luego, la dicción de Helen no era normal. Hablaba atropelladamente, como alguien que ha sufrido una embolia, y sus consonantes eran lentas y forzadas. Se volvió hacia mí directamente, al percatarse del lugar donde me había sentado.

—Mire usted, vamos rumbo a Florencia para ver al *David* de Miguel Ángel. Estoy tan emocionada. Siempre he querido verlo.

Desconcertada, miré a la señorita Thomson, quien asintió con la cabeza.

—Es verdad —dijo—. El gobierno italiano ha colocado un andamio alrededor de la estatua para que Helen pueda subir a tocarla. Esto es lo que ella quiere decir con "ver". A menudo vamos al teatro en Nueva York y yo le digo lo que está pasando en el escenario y le describo a los actores. Algunas veces vamos tras bastidores para que pueda "ver" las escenografías y a los actores. Así, llega a casa sintiendo que en realidad ha sido testigo de una representación teatral.

Mientras hablábamos, Helen permanecía sentada esperando. Algunas veces, cuando nuestra conversación era demasiado larga, yo veía cómo sus delgados dedos tomaban la mano de su amiga inquisitivamente, pero nunca con impaciencia.

El almuerzo se sirvió en la terraza. Helen fue conducida a su silla y observé cómo "miraba" su lugar en la mesa. Rápidas como un relámpago, sus manos se movían sobre los objetos que se encontraban en la mesa: platos, vasos, cubiertos de plata, memorizando su ubicación. Durante el almuerzo nunca se movió con torpeza; extendía la mano casual y firmemente, como el resto de nosotros.

Después del almuerzo permanecimos a la sombra de la terraza, rodeados por racimos de glicinas, como si formaran una gruesa cortina color malva con el sol por debajo de nosotros, brillando en el mar.

Helen se sentó como acostumbraba, con la cabeza un poco levantada, como si escuchara algo, y con sus ojos azules sin vida muy abiertos. Su rostro, aunque era el de una señora ya mayor, reflejaba la inocencia de una colegiala. No importa qué sufrimiento la había atormentado y, por todo lo que yo sabía, seguía atormentándola, pero su cara no lo revelaba. Se trataba de un rostro aislado, un rostro beatífico.

Le pregunté, por medio de su amiga, qué más quería ver en Italia. Entonces fue describiendo despacio su itinerario por Italia; todos los lugares que deseaba visitar y las personas a quienes quería conocer. Increíblemente, hablaba bastante bien el francés y podía hacerse entender en alemán y en italiano. La escultura era, naturalmente, su forma favorita de arte, ya que podía tocarla y experimentarla de primera mano.

—Todavía existe tanto que me gustaría ver —dijo—, tanto por aprender. Y la muerte está a la vuelta de la esquina. No es que eso me preocupe, al contrario.

—¿Cree usted en la vida después de la muerte? —le pregunté.

—Definitivamente —me contestó enfática—. No es más que pasar de una habitación a otra.

Permanecimos en silencio.

De repente, Helen habló de nuevo. Despacio y muy claramente dijo:

—Pero existe una diferencia para mí, porque en esa otra habitación yo podré ver.

Lilli Palmer

Un niño a la vez

La paciencia y la perseverancia tienen un efecto mágico ante el cual las dificultades y los obstáculos desaparecen.

John Quincy Adams

Me considero una persona sencilla. Amo a mi esposo y a mis hijos, y definitivamente consiento mucho a mis nietos. Siento mucha ternura por los niños, por todos los niños. Especialmente por aquellos que han nacido con deficiencias físicas y no pueden evitar su situación, me parece que ellos merecen disfrutar de la vida tanto como cualquier otro niño.

Mi sobrino Stevie nació sin glándulas sudoríparas, una enfermedad llamada síndrome de agotamiento por calor (HED por sus siglas en inglés). Esto significaba que cualquier clase de ejercicio podía ocasionarle un sobrecalentamiento en el organismo y dañar su sistema seriamente. ¡Jugar podía matarlo! Era algo horrible tener que impedir que un niño se excediera en sus movimientos. Él no podía entender por qué no le permitíamos divertirse y correr como todos. ¿Qué niño puede vivir sin jugar?

Perturbada, un día le comenté a mi esposo:

—Si podemos mandar un hombre a la Luna, ¡debe haber *algo* que podamos hacer por Stevie! Eso me puso a pensar, y la conclusión lógica de *esa* cadena de pensamientos fue la NASA.

—Voy a llamar a la NASA —dije con firmeza.

Mi sorprendido esposo se burló:

—¿*Tú* vas a llamar a la NASA? Mi amor, eres una ama de casa. ¿Qué les vas a decir a los de la NASA?

No lo sabía con exactitud, pero pensé que valía la pena intentarlo. Así que los llamé. Fue increíble pero, de alguna manera, hablé con alguien que parecía que podía ayudarme. Cuando le expliqué el problema de Stevie, el hombre al otro extremo de la línea lo pensó un momento y me habló sobre el "traje fresco". Me dijo que lo habían utilizado en las misiones a la Luna y pensaba que podía servirle a Stevie. Yo estaba emocionada.

Pero siempre hay una complicación: el traje fresco costaba 2 600 dólares. Una cantidad de dinero que, por supuesto, no teníamos. Pero sabía que debía encontrar la manera de conseguir ese dinero. Tenía que hacerlo.

Y lo hice. Organicé ventas de garaje y de alimentos horneados, vendí *hot dogs* y hamburguesas afuera del centro comercial de la localidad. Poco a poco el dinero empezó a juntarse. Compramos el traje fresco y metimos a nuestro hombrecito en él. Stevie tenía entonces ocho años, y la expresión de su cara cuando le dijimos que podía ayudar a su papá a cortar el césped logró que todo lo que habíamos hecho valiera la pena. Después se montó en su bicicleta y "voló" por la banqueta con alas de felicidad.

La NASA siguió el progreso de Stevie con interés. Estaban emocionados ante la oportunidad de utilizar la tecnología espacial de esta manera. Preguntaron si podían hacer un documental sobre Stevie y el traje fresco, estuvimos de acuerdo.

Cuando el documental salió al aire empezaron a llegar muchas cartas y llamadas de padres de niños con HED. Todos pedían:

"Por favor, ayude a mi hijo." No podía darles la espalda a todas esas familias desesperadas. Conocía muy bien el dolor por el que estaban pasando.

Así que creé una fundación con el fin de reunir dinero para que esos niños pudieran tener, cada uno, sus propios trajes frescos. Seguíamos reuniendo dinero de manera convencional, pero ahora, gracias a la fundación, yo podía acercarme tanto a empresas como a hombres de negocios. Les pedí a todos, a menudo con urgencia, que donaran lo que pudieran para que la vida de un niño pudiera ser "vivida" de nuevo.

Han pasado diez años. Stevie se ha convertido en un joven prometedor y está preparándose para asistir a la universidad. Todavía usa su traje fresco cuando va de campamento o a pescar. ¡Yo le digo bromeando que lo tenga a la mano ahora que ya tiene novia!

La fundación ha ido progresando y fortaleciéndose. Hasta ahora hemos ayudado a más de 400 niños con diferentes enfermedades extrañas para que lleven vidas más normales. Cada caso es diferente y requiere de una atención individual. Apenas el año pasado escuché hablar de una familia inglesa con dos niños pequeños, Kyle de seis años y Ryan de cuatro, quienes padecen una enfermedad en la piel llamada melanosis lenticular progresiva. Los niños no se podían exponer a los rayos ultravioleta, pues corrían el riesgo de que les diera algún tipo de cáncer en la piel. No podían jugar bajo el sol y tenían que permanecer bajo techo, en habitaciones oscuras, porque incluso un foco de cuarenta watts podía resultar peligroso para ellos.

Una vez más, la tecnología espacial de la NASA entró al rescate. Confeccionaron para esos niños pequeños trajecitos de astronautas que los protegían totalmente de los rayos ultravioleta, de esa manera tuvieron su primer día al aire libre ¡en Disney World! Sus sonrisas eran tan luminosas como el brillo del sol con el que disfrutaron ese día.

Las personas de la NASA me llamaron hace dos años y me preguntaron si podía trabajar con ellos como asesora. ¡Yo! Una ama de casa, una abuela que nunca había asistido a la universidad. Me reí, pero estaban hablando en serio. Uno de los hombres con los que había estado en contacto, el señor Calloway, dijo que yo tenía mente de ingeniero. Me dijo que la manera en que enfrentaba los problemas era tan eficaz como los métodos que ellos usaban. Él comentó:

—Sarah, si usted se hubiera proyectado en esta dirección cuando estaba en la escuela, probablemente hoy en día estaría trabajando aquí en la NASA, dentro del programa espacial. Siempre podemos utilizar un buen cerebro aquí.

Yo no sé nada sobre eso, pero sé que cuando surge un problema, siempre hay una parte de mí que dice claramente: "¡Puedo hacerlo!" Y si me encuentro en problemas o me desanimo, escucho una voz interna que me dice: "¡No te des por vencida todavía!" Sé que en realidad nunca podría darme por vencida, porque no hay otra persona que se preocupe por estos niños. Sus enfermedades son demasiado raras o poco conocidas para las organizaciones que regularmente prestan ayuda.

Es asombroso lo que se puede iniciar con una simple llamada telefónica. El sufrimiento de Stevie me estimuló a encontrar una manera de ayudar. Parece muy obvio ahora, pero hace diez años la NASA simplemente no sabía que tenía la llave para permitir a tantos pequeños vivir como niños otra vez, siendo capaces de jugar, correr y percibir el dulce aire del exterior.

Como esposa y madre, como una abuela preocupada, y ahora como asesora de la NASA, estoy segura de que me pusieron aquí para realizar este trabajo con el fin de mejorar las vidas de estos niños, atendiendo un niño cada vez.

Sarah Ann Reeves Moody

Baja en grasa y feliz

Se puede conquistar lo que estamos seguros de poder hacer.

Virgilio

Cuando se es niño, es difícil verse diferente a los demás. Yo tenía diez años, era más alta y con mayor peso que la mayoría de las niñas, y fue entonces cuando empecé a esconder la comida. Me sentía bastante mal debido a mi gordura; cuando los demás se burlaban de mí me hacían sentir peor aún y me refugiaba en la comida para consolarme.

Durante un tiempo traté de bajar de peso bruscamente, de tal manera que pudiera acercarme a las tallas de mis amigas, pero mi madre no lo permitía. Ella siempre decía:

—Debes estar orgullosa de tu tamaño. Nunca has visto a una modelo bajita, ¿o sí?

Eso llamó mi atención. Para mí la palabra "modelo" simbolizaba belleza, la cual ciertamente no estaba incluida en el vocabulario que usaba para describirme.

Un día me puse a llorar porque los muchachos se fijaban en mis amigas y no en mí. Mamá volvió a hablar conmigo. Recuerdo lo dulce y consolador de sus bellos ojos azules, que me recordaban los de un bebé, cuando me contó la historia de *El patito feo*: de cómo la belleza de esa ave le fue revelada cuando llegó su momento. Mamá decía que todos tenemos nuestro tiempo para brillar en la tierra.

—Este es su tiempo —me decía—. Tu momento vendrá cuando te conviertas en mujer.

Escuché la historia de mamá una y otra vez durante los años de mi crecimiento, pero en realidad mi tiempo no parecía llegar.

Crecí, me casé y empecé a tener bebés. Después del nacimiento de cada uno de mis tres hijos, siempre me quedaba con diez kilos de más. Cuando quedé encinta de mi último hijo, comencé el embarazo pesando 95 kilos. Después de eso abandoné durante ocho años la idea de volver a tener un peso normal. Era la primera en hacer bromas sobre mi gordura, riéndome por fuera con los demás, pero llorando intensamente para mis adentros. Ocultaba ante mi familia los "atracones" de comida que me daba, odiándome por lo que hacía, pero incapaz de controlarme.

A los treinta y cuatro años pesaba cerca de 136 kilos. Sufría de dolores las veinticuatro horas del día por problemas degenerativos en los discos de la columna. Sentía que mi cuerpo se estiraba y se aplastaba al mismo tiempo. Subirme a las básculas pesando 136 kilos se convirtió en un momento decisivo en mi vida. La báscula marcaba esa enorme cifra, pero yo me sentía en cero. Comprendí con sorprendente claridad que si no tenía control sobre mi vida, no estaría aquí por mucho tiempo. Pensé en mis preciosos hijos: no estaría junto a ellos para verlos crecer, me perdería de sus primeros noviazgos en la adolescencia, sus primeras decepciones, sus bailes de fin de cursos, sus licencias de manejo, sus graduaciones y sus bodas. Nunca cargaría a mis nietos. En ese momento supe que tenía dos opciones: vivir o morir. Algo explotó dentro de mí y me escuché gritar:

—¡Voy a vivir! ¡Merezco vivir, vivir, vivir!

Grité lo suficiente como para despertar a mi *nuevo yo*. ¡Cómo deseaba vivir ese día! Experimenté un impulso dentro de mí que no había sentido antes. Supe entonces que haría todo lo necesario para ganar esta batalla. No volvería a abandonarme ni a darme por vencida.

Esta poderosa fuerza que me invitaba a vivir era una fuerza de amor. Sentí un chispazo de amor por mí misma, tal como era, un chispazo que había dejado de sentir durante mucho tiempo. Decidí, por primera vez en mi vida, que perdería peso de una manera saludable. En el pasado había abusado de las dietas tanto como de la comida. Me había matado de hambre para bajar de peso hasta el punto en que llegué a perder el cabello y tener una visión borrosa.

Esta vez me fijaría pequeñas metas para que, al alcanzarlas, tuviera la confianza de seguir adelante. Aprendí a preparar y disfrutar alimentos saludables y bajos en grasa. También implanté una nueva manera de hablar conmigo misma sobre la comida. Cuando la comida "me llamaba", en lugar de decir: "Adelante, chica, come. ¿Quién se va a enterar?" La nueva Teresa era firme y decidida: "¡No! Ya no voy a comer a escondidas y sintiéndome culpable. Comeré cuando yo lo decida, no cuando lo dicte la comida". Qué maravilloso era cuando lograba superar otro día sin hacer trampas.

Lo que me costaba más trabajo era concentrarme en todas las cosas positivas de mi vida. Siempre había sido muy buena para animar a los demás; ahora comprendía que la persona que más me necesitaba era yo misma. Me forcé a usar maquillaje porque me hacía sentir orgullosa de mi persona. Algunos días ese era justamente el empujoncito que necesitaba para seguir adelante. Cuando fui bajando de peso y me veía más delgada, mi autoconfianza fue creciendo cada vez más.

Recuerdo la primera vez que pude ir al departamento de tallas regulares y no al de tallas extragrandes de la tienda local. Lloré mientras echaba una mirada a todos los anaqueles con ropas que sabía iba a poder ponerme. Tomé veinte trajes y me dirigí al probador. La encargada levantó las cejas con sorpresa, mientras me preguntaba:

—¿Todos estos?

—*Todos* estos —contesté con orgullo y sonreí ampliamente. Al probarme unos pantalones de mezclilla me invadió una maravillosa sensación de libertad. "Voy a lograrlo", pensé.

En nueve meses perdí 49 kilos, pero luego me estanqué. Durante años le había echado la culpa de mi sobrepeso a un metabolismo lento, y siempre había luchado contra el ejercicio al igual que me negaba a perder peso. Ahora sabía que no podía seguir adelante si no ponía mi cuerpo en movimiento. Recuerdo que me dije: "Muchacha, Dios no te ha bendecido con un gran metabolismo, pero sí con dos piernas, así que sal y haz algo con respecto a ese metabolismo lento". Así lo hice.

Estacioné mi automóvil cerca de un campo de trigo en los alrededores de mi casa y caminé a lo largo de la cerca hasta llegar al otro extremo del campo, de kilómetro y medio de largo. Si quería regresar a casa, tenía que volver hasta mi automóvil, así que no tenía otra opción que caminar el kilómetro y medio de regreso. Al principio fue difícil, pero se fue haciendo fácil con el paso de las semanas y los meses.

En ocho meses más alcancé mi peso correcto de 77 kilos. ¡Había perdido 60 kilos! Con 1.80 metros de estatura, soy talla doce. Lo mejor de todo es que estoy viva, no sólo en cuerpo sino también en espíritu.

Ahora mi esposo coquetea conmigo y nuestros hijos piensan que actuamos de manera extraña porque nos sentimos muy contentos juntos. Además puedo ser una mamá activa con mis hijos, tal y como siempre lo soñé. Vamos a pescar, jugamos a la pelota o tan sólo salimos por ahí, increíblemente, tengo la energía suficiente para seguirles el paso.

Hoy en día, a los 36 años, me siento bendecida con una nueva carrera. Escribir y publicar mi libro de cocina baja en grasas ha sido una de las aventuras más excitantes.

Gracias a ese libro y a las pláticas de motivación que doy para promoverlo, he tenido la oportunidad de llegar a otros que, al igual que yo alguna vez, han perdido la esperanza de bajar de peso y obtener el control de sus vidas.

Para mí, perder peso fue como elegir la vida una y otra vez. Recuerdo un día en que realizaba una de mis caminatas por el campo de trigo y extendí la mano a través de la cerca para tomar una rama de trigo que llevé en la mano mientras caminaba. Recordé que en la escuela aprendí que para los antiguos griegos el trigo representaba la vida. Así que, cuando sentía que iba a darme por vencida, miraba la rama de trigo que llevaba en la mano y me motivaba a terminar mi caminata de tres kilómetros.

Todavía conservo esa rama de trigo. Cuando tengo un día difícil, la miro y me recuerda a aquella niña y después a la mujer que durante años pensó que no había esperanza, pero que a través de la fe, del valor y del amor, encontró su esperanza y su vida de nuevo. Me ha llegado, al fin, mi tiempo de brillar.

Teresa Collins

Mensaje de graduación

Soy un abogado especializado en divorcios. A veces siento que ya he escuchado y visto todo, pero hace diez años entró en mi oficina una mujer con un caso completamente nuevo, y desde entonces, ni mi vida ni mi práctica profesional han sido las mismas.

Su nombre era Bárbara; cuando entró en mi oficina con una indumentaria muy sencilla, supuse que tendría aproximadamente diecinueve años y que era una mujer bastante ingenua.

Estaba equivocado. Tenía treinta y dos años y cuatro hijos (entre los tres y los nueve años). He escuchado muchas historias brutales, pero el abuso físico, mental y sexual que Bárbara había sufrido a manos de su marido hizo que me enfermara del estómago.

Aún así, terminó dándome una descripción de sus antecedentes, diciendo:

—¿Sabe, señor Concolino?, no todo es culpa suya. Mis hijos y yo hemos permanecido en esta situación por decisión mía; asumo la responsabilidad por eso. Sabía que el final de mi sufrimiento llegaría sólo cuando decidiera que había padecido lo suficiente, y he llegado a esa decisión. Quiero romper el ciclo.

Había estado practicando la abogacía durante quince años en esta especialidad, y tengo que admitir que en mi mente sentía un gran placer de sólo pensar en clavar a ese tipo en la pared.

—¿Usted cree en el perdón, señor Concolino? —me preguntó.

—Sí, claro —le dije—. Creo que todo en la vida da la vuelta, y que si intentamos hacer lo correcto, esa bondad regresa a nosotros. Mis clientes que no han querido perdonar, han retrasado la cura de sus heridas internas.

Aquellas palabras eran tan comunes para mí que casi se pronunciaron solas. Sin embargo, si alguien tenía razón para estar llena de rabia era Bárbara.

—Yo también creo en el perdón —me dijo en voz baja—. Creo que si mantengo el coraje que tengo contra mi marido, sólo servirá para alimentar el fuego del conflicto y mis hijos son los que se quemarán —sonrió angustiada—. El problema es que los niños son muy listos. Saben si he perdonado a su padre de verdad... o si sólo estoy hablando por hablar. Así que realmente tengo que dejar ir mi enojo. Aquí es donde necesito que usted me haga un favor.

Me incliné sobre el escritorio, atento.

—No quiero este divorcio para estar llena de resentimiento. No quiero culparlo de todo a él. Lo que más deseo es perdonarlo de verdad, y que tanto usted como yo actuemos en consecuencia —hizo una pausa y me miró fijamente a los ojos—. Quiero que me prometa que va a apoyarme en esto.

Tengo que decir que esta petición iba en contra de mi mejor criterio profesional, pero estaba de acuerdo con mi lado humano, y había que ponerlos de acuerdo.

—Actuaré lo mejor que pueda —le dije.

No fue fácil. El marido de Bárbara no tenía ningún interés en tomar una actitud de cordura. La siguiente década estuvo marcada por desagradables difamaciones hacia ella y periodos de falta de pago para la manutención de los niños. Incluso hubo ocasiones en que ella pudo meterlo a la cárcel, pero nunca lo hizo.

Después de otra sesión judicial a su favor, me alcanzó en el corredor.

—Ha mantenido su promesa, Bob —me dijo y rió—. Admito que ha habido momentos en que he querido maldecirlo por hacer que me apegue a mis creencias. Todavía me pregunto en ocasiones si ha valido la pena. Pero se lo agradezco.

Sabía lo que ella quería decir. En mi opinión, su ex marido continuaba violando las normas básicas de la decencia. Sin embargo, ella nunca había respondido a este respecto.

Finalmente Bárbara se casó cuando encontró al amor de su vida. A pesar de que el asunto legal estaba concluido, yo disfrutaba de recibir su tarjeta de Navidad en la que me contaba cómo estaba la familia.

Cierto día recibí una llamada.

—Bob, habla Bárbara. Necesito verlo para mostrarle algo.

—Claro —le dije.

"¿Ahora qué?", pensé. "¿Cuánto tiempo va a seguir este tipo con esto? ¿Cuánto tiempo falta para que ella finalmente reviente?"

La mujer que entró en mi oficina era encantadora y desenvuelta, más llena de confianza en sí misma de lo que estaba hace diez años. Hasta parecía diferente su manera de caminar.

Cuando me levanté para saludarla, me mostró una foto que le tomaron a su hijo en su último año de preparatoria. John llevaba puesto su uniforme de futbol; su padre estaba de pie a su izquierda, rígido e indiferente. El muchacho veía orgulloso a su mamá, que estaba cerca de él con una sonrisa cálida en su rostro. Sabía por sus cartas navideñas que se había graduado en una preparatoria privada de mucho prestigio.

—Esto fue después de que anotó el *touchdown* con el que ganaron el juego de campeonato —sonrió abiertamente—. ¿Le mencioné que ese juego le dio a su equipo el primer lugar de la clasificación en Estados Unidos?

—Creo que escuché algo de eso —sonreí.

—Lea la parte de atrás —me dijo.

Volteé la fotografía para ver lo que su hijo había escrito.

Mamá:

Quiero que sepas que has sido la mejor mamá y el mejor papá que un muchacho podría tener en su vida. Estoy seguro de esto por todo lo que hizo papá para hacernos la vida miserable. Incluso cuando se negaba a pagar todo lo que debía para nuestra escuela tú trabajaste más para que a ninguno de nosotros nos faltara nada. Creo que lo mejor fue lo que nunca hiciste. Nunca nos hablaste mal de papá. Nunca me dijiste que él tenía otros hijos qué mantener; él fue quien me lo dijo.

Con todo mi amor te agradezco que no nos hayas criado en una casa donde el otro padre era el único malo, como les ocurrió a mis amigos que pasaron por los divorcios de sus padres. Papá es y ha sido un tonto, yo lo sé, no debido a ti, sino porque él así lo demostró. Yo los amo a los dos (probablemente tú me darías una nalgada si te dijera que no amo a papá), pero yo te amo, te respeto y te admiro a ti más que a nadie sobre la faz de la Tierra.

Te amo,
John

Bárbara se veía radiante y los dos supimos que había valido la pena.

Robert A. Concolino

Nuestro niño de Navidad

Siendo hija única, la Navidad era para mí un tranquilo acontecimiento. Juraba que algún día me casaría, tendría seis hijos y en mi casa la Navidad vibraría con vehemencia y amor.

Encontré al hombre con el que compartí mi sueño, pero nunca tomamos en cuenta el riesgo de la esterilidad. Sin desanimarnos, hicimos una solicitud para realizar una adopción, al año llegó el bebé.

Lo llamamos *nuestro niño de Navidad*, porque llegó a nosotros durante esa época de alegría, cuando sólo tenía seis días de nacido. Entonces, la naturaleza nos sorprendió de nuevo. En rápida sucesión agregamos dos hijos biológicos a la familia; no eran tantos como hubiéramos deseado, pero si lo comparaba con mi tranquila niñez, tres eran ya una multitud totalmente aceptable.

Cuando nuestro niño de Navidad creció, dejó muy claro que él era el único experto en seleccionar y decorar el árbol de Navidad todos los años. Anhelaba que llegara la temporada navideña y empezaba a hacer su lista de regalos antes de que termináramos con el pavo del Día de Acción de Gracias. Nos apremiaba para que cantáramos villancicos, aunque lo hiciéramos como ranas, contrastando con su don musical y su perfecto matiz de voz. En cada Navidad nos revolucionaba tanto, que nos sumía en un caos de alegre celebración.

Nuestros amigos tenían razón al pensar que los hijos adoptados eran diferentes. A través de su herencia única, nuestro niño de Navidad le dio color a nuestras vidas con su irreprimible alegría y su ingenio dominante. Hizo que nos viéramos y comportáramos mejor de lo que éramos.

Sin embargo, en su Navidad número veintiséis, nos dejó tan inesperadamente como había llegado. Se mató en un accidente automovilístico, en una helada calle de Denver, cuando iba camino a casa con su joven esposa y su pequeña hija. Pero antes se había detenido en la casa familiar para decorar nuestro árbol, un ritual que nunca abandonó.

Aturdidos por el dolor, su padre y yo vendimos esa casa donde los recuerdos se aferraban a cada rincón. Nos mudamos a California, dejando atrás a nuestros amigos y nuestra iglesia.

Durante los diecisiete años que siguieron a su muerte, su viuda volvió a casarse; su hija se graduó de la preparatoria; mi esposo y yo envejecimos lo suficiente para poder jubilarnos, y en diciembre de 1986 decidimos regresar a Denver.

Llegamos a la ciudad durante el final de una ventisca, pasando por calles inundadas de luces. Queriendo escapar de toda esa luz, fijé la vista en las lejanas Montañas Rocosas, donde a nuestro hijo adoptivo tanto le gustaba ir en busca del árbol perfecto. Ahora, en las faldas de esas montañas se encontraba su tumba, una tumba que yo no soportaba visitar.

Nos instalamos en una pequeña casita, muy diferente de la casa familiar en la que hacía años habíamos organizado nuestras vidas. Esta era tranquila, como la casa de mi niñez. Nuestro otro hijo ya se había casado comenzando sus propias tradiciones navideñas en otro estado del país. Nuestra hija, que era artista, parecía sentirse realizada con su carrera.

Un día, mientras permanecía observando las montañas coronadas de nieve, escuché que un automóvil se detenía y tocaban con insistencia el timbre de la puerta. Allí estaba nuestra nieta; en sus ojos color verde grisáceo y su gesto divertido vi el reflejo de nuestro niño de Navidad.

Detrás de ella, cargando un pino enorme, venían su madre, su padrastro y su medio hermano de diez años. Entraron alborotados de alegría; descorcharon una botella de vino y brindaron por nuestro regreso al hogar. Decoraron el árbol y apilaron paquetes de colores debajo de sus ramas.

—Vas a reconocer los adornos —me dijo mi ex nuera—. Eran los suyos. Los guardé para ti.

Cuando murmuré, recordando con dolor, que no habíamos tenido árbol de Navidad en diecisiete años, nuestra atrevida nieta dijo:

—Entonces ya es hora de que se animen.

Se fueron como en un torbellino, empujándose unos a otros en la puerta, pero no sin antes pedirnos que nos reuniéramos la mañana siguiente para ir a la iglesia y después comer en su casa.

—Lo siento —me disculpé—, no creo que podamos.

—¡Por supuesto que pueden! —ordenó nuestra nieta, tan "mandona" como lo había sido su padre—. Voy a cantar como solista y quiero verlos ahí.

Hacía mucho tiempo que habíamos dejado de asistir a los conmovedores servicios navideños, pero ahora, bajo presión, nos sentamos rígidos en la primera fila de la iglesia, luchando por contener las lágrimas.

Entonces llegó el momento del solo del coro. Se escuchó la magnífica voz de soprano de nuestra nieta que, amorosa y auténtica, echaba a volar con un tono perfecto. Cantó "Noche de paz" y nos trajo muchos recuerdos dulces y amargos. En una inusual respuesta emotiva, la congregación aplaudió con deleite. Cómo hubiera disfrutado su padre de este momento.

Nos habían advertido que vendrían muchas personas a la comida, pero ¡llegaron treinta y cinco! Todo un mundo de parientes llenaban cada una de las esquinas de la casa; había niños pequeños, bulliciosos y eufóricos que parecían hacer cimbrar las paredes. No podía distinguir quién pertenecía a quién, pero eso no importaba. Todos pertenecían a todos. Nos aceptaron, envolviéndonos con alegre compañerismo y familiaridad. Cantamos villancicos con gritos estridentes y fuera de tono, que sólo salvaba nuestra asombrosa soprano.

Días después de esa comida, antes del ocaso invernal, se me ocurrió que una verdadera familia no siempre la forman los de nuestra propia sangre. Es una relación del corazón. Si no hubiera sido por nuestro hijo adoptado, no estaríamos ahora rodeados del cariño de extraños que nos ayudaban a poder escuchar la música otra vez.

Más tarde, nuestra nieta nos pidió que la acompañáramos.

—Yo manejaré —dijo—. Hay un lugar al que quiero ir.

Se puso detrás del volante y, con la confianza de un chofer al que le acaban de dar su licencia de conducir, se lanzó hacia las faldas de la montaña.

Junto a la lápida mortuoria había una pequeña piedra esculpida en forma de corazón, un poco agrietada, pintada por nuestra hija, la artista. En su desgastada superficie había escrito: "A mi hermano, con amor". Y en el extremo superior de la tumba estaba colocada una lustrosa corona de Navidad. Supimos que nuestro segundo hijo mandaba una cada año.

Mientras permanecíamos de pie junto a la tumba en el frío pero, de alguna manera, confortable silencio, no estábamos preparados para la siguiente maniobra de nuestra imprevisible nieta. Una vez más su voz, tan parecida a la de su padre, se elevó en una melodía, y en la ladera de la montaña se escuchó el eco del estribillo de "Alegría para el mundo" sin parar, hasta el infinito.

Cuando concluyó la última nota sentí, por vez primera desde la muerte de nuestro hijo, una sensación de paz, una positiva continuidad en la vida y una renovada fe y esperanza. El verdadero significado de la Navidad nos había sido devuelto. ¡Aleluya!

Shirley Barksdale

El cumpleaños de Judy

Este es un valioso consejo que una vez escuché que le daban a un joven: "Haz siempre aquello que tengas miedo de hacer".

Ralph Waldo Emerson

No estoy muy segura de cómo o cuándo nos encontramos Judy y yo. Todo lo que sé es que cuando ella entró en mi vida, un rayo de sol traspasó las nubes. En un momento en que mi mundo se desmoronaba, Judy analizó las posibilidades opuestas y encendió la chispa que yo necesitaba para crear una nueva vida... una vida después de la esclerosis múltiple.

En 1979 me diagnosticaron esclerosis múltiple primaria progresiva. No pasó mucho tiempo antes de que empezara a evitar todas las actividades familiares, excepto las más esenciales. Mi nivel de energía era bajo. Si lograba vestirme, tenía que tomar una siesta de dos horas. Cuando ya no pude ponerme de pie por mí misma o moverme de un lugar a otro, me sentí devastada. Las cosas que solía hacer sola, estaban disminuyendo. Mi mundo se hacía más pequeño cada día. Para 1984 usaba una andadera todo el tiempo, pues tenía inutilizadas las piernas y no podía controlar ni mi brazo ni mi mano derecha.

Sin embargo, todos estos cambios en mi vida no asustaron a Judy como sí lo hicieron con algunos de mis amigos. A ella no le importaba que no pudiera cuidarle a los niños o llevarlos a la escuela como ella lo hacía. Judy sólo se preocupaba por mí y por lo que estaba padeciendo.

Una de las muchas cosas que Judy hizo por mí fue animarme a escribir. Antes de criar a sus propios hijos había sido maestra de inglés. Después de leer un par de cosas que escribí, Judy se percató de algo que yo no había visto: que podía escribir. Fue mi guía y mi apoyo para superar todos los años en que había dudado tanto de mí misma. Su amable insistencia siempre era sensible y comprensiva. Se daba cuenta de la factura que la esclerosis múltiple le estaba pasando a mi vida, pero no se daba por vencida conmigo. Muchas veces me ayudó a levantarme cuando me sentía derrotada. Me hizo tener la esperanza de que aún había algo importante que me correspondía hacer en esta vida.

No era extraño que Judy tuviera un maravilloso círculo de amistades y que esos amigos también me aceptaran. Cuando Judy estaba a punto de cumplir cuarenta y cinco años sus amigos quisieron festejarla de una manera especial. Querían ir manejando de nuestra ciudad natal, Madison, Wisconsin, hasta Milwaukee para almorzar y encontrarse con otros dos amigos que recientemente se habían mudado a Milwaukee. Las muchachas querían que yo me les uniera.

Mi respuesta inicial fue que no podía ir. Milwaukee estaba a hora y media de Madison y yo no podía estar tanto tiempo lejos de casa sin ir al baño. Nadie, además de mi marido David, me había ayudado alguna vez a ir al baño. ¿Y quién me cargaría para meterme y sacarme del asiento del pasajero de nuestra gran camioneta con acceso para silla de ruedas y me ayudaría a tomar mi andadera? Sólo David había hecho eso alguna vez. ¿Y si el restaurante al que todos quisieran ir no fuera accesible? Y lo más importante de todo: ¿podría pasar un día entero de actividad sin mi siesta diaria?

Por lo regular soy una persona positiva y optimista, pero en ese momento tuve miedo de que esta aventura fuera demasiado para mí. Entonces Judy me llamó. Su alegre acento de Oklahoma siempre me hacía sonreír, y dijo que no habría fiesta sin mí. Habían seleccionado un restaurante con rampas para sillas de ruedas y con baño accesible. Las muchachas acordaron hacer todo lo que fuera necesario para ayudarme incluso a ir al baño. Así que me pedían que lo reconsiderara y asistiera. Durante días vacilé entre ir y no ir hasta que, una por una, las muchachas llamaron para hablar conmigo sobre la aventura del cumpleaños. Mientras más hablábamos, más empecé a creer que quizá pudiera lograrlo. Las muchachas y yo habíamos compartido tanto: nacimientos, muertes, problemas matrimoniales, los desafíos de criar a los niños y el envejecimiento de los padres. Durante años habíamos sido "una familia fuera de casa". Estas mujeres conocían mis limitaciones y sabían lo que me estaban ofreciendo. ¿Por qué no podía aceptarlo? ¿Estaba interponiéndose mi orgullo?

Durante años renuncié a pedazos de mi vida. Y cada vez que renunciaba a algo como trabajar, manejar, vestirme, estar de pie, la oportunidad se iba para siempre. ¿Era esta una oportunidad para regresar por algo a lo que había renunciado en mi vida?

Pienso que lo que inclinó la balanza fue mi amor y respeto por mi amiga Judy. Esto era algo que yo podía y debía hacer por ella. Con la ayuda y el estímulo de todas, me sentí deseosa de asumir el riesgo y unirme a la celebración.

Para prepararme descansé durante varios días antes de la fiesta; cuando llegó el día, David me cargó y me colocó en el asiento de la camioneta mientras las muchachas observaban. Acto seguido metió una andadera de 50 kilos en la cajuela. Hablamos sobre cómo podrían sacarme de la camioneta en Milwaukee y cómo volver a meterme para regresar a casa. Dos o tres de mis compañeras me ayudarían en cada uno de los traslados. Ninguna pareció preocupada. Su actitud era: "Queremos saber lo que tenemos que hacer para llevarlo a cabo". Discutimos cómo me ayudarían en el baño, y dos amigas más se ofrecieron para esa tarea.

Me alegraba que todas participaran, aunque nunca deseé llegar a ser una carga para nadie.

Con todas las instrucciones repasadas, mi esposo me dio un beso deseándome buena suerte y partimos.

¡El viaje a Milwaukee y la fiesta resultaron un éxito! Nos reímos, contamos chistes, hablamos de cosas pasadas y creamos nuevas cosas para recordar. Regresé a casa cansada pero contenta. La había pasado maravillosamente bien y esa noche lloré de felicidad por lograr hacer algo que pensé que *nunca* conseguiría: darme la oportunidad de aceptar la ayuda de los demás fue lo más importante que pude hacer por mí misma.

Y si bien celebramos el cumpleaños de Judy, en realidad fui yo quien recibió el regalo más extraordinario.

Shelley Peterman Schwarz

Olimpiadas especiales

Hace un par de años, cuando estaba en la universidad, me ofrecí como voluntaria para estar en la línea de meta "recibiendo a los competidores" en las Olimpiadas Especiales que se realizaron en la ciudad de Richmond, Kentucky. Debido a que estaba estudiando para graduarme como maestra de educación especial, tenía mucho interés en los juegos y en las personas, y quería estar más involucrada con ellos.

El día de las competencias amaneció nublado, húmedo y gris. Llegué temprano y observé a los participantes que venían acompañados de sus familiares, amigos y grupos escolares. Aunque empezaba a llover y soplaba un viento frío, no escuché que alguien se quejara. De hecho, la mayoría de los participantes estaban tan entusiasmados que el mal tiempo no parecía afectarles en lo más mínimo.

Cuando el cielo empezó a aclararse un poco, dieron inicio los primeros juegos. Mi trabajo, junto con otras personas, consistía en estar de pie frente a un carril y abrazar a los participantes que cruzaban la línea de meta. Me parecía que muchos de ellos completaban sus carreras sólo para conseguir el "abrazo final". Cuando nuestros brazos los rodeaban, sus caras se iluminaban de alegría, sin importar si llegaban en primer lugar o en último.

Mientras todos los auxiliares caminábamos por ahí esperando que otra carrera terminara y la siguiente diera comienzo, nos poníamos a conversar. Algunos me dijeron que la mayoría de los participantes entrenaron para sus competencias durante todo el año. Me quedé impresionada. Aunque yo era una atleta dedicada, capitán de mi equipo de futbol soccer en la secundaria durante dos años, nunca entrené durante todo un año.

También me di cuenta de que, a diferencia de muchos atletas en la actualidad, los participantes de los Juegos Olímpicos Especiales no estaban allí sólo para ganar. No jugaban sucio ni se expresaban negativamente de los competidores rivales. De hecho, se abrazaban y deseaban buena suerte unos a otros antes de iniciar la competencia y nuevamente se abrazaban al terminar la prueba, sin importar si ganaban o no. Incluso vi a un muchacho ofrecer su medalla de oro al compañero que estaba junto a él. Este chico explicó que aun los que llegan en último lugar son ganadores, y después de todo, su compañero se había esforzado tanto como él.

Lo que más recuerdo de ese día es la carrera de resistencia. Era una carrera larga desde cualquier punto de vista: doce vueltas alrededor de la pista. Sólo cuatro participaban en ella, tres muchachos y una chica. Llevaban apenas dos vueltas cuando empezó a llover de nuevo. Parada bajo la lluvia empecé a sentirme incómoda. Me dolían los pies, estaba empapada, tenía hambre, sentía frío cuando llovía y soplaba el viento y calor cuando salía el sol. Pensé irritada: "Esta carrera está durando demasiado". Aunque los tres muchachos ya estaban por terminar, la chica iba atrasada cuatro vueltas. Me pregunté por qué seguía corriendo cuando obviamente no había manera de que pudiera ganar.

Finalmente, los tres muchachos llegaron a la meta y la jovencita seguía corriendo sola. Los chicos no subieron de inmediato para recibir su premio, sino que se quedaron esperando en la pista, animando a su compañera cada vez que completaba otra vuelta. "Viene tan retrasada", pensé. "¿Por qué simplemente no abandona la carrera?"

Era la corredora que estaba en mi carril, y cada vez que pasaba a mi lado, yo deseaba que se detuviera para recibir su abrazo. Estaba mojada, adolorida y evidentemente agotada. Cada vez que completaba una vuelta, su cara se veía más enrojecida y se apretaba más un costado. Pero no dejaba de correr.

Para cuando terminó la carrera, apenas podía correr. El público enloqueció cuando cruzó la línea de meta. La niña se arrojó a mis brazos y empezó a llorar, yo pensé que porque tenía frío y estaba mojada o se había lastimado o estaba avergonzada por tardarse tanto. Entonces la oí murmurar algo sobre mi hombro. Se apartó, juntó sus manos y empezó a rezar.

—Gracias, Dios mío, por haberme dado hoy la fuerza para terminar la carrera. Gracias por dejar que los muchachos ganaran. Gracias por la presencia de todas estas lindas personas.

Me abrazó nuevamente y se acercó a la mesa de premiación.

Yo me quedé de pie, inmóvil, asombrada y confundida. No podía creer lo que acababa de escuchar. Las lágrimas corrieron por mis mejillas cuando observé con qué alegría la chica recibía su premio de cuarto lugar.

En ese momento comprendí por qué estas olimpiadas eran tan *especiales*.

Denaé Adams

El anuncio clasificado

Me fijé en la mujer que estaba junto a mi escritorio en cuanto entré en la sala de redacción. No estaba sentada, esperando; caminaba de un lado a otro mientras jugueteaba con sus manos. La secretaria me dijo que esa mujer quería que le ayudara a escribir un anuncio clasificado, lo cual me intrigó más. Nuestro periódico es pequeño, pero yo soy redactora de artículos y por lo general no vendo espacios para anuncios. Además, quienes suelen poner anuncios para vender casas, automóviles o pianos, acostumbran hacerlo por teléfono. Pero ahora estaba a punto de comprobar que las personas que ponen anuncios para venderse a sí mismas, lo hacen personalmente.

Esta mujer quería publicar un anuncio para adoptar un bebé, por lo que era muy importante que estuviera bien redactado, así que pidió hablar con algún escritor. Claro que yo había visto anuncios como el que ella deseaba en periódicos grandes, pero hasta donde sabía, nuestro periódico nunca había publicado alguno. Aun así, existen formatos estándar para estos anuncios. Le sugerí algunos: *Se desea bebé para amarlo; por favor ofrézcanos esperanza; querida madre biológica, permítenos ayudarte.* El anuncio contendría información acerca de ella y de su esposo: que eran estables, solventes, podían criar a un niño y tenían mucho amor para brindarle. Incluimos un número telefónico gratuito para que la madre biológica pudiera comunicarse con la pareja a cualquier hora del día o de la noche. Lo que siempre intenté mantener al margen fue la desesperación que podía percibir en las palabras de esta mujer.

Pasé mucho tiempo con ella y pude darme cuenta de lo difícil que le resultaba esto. Parecía más o menos de mi edad, cuarenta y tantos años, y seguía girando su anillo de bodas nerviosamente. Sus ojos se posaron por un momento en la fotografía de mis cuatro hijas, que estaba sobre mi escritorio, y dijo:

—Usted es muy afortunada.

—Ya lo sé —respondí, y luego, como no sabía qué otra cosa decirle, comenté—. Quizá muy pronto usted también lo sea.

En ese momento se me ocurrió algo: si los grandes periódicos publican a menudo anuncios como este y su circulación es cien veces mayor que la de nuestro periódico, ¿por qué no acudía esta mujer a esos periódicos?, pregunté.

—Ya lo hice —dijo—. De hecho nos hemos anunciado en todas partes y hemos probado todas las vías imaginables. En realidad mi esposo y yo habíamos decidido dejar de intentarlo. Pero yo trabajo cerca y cuando pasé por aquí esta mañana pensé que un anuncio más no le haría daño a nadie. Y quién sabe qué resulte —me ofreció una débil sonrisa, extendió un cheque para que el anuncio se publicara durante tres semanas y se marchó.

Me sentí triste por esta mujer. Las noticias siempre hablaban del dolor que causaba el tratar de adoptar un hijo. La gente viajaba a otros países en busca de niños que adoptar, sólo para encontrarse con una compleja red burocrática. Gastaba mucho dinero y sólo era engañada por abogados sin escrúpulos o por traficantes de bebés. Incluso si la adopción salía bien y se realizaba a través de los canales apropiados, algunos casos se llevaban a la corte y los padres adoptivos tenían que renunciar al bebé porque los padres biológicos cambiaban de opinión.

Sí, no cabía duda de que yo era afortunada. Eché una mirada a la fotografía de mis hijas y regresé al trabajo.

Una semana después llamó la mujer:

—Por favor, ya no publique el anuncio —me dijo, y algo en el tono de su voz me hizo atreverme a preguntar si tenía buenas noticias—. Nos hemos conectado con una madre biológica. ¡El bebé llegará en un mes!

—¡Esa es una gran noticia! —le dije—. Espero que todo salga bien.

Como me dedico a escribir artículos, le pregunté si podía permanecer en contacto conmigo para saber si la historia de su adopción tenía un final feliz. Estuvo de acuerdo.

Un mes más tarde la mujer llamó para decirme que su esposo y ella eran padres de un hijo. Todo había salido muy bien, pero la adopción no sería definitiva sino hasta dentro de seis meses. Transcurrido ese tiempo me daría la historia.

Pensé en esa mujer muchas veces durante los seis meses siguientes, especialmente cada vez que llegaba una historia a mi escritorio que tuviera que ver con algún niño. Y hubo bastantes historias durante ese periodo: el primer grupo de séptuples que nacieron vivos en Iowa; una pareja en Wisconsin acusada de abuso de infante; un matrimonio que dejó a su hija de siete años encerrada en una jaula, en un oscuro sótano frío; un recién nacido secuestrado del cunero de un hospital del condado, a quien recuperaron ileso y fue devuelto a su madre, etcétera.

Todas estas historias despertaron fuertes emociones dentro de mí, pero me sentía personalmente involucrada en el drama acerca de la experiencia de adopción de esta mujer. Creo que, de alguna manera, me identificaba con ella. No podía imaginar lo que hubiera sido mi vida sin tener hijos. No quería ni pensarlo.

Una tarde de invierno recogí mis cosas para dar por terminado el día, pensando en la cena y a quién le tocaba manejar esa semana, cuando sonó el teléfono. Reconocí la voz de inmediato.

—¡La adopción es un hecho! —me dijo—. ¡Supe que era nuestro hijo desde el momento en que lo pusieron en mis brazos, pero ahora ya se formalizó todo y es legal! ¿Le gustaría conocerlo?

Me sentí muy contenta de oír esta buena noticia, así que concerté una cita para visitarla el día siguiente. También le dije que llevaría un fotógrafo conmigo y que al periódico le daría mucho gusto regalarle un retrato.

Cuando llegamos a su casa el bebé estaba durmiendo. La mujer nos invitó a pasar y nos ofreció refrescos. Todo el ambiente en la casa era encantador. El olor a café con canela invadía la atmósfera. El fuego crujía en la chimenea.

—Su nombre es Ben —me dijo, mientras yo tomaba notas—. Desde que llegó ha dormido toda la noche y no ha llorado. Ya sabe reírse y está empezando a darse la vuelta. Claro que no lo estoy forzando a nada. Esperé tanto por este bebé, que si resulta un poco lento no me importa —hizo una pausa—. Oh, debí decírselo. Ben padece el síndrome de Down.

Dejé de escribir. No estaba segura de cómo debía reaccionar, pero la nueva madre sonrió.

—¿No se da cuenta de que Ben significa todo para nosotros? Yo tengo el tiempo suficiente para ayudarlo y él me necesita más que un niño con un desarrollo normal.

En ese momento el monitor del bebé, que estaba en la mesa del café, nos indicó que Ben había despertado. Su madre fue a buscarlo y escuché cómo le cantaba dulcemente mientras lo cargaba y lo cambiaba. Pude escuchar también los ruiditos satisfechos del bebé en respuesta.

Ella se sentó en el sofá con su hijo en brazos y ambos sonrieron al fotógrafo cuando éste tomó la foto.

—Usted quería una historia con un final feliz —dijo mi nueva amiga—. Bien, pues ya la tiene.

Al despedirme me puse el abrigo, eché una última mirada a la casa y observé cómo besaba suavemente la cabecita de su hijo y supe, sin ninguna duda, que ella tenía razón.

Marsha Arons

El ángel de la limpieza

Cuando Larkin, mi hijo de dos años, se acomodó en mi regazo diciendo: "Mamá, me duele el estómago", pensé que se trataba de una recaída por la gripe. En cierto modo incluso me alegré de que tuviera fiebre, porque eso me daba algo concreto en qué ocuparme: darle Tylenol, quitarle la ropa y sumergirlo en un baño templado. Esto es algo universal acerca de las mamás: funcionamos mejor cuando estamos a cargo, cuando somos capaces de ayudar y lograr que todo marche bien.

Pero ese viernes de mayo de 1992 las cosas no se veían bien. No sólo estaba enfermo mi hijo menor, sino que en la televisión informaban sobre los motines e incendios que ocurrían en Los Ángeles, a sólo unas calles de donde vivía mi madre. A pesar de mis continuos esfuerzos por localizarla, las líneas telefónicas se hallaban bloqueadas.

Después de su baño, Larkin volvió a acomodarse en mi regazo, con fiebre y gimoteando. Al transcurrir la tarde continuó subiéndole la temperatura. La enfermera que me contestó en el consultorio del médico estuvo de acuerdo conmigo en que probablemente se trataba de gripe, pero me dijo que debía llevarlo para estar seguros, así que junto con mis otros hijos: Robin de once años, Summer de seis, Emerald de cinco y Jesse de cuatro, subimos al automóvil y partimos.

Nuestro pediatra dejó de sonreír al examinar el cuerpecito caliente de Larkin. Con sus dedos apretó suavemente el abdomen del niño y los gemidos continuaron. Después de unos momentos de inquietante concentración, el doctor nos envió al área de urgencias del hospital que estaba enfrente.

—Larkin es demasiado joven para tener problemas con el apéndice —nos tranquilizó.

El cirujano del hospital también murmuró algo sobre lo extraño de que un niño de dos años pudiera tener apendicitis, pero quería tener otra opinión.

A esas alturas la única ayuda que yo podía ofrecer era permanecer tranquila, pensando en mis otros hijos, lo que se hacía cada vez más difícil cuando el tiempo empezó a transcurrir: diez minutos, veinte minutos, media hora. Cuando otro doctor llegó, los gemidos de Larkin habían cesado y estaba tranquilo. A pesar de la solución intravenosa que le administraron, su temperatura seguía aumentando.

El diagnóstico del cirujano fue determinante: mi hijo necesitaba una intervención quirúrgica de inmediato.

Antes de que pudiera hacer cualquier pregunta a través del nudo que se me hizo en la garganta, el doctor ya se había ido. Un equipo de enfermeras empezó a preparar a Larkin para la cirugía. Intenté combatir el frío que sentía en mi corazón mientras llamaba a mi esposo.

Él llegó al hospital antes de que se llevaran a Larkin al quirófano. Como era un hombre muy analítico, se sentía agobiado rápidamente ante cualquier clase de crisis emocional. Le agradecí que se llevara a los niños a casa para darles de cenar, pero estaba claro que lo que deseaba era salir cuanto antes del hospital. Supe desde un principio que él no podría regresar.

Así es que Larkin y yo esperamos. Y esperamos. Una enfermera pasó corriendo y nos dijo que un accidente automovilístico había saturado las salas de operaciones, pero nosotros seríamos los siguientes. Pasó otra media hora.

Mientras atendía a las víctimas del accidente, un cirujano con tapabocas se dio tiempo para revisar a Larkin. Por encima del tapabocas su frente se arrugó. Luego se marchó.

Seguimos esperando dos horas más. Los antibióticos no estaban funcionando, Larkin tenía cada vez más temperatura. Permanecía inmóvil, sus dedos se aferraban a los míos. De vez en cuando abría sus ojos vidriosos para asegurarse de que yo seguía a su lado y luego volvía a caer en el sopor.

La pesadilla de todos los padres se desplegó a mi alrededor. Mi hijo iba a morirse y me sentía inútil.

Si sólo hubiera algo que pudiera hacer, o por lo menos alguien a quien pudiera aferrarme ¡de la misma manera que mi bebé enfermo se aferraba a mí! En cambio, permanecía sentada, sola, rezando y sosteniendo la manita caliente de Larkin, mientras sentía dentro de mi cabeza el tic tac del reloj.

"Por favor, Dios. Por favor, alguien".

A las 2 de la mañana recorrieron la cortina.

—Muy bien. Tenemos una sala de operaciones. ¡Vamos!

La camilla voló por el corredor, con mi mano aferrada a la de mi hijo, mientras corría a su lado.

En la puerta del quirófano separé los dedos de Larkin de los míos y él casi se despertó aterrado y gritando:

—¡Mamá, mamá!

Las puertas se cerraron tras él con un sonido que retumbó en todo el pasillo.

En la sala de espera la televisión estaba encendida y seguían presentando los reportes de los motines callejeros en Los Ángeles, ciudad que se mostraba ensangrentada y en llamas, sumida en el odio y el terror; la ciudad donde vivía mi madre era presa de una furia incontrolable.

Esto era demasiado. Me senté en el suelo. Aterrada y completamente impotente me apoyé contra la pared y sollocé.

Levemente me percaté de que se abrían las puertas del ascensor que estaba frente a mí. Apareció una pequeña afanadora, empujando un enorme trapeador. Volteé la cabeza para esconder mis lágrimas. Hubo un momento de silencio, ninguna de nosotras se movía ni hablaba.

Entonces ella apoyó su trapeador contra la pared y se acercó.

—¿A quién tiene usted ahí adentro? —me preguntó, señalando la sala de operaciones.

—A mi hijo —tragué saliva. El torrente de todos los sentimientos del día me invadió y empecé a desahogarme. Escuchando el río de palabras y sollozos se sentó a mi lado sosteniendo una de mis manos entre las suyas, ásperas y maltratadas, consolándome y dándome suaves palmaditas.

Por fin me había desahogado, me sentía cansada pero, aunque parezca extraño, ya no tenía miedo. Entonces miré sus manos que sostenían las mías y noté que reflejaban una vida muy difícil.

Empezó a hablar de sus propios hijos: uno había muerto, otro se había marchado lejos, el más joven era drogadicto. Ella los había sacado adelante sola, tratando de hacer todo lo mejor que podía. Ahora también estaba criando a su nieta. Mientras hablaba de lo inteligente y bonita que era esa pequeña, su cara se suavizaba. Su voz se oía serena al hablarme de la madre de la niña, perdida por su adicción al crack.

—Pero... ¡usted ha tenido muchas penas! ¡No me parece justo! ¿Cómo ha podido sobrevivir y seguir adelante?

Se rió ante mi indignación.

—Sólo hay que tener fe. Nada dura para siempre; todo pasa. Y cuando sienta que no puede soportarlo más, suéltelo y permita que los ángeles carguen sus problemas por un rato —volvió a darme palmaditas—. Todo va a estar bien.

Se quedó conmigo, sentada en silencio, hasta que las puertas del quirófano se abrieron.

El doctor Taylor salió, cansado y sonriendo.

—Lo logramos —dijo alegremente—. Estaba gangrenada, pero no estalló. Él estará bien.

Mientras yo seguía la camilla hasta la sala de recuperación, las puertas del elevador se abrieron. Me di vuelta y alcancé a ver cómo se cerraban ante una afanadora que aún tenía por delante todo un día de trabajo.

Larkin durmió apaciblemente mientras la oscuridad daba paso a la primera luz de un nuevo día. En la televisión las imágenes de odio habían dado paso a imágenes de oración y recuperación, en donde las personas se reunían para sanar juntas en lugar de lastimarse. Supe instintivamente lo que confirmaría más tarde: mi madre estaba a salvo.

Tocando los frágiles dedos de mi hijo, recordé las palabras de la mujer que hacía la limpieza: algunas veces saber que tenemos que estar a cargo es tan importante como saber "soltar" las cosas. También creí el resto de lo que dijo: que cuando ya no podemos soportar más, los ángeles nos ayudan a cargar nuestros problemas por un rato. Sonreí convencida de que existen algunos ángeles humanos, y algunas veces, sólo algunas veces, llevan un trapeador en las manos.

Lizanne Southgate

La abuela está de pie de nuevo

No sólo cuente sus años, haga que sus años cuenten.

Ernest Meyers

En julio de 1996 me encontraba en una casa de asistencia y mi letanía de infortunios podía deprimir a cualquiera: no tenía piernas, no veía con un ojo y el doctor me advirtió que tendría que aprender a administrarme la insulina para controlar mi diabetes. Con 77 años a cuestas, estaba claro que mis "mejores años" habían terminado.

—Muy bien, mamá —dijeron mis hijas—. Te llevaremos a casa y cuidaremos de ti. Contrataremos una enfermera.

¿Ser una carga para mis hijas? ¿Hacer que tuvieran que llevarme a todas partes porque no podía valerme por mí misma? Ante este panorama lloraba todas las noches hasta quedarme dormida.

En la casa de asistencia tenía mucho tiempo para rezar y pensar. Los doctores dijeron que nunca más volvería a caminar. Pero si hubiera hecho caso de todo lo que dijeron, ¡no habría tenido "buenos años" en absoluto! Sonreí al recordar cuando era una chiquilla de quince años en Irlanda y estaba lista para abordar el barco que me traería a Estados Unidos.

—¡Qué suerte tienes, Margaret! —comentaban mis amigos—. ¡Allá las calles están pavimentadas con oro!

Bueno, nunca encontré oro en las calles, si acaso unos cuantos centavos. Pero el espíritu de lucha que se respira en este país impulsó mi voluntad para lograr algo en la vida.

Conseguí mi primer trabajo en un hospital como ayudante de enfermería y me encantaba, aunque eso significara estar de pie todo el día. Pero yo tenía dos piernas fuertes. De hecho, lo disfruté tanto que consagré mi vida al trabajo de hospital.

Entre el trabajo y la familia, mi vida ciertamente había sido buena en ese entonces. Cuando me retiré, esperaba con ansia "mis años dorados", pero mi salud empezó a deteriorarse. Me la pasaba visitando al podólogo pues padecía de úlceras en los dedos de los pies. Me amputaron un dedo y me trataron otro por gangrena. Después de una infección, el cirujano tuvo que amputar mi pierna izquierda. Me sentí acabada. Después de pasar siete meses en el hospital me fui a una casa de asistencia para mi rehabilitación. Sólo estuve allí durante tres semanas, hasta mayo de 1996, cuando apareció una gran mancha negra en el dedo gordo de mi pie derecho que me obligó a regresar al hospital, donde el cirujano me dijo que también tendría que amputarme la pierna derecha.

Estaba deprimida y lloré durante una semana. ¿Qué haría sin piernas? Ya había perdido la visión de mi ojo izquierdo. Tenía 77 años. Para cuando regresé a la casa de asistencia, en julio de 1996, estaba a punto de darme por vencida. Parecía estar rodeada de personas que ya habían vivido sus vidas y guardado sus esperanzas. Habían aceptado sus años de decadencia y parecía que simplemente esperaban morir.

Pero, curiosamente, cuando los doctores me aseguraron que nunca más volvería a caminar, sus voces resonaron junto con algunas voces del pasado. ¿Había tomado el camino fácil alguna vez? ¿Qué habría pasado si me hubiera quedado a salvo con lo que tenía allá en Irlanda? ¿Y si hubiera llegado a Estados Unidos esperando en verdad encontrar oro en las calles?

Mientras rezaba, cada día, el mensaje empezó a cobrar mayor fuerza: "Dios ayuda a aquellos que se ayudan". "¿Habían pasado ya mis 'mejores años'?", preguntó una voz interior.

No. Siempre estuve en la mejor disposición de trabajar duro, de luchar para que esos años surgieran. Vi con claridad que eso era lo que necesitaba hacer de nuevo. No era una cuestión de edad sino de determinación.

Empecé por asearme y vestirme sola. No permitiría que me ayudaran. El personal del hospital intentó decirme que estaba siendo demasiado independiente, pero estaba decidida. Después logré subir y bajar de la cama sin ayuda.

Mi batalla mayor la libré cuando insistí en que los doctores me pusieran una prótesis permanente. Dijeron que yo actuaba tontamente cuando les pregunté:

—¿Dónde queda el gimnasio?

El primer día que pasé en el gimnasio estaba decidida a caminar y pude dar dos pasos, lo cual asombró a todos. Desde ese día trabajé tan duro que los médicos residentes empezaron a comentar que yo era una inspiración para ellos.

Con el tiempo, el personal me pidió que ayudara a los demás pacientes a descubrir lo que podían hacer, y empecé a impartir clases, incluso sobre cómo entrar y salir de la cama. En el hospital había aprendido a manejar mi propia silla de ruedas y ahora aprendía a caminar con andadera. Le pedí a mi fisioterapeuta que me enseñara a subir escaleras; practicaba tres veces al día. Mi siguiente desafío consistió en aprender a ir al baño sin ayuda. Este sí que era un gran logro, ¡y lo conseguí!

Entré a la casa de asistencia en julio de 1996 sin piernas y sin ninguna esperanza, y el 23 de febrero de 1997 ¡salí caminando! y no sólo eso, sino que pude irme a mi casa y vivir en forma independiente. En el camino aprendí a pedir y aceptar con gratitud la ayuda y el apoyo de mis médicos, terapeutas, enfermeras, ayudantes y sobre todo de mi familia.

Me fue inesperadamente difícil dejar a todos los amigos que tenía en la casa de asistencia. Mi familia me sorprendió con unas tarjetas de presentación que decían: "Un modelo extraordinario y ejemplar" para que se las obsequiara a los pacientes y al personal y así supieran dónde llamarme si necesitaban una charla o un consejo.

Por otra parte, ¡no permanecía mucho tiempo en casa! Después que salí de la casa de asistencia viajé a Virginia con mi hija y mi yerno para asistir a la boda de mi nieta. Camino a su casa hicimos varias paradas para visitar lugares de interés. No puedo describir la emoción que sentía al poder entrar y salir del *jeep* sintiéndome una persona completa. ¡Sintiéndome parte de la raza humana de nuevo!

¡Pasé momentos maravillosos con toda mi familia, incluyendo seis nietos y tres bisnietos! Es tan emocionante despertar todos los días sabiendo que puedo entrar y salir de la ducha yo misma, cocinar y salir en mi andadera.

¡Aleluya! Los "buenos años" han regresado.

Margaret McSherry

8

MOMENTOS ESPECIALES

Cuando tu vida está colmada por el deseo de observar la santidad en la vida cotidiana, algo mágico sucede: la vida ordinaria se convierte en extraordinaria, ¡y el proceso mismo de la vida empieza a nutrir tu alma!

Rabino Harold Kushner

El Santa Claus del centro comercial

—¿Por qué hay tantos Santas diferentes? —le pregunté a mi madre mientras caminaba tomada de su mano por la acera congelada del centro de la ciudad. Entonces yo tenía cinco años.

—Todos ellos son ayudantes de Santa —me contestó—. El Santa *real* es el que se encuentra en el centro comercial Leavitt. Lo conociste el año pasado, ¿recuerdas?

Asentí con la cabeza, sin dudar ni un momento que ese era el genuino. Los Santas de otros lugares, con sus sucias barbas de algodón, las mejillas pintadas con mucho colorete y sus barrigas caídas y rellenas, no se parecían mucho al Santa que estaba en mi libro de cuentos favorito *La noche antes de Navidad*. Pero el Santa del centro comercial Leavitt, bueno, parecía como si acabara de salir de una de las páginas de ese libro.

—¿Podemos ver a Santa hoy? Por favor, mamá.

—La próxima semana —contestó mi madre, mirando su reloj—. Es una promesa.

Sin embargo, cinco días después, en lugar de visitar a Santa, me encontraba en la fría mesa de un consultorio médico.

Con los ojos muy abiertos miré fijamente al doctor mientras pronunciaba términos médicos que yo no entendía... hasta que dijo:

—Probablemente pierda todo su cabello.

—Usted está equivocado —le respondió mi madre, moviendo la cabeza—. No quiero ofenderlo, pero voy a llevarla con otro especialista para obtener una segunda opinión.

Y así lo hizo. Por desgracia, el diagnóstico fue el mismo: yo padecía una forma de alopecia juvenil, una enfermedad que haría que mi cabello se cayera.

Puedo recordar a mi madre con lágrimas en el rostro cada vez que encontraba un mechón de mis rizos rubios en el suelo o sobre la funda de mi almohada. También recuerdo cómo, enojada, me negaba a creerle cuando decía que me volvería a crecer el cabello.

Resulta comprensible que no tuviera mucho espíritu navideño ese año. Aunque me sentía bien físicamente, verme pálida y calva me hacía encerrarme en mi habitación y esconderme bajo la cama. Cuando mi padre me invitó entusiasmado para que lo acompañara a nuestra visita anual a las tiendas para comprar los regalos de Navidad de mi madre, algo que antes esperaba con ansia, le dije que no quería ir.

Pero papá podía ser persuasivo cuando quería. Me convenció de que probablemente sin mi ayuda y mis sugerencias terminaría comprándole a mi madre los regalos de Navidad más horrorosos del mundo.

Sólo por salvar la Navidad de mi madre estuve de acuerdo en ir de compras con él.

En el centro de la ciudad la multitud de compradores, la alegre música navideña y las miles de luces que brillaban hicieron que me olvidara por un momento de mis problemas. Empecé a divertirme en realidad... hasta que papá y yo decidimos detenernos para tomar una taza de chocolate caliente.

—¡Hola, Lou! —uno de los clientes saludó a mi padre cuando entrábamos en la cafetería—. Oye, ¡no sabía que tuvieras un varón! Pensé que sólo tenías una hija.

Estallé en llanto.

Mi padre me sacó rápidamente de la cafetería y me llevó al centro comercial Leavitt.

—Tengo algo que te animará —me dijo mientras forzaba una sonrisa—. ¡Una visita a Santa! Eso te gustaría, ¿no es así?

Mientras me limpiaba la nariz, le dije que sí. Pero mientras esperaba en la fila de la juguetería de Leavitt para encontrarme con Santa, que estaba sentado en un regio trono de terciopelo rojo chapado en oro, mis lágrimas no se detenían. Cuando por fin llegó mi turno, tímidamente bajé la cabeza y subí al regazo de Santa.

—¿Cuál es tu nombre? —me preguntó Santa amablemente.

Sin levantar la vista pronuncié cuidadosamente mi nombre con mis apellidos, sólo para estar segura de que él encontraría mi casa la noche de Navidad.

—¿Y qué te gustaría que Santa te trajera esta Navidad? —me preguntó.

Mis ojos llenos de lágrimas se encontraron con los suyos. Poco a poco me quité la media que cubría mi cabeza y dejé a la vista mi cabeza desnuda.

—Quiero que me regresen mi cabello —le dije—. Lo quiero hermoso y largo, hasta el piso, igual que el de Rapunzel.

Santa le lanzó a mi padre una mirada inquisitiva y esperó a que le dijera *sí* con la cabeza antes de contestar.

—Tu cabello tardará en crecer, preciosa —me dijo Santa—. Y, lo siento mucho, pero ni siquiera Santa puede acelerar las cosas. Tendrás que ser paciente y nunca perder la fe. Tu cabello volverá a crecer con el tiempo; te prometo que así será.

Creí en su promesa con todo mi corazón, diez meses después, cuando mi cabello creció, quedé convencida de que había sido posible gracias a la magia de Santa.

Pasaron los años, cuando me gradué de la secundaria entré a trabajar de tiempo completo como operadora del conmutador del centro comercial Leavitt. Todos mis compañeros de trabajo eran muy lindos conmigo, pero un empleado en particular se esforzó porque me sintiera bienvenida. Era un boxeador profesional ya retirado, se llamaba "Amigo" Reed y era el "mil usos" de la tienda.

Amigo tenía la facultad de saber cuando un empleado estaba deprimido, y hacía hasta lo imposible por ayudarlo. Cuando yo estaba aprendiendo a manejar el conmutador, me sentía tan frustrada por mis errores que estuve a punto de renunciar, pero Amigo me compró una caja de chocolates para levantar mi ánimo. Era tan fácil y agradable hablar con él que sentía como si lo conociera desde hacía muchos años.

Durante mi primera temporada navideña en Leavitt, una tarde bajé al depósito a buscar algunas cajas de regalo. Allí, parado en una esquina, dándome la espalda, estaba el Santa Claus de la tienda, preparándose para su arribo anual a la juguetería.

—Lo siento —dije avergonzada por haberlo interrumpido mientras se vestía—. No quise molestarlo.

Santa se colocó la barba rápidamente antes de voltear a verme, pero ni la barba ni la peluca blanca podían ocultar su identidad. Era el mismo Santa al que le pedí mi deseo de Navidad hacía catorce años.

¡Era Amigo Reed!

Me sonrió tiernamente y dijo con suavidad:

—Me acordé de ti en cuanto escuché tu nombre, y nunca he estado más feliz de ver un cabello tan bonito.

Sally A. Breslin

Ángeles en el día de brujas

Fue un día de brujas cuando saqué a mi esposa del hospital para que viviera en su casa los últimos días que le quedaban. Entonces recordé que muchos niños llegarían pidiendo caramelos y yo no estaba preparado, así que reuní rápidamente todos los que pude encontrar en la casa.

Las primeras en llegar fueron tres muchachas de unos quince años aproximadamente. Me disculpé por mis pobres obsequios y les dije que no había podido conseguir más debido a la enfermedad de mi esposa. Ellas me lo agradecieron y se fueron, pero regresaron poco después, cada una me dio un puñado de dulces de sus bolsas. Con lágrimas en los ojos intenté devolvérselos, pero esas maravillosas muchachitas se marcharon rápidamente, diciendo:

—Esperamos que su esposa se mejore.

No conozco a estas bellas jovencitas, pero me gustaría que supieran que ese simple acto de bondad me trajo alegría y esperanza cuando no las tenía.

Aunque mi esposa haya fallecido, los recuerdos de esa época triste se alegran al pensar en la bondad de estos tres ángeles. Que Dios las bendiga.

Steven J. Lesko, Jr.
Enviado por Laurie S. Brooks

Centavos de la suerte

Lo más importante para disfrutar de esta vida siempre se encuentra en la improvisación. El paseo casual, la visita inesperada, el viaje fortuito, la conversación o la relación espontáneas.

Fanny Fern

Yo crecí en la acera de enfrente de donde vive el señor Kirby, un hombre alto, delgado, de setenta y tantos años, que vivía solo y aparentemente no tenía familiares ni amigos, pues nadie lo visitaba, salvo el repartidor de "Comidas sobre ruedas" que venía dos veces por semana. Durante los veranos veía al señor Kirby dando su paseo matinal por el vecindario. Yo corría para alcanzarlo y conversar, pues era el único adulto que hablaba conmigo como si yo fuera una persona mayor y no una niña tonta de ocho o nueve años. Una vez me dijo que no tenía nietos y preguntó si me gustaría ser su nieta "adoptiva". Después de que me explicó el significado de la palabra "adoptiva" acepté complacida.

Caminábamos y conversábamos durante lo que parecían horas, casi todos los días. Me habló de su esposa, quien fuera su novia desde la secundaria y que había muerto varios años atrás. Me contó historias sobre la guerra, aunque nunca estuve segura de cuál. Hacía trucos de magia, como *sacar* una moneda de veinticinco centavos de mi oreja. Yo solía revisarme las orejas para buscar más monedas cuando llegaba a casa. Los sábados por la tarde el señor Kirby caminaba conmigo a la tienda de la esquina y me invitaba a escoger un dólar de caramelos, chicles, helado o lo que yo quisiera. Siempre trataba de acercarme lo más posible al dólar, pero sin pasarme. Un día compré 97 centavos de chicle bomba. Al salir de la tienda, el señor Kirby arrojó los tres centavos de cambio por encima de su hombro y los escuché sonar en el pavimento del estacionamiento.

—Señor Kirby, ¿por qué tiró esos centavos? —le pregunté.

—Para que alguien tenga un día afortunado —me dijo.

—Ah, ya sé: "Ve un centavo, lo recoge, y todo el día tendrá buena suerte", ¿no es así?

—Ya sabes, aquellos que encuentran centavos de la suerte son los que más los necesitan, porque siempre están mirando hacia abajo. Algunas veces tomo el centavo más brillante que puedo hallar y lo tiro en la acera frente a mi casa, sólo para ver a quién le traerá suerte ese día.

—Mi mamá dice que es de mala suerte ser supersticioso, señor Kirby.

Lo amonesté en un tono muy serio y fingí saber de lo que estaba hablando. Dejó escapar una risa estruendosa e incluso dio manotazos sobre su rodilla. Tuvimos que detenernos un momento para que tomara aire. Yo estaba ahí parada, con mi bolsita de chicles, mirándolo y tratando de averiguar qué era tan gracioso. Creo que nunca me lo explicó.

Reanudamos nuestra caminata y me dijo:

—Mira, si pasas más tiempo mirando hacia arriba, no necesitas suerte porque tienes confianza; tienes optimismo.

Hizo una definición de confianza y de optimismo, dijo que yo poseía ambos dones y me pidió que nunca los perdiera. Yo era entonces demasiado joven para saber lo difícil que era aferrarse a esas virtudes. Era demasiado joven para tomar las cosas muy en serio. Todo lo que supe entonces era que tenía confianza, optimismo, una bolsa llena de chicles bomba y un vecino que acostumbraba tirar sus centavos.

Al paso de los años mi vida se volvió muy atareada y sólo tenía tiempo para saludar al señor Kirby cuando salía a sentarse en su columpio, en el porche de su casa. Algunas veces sentía una "punzada", que más tarde reconocí como sentimiento de culpa, porque mientras yo iba de aquí para allá, mi "abuelo adoptivo", mi antiguo compañero de paseos y de charlas, sólo podía sentarse y decirme adiós con la mano. Sin embargo, por lo general no pensaba mucho en el señor Kirby o en nuestra amistad. Estaba preocupada por las actividades escolares, los amigos, los juegos de futbol y sobre todo los jugadores. Ahora sé que, en el fondo, me sentía tranquila sabiendo que él estaba ahí, siempre ahí, al cruzar la calle, para cuando yo lo necesitara.

Después, cuando fui a la universidad, mi amistad con el señor Kirby se volvió sólo un recuerdo vago. Me convertí en una joven independiente y audaz. No necesitaba de nadie, era agradable y transmitía un aire de confianza. Aunque no era muy optimista, pues pensaba que el optimismo era para las porristas y los estudiantes que tomaban Prozac. Mi actitud atraía a personas que, como yo, tenían una mente negativa. Nos sentíamos salvajes y libres. Las clases en la universidad eran simples molestias que había que soportar entre fiesta y fiesta. Me encontré algunos centavos de la suerte por aquellos años, pero la suerte no pareció cruzarse en mi camino.

Cada año, cuando volvía a casa para la Navidad, mi madre me suplicaba que fuera a visitar al señor Kirby.

—Todavía habla de ti y me pregunta cómo te va. Le encantaría verte —me decía.

Pero nunca me di el tiempo para cruzar la calle. Pienso que me sentía avergonzada de lo que no era; de aquello en lo que no me había convertido. Nunca lo reconocí entonces, pero dentro de mí sabía que era una mejor persona que la que aparentaba ser. Con el tiempo las amistades superficiales se esfumaron. Nunca las extrañé.

Después de la graduación regresé a casa y concerté algunas entrevistas de trabajo. Para mi sorpresa, ahí estaba el señor Kirby sentado en el columpio de su porche. Me saludó con la mano.

—¿Eres tú? —gritó.

—Sí, señor Kirby, soy yo —le respondí, mientras cruzaba la acera y me dirigía hacia él.

—¡Vaya, vaya, mira la hermosa mujer en que te has convertido! Y una mujer inteligente también. ¡Supe que acabas de salir de la universidad! ¿Qué te parece si vamos a la tienda de la esquina a comprar un dólar de caramelos? —me guiñó el ojo y dio un manotazo en su rodilla. Sus dientes postizos relucieron en la sonrisa más auténtica que había visto en años—. Mira niña, tienes el mundo a tus pies. Siempre supe que tendrías éxito. ¡Imagínate, yo con una nieta tan inteligente y triunfadora! —se rió con la misma risa sincera de hacía casi quince años.

Nos sentamos en el columpio y hablamos durante horas. Era como si él no hubiera envejecido en lo absoluto. De hecho, parecía más joven. Y un poco menos alto. Yo había crecido a pesar de mí misma. Y mientras me sentía tan madura, escuché a mi madre llamándome como cuando era niña.

—¿Todavía estás allí? Es hora de cenar.

Le di al señor Kirby un largo abrazo y sostuve sus manos en las mías. No me di cuenta hasta ese momento de lo importante que era para él esta persona en la que me había convertido, y en lo que llegaría a ser.

Cuando salí a la mañana siguiente hacia mi primera entrevista de trabajo, me hubiera gustado decir que encontré un brillante centavo de la suerte, pero nunca lo vi. Estaba mirando hacia arriba.

Jill Williford Mitchell

Que se conozcan nuestras peticiones

El servicio religioso había comenzado y el ministro empezó su sermón en nuestra pequeña iglesia rural del sudeste de Carolina del Norte. La atención de todos los feligreses estaba puesta en las intensas palabras que nos alimentarían el espíritu durante la semana y nos iluminarían con la palabra de Dios.

Debido a que nuestra iglesia era muy pequeña, no tenía guardería, lo cual me daba el privilegio de tener a mi inquieta hija de tres años sentada con su padre y conmigo. Además de ser muy activa, Tammie poseía el don de las palabras, es decir, las pronunciaba y aún no dominaba el arte de comprender que el silencio era muy importante dentro de una iglesia, ¡especialmente cuando se pronunciaba el sermón del domingo en la mañana!

Después de muchos regaños para callarla, el padre de Tammie la levantó y la llevó afuera para tener una pequeña conversación.

Esta no era la primera vez que sucedía algo así, y la niña comprendió su importancia. ¡Obviamente también comprendió la importancia de la oración!, ya que cuando su padre la levantó y caminó por el pasillo de la iglesia para sacarla, Tammie se estiró sobre su hombro con los brazos extendidos hacia la congregación y al ministro, gritando a todos los que pudieran escucharla:

—¡Recen por mí!

No es necesario decir que hicieron falta algunos minutos para que pudiéramos seguir con el sermón.

¡Creo que esto nos prueba que nunca somos demasiado jóvenes para hacer que se conozcan nuestras peticiones!

Donna Kay Heath

Navidad en el huevo de plata

La dicha se presenta de pequeñas maneras.

Robert L. Stevenson

Mi marido David y yo siempre hemos creído que nunca se es pobre en realidad si se tiene esperanza. Y la esperanza era lo único que teníamos en el invierno de 1948, cuando empacamos, tomamos a nuestros hijos y dejamos a familiares y amigos en Oklahoma para dirigirnos a Houston, Texas, "la ciudad que estaba en auge", donde según nos habían dicho las calles estaban pavimentadas con empleos y oportunidades.

Confiando en que vendrían tiempos mejores, nos mudamos con optimismo a una zona de remolques, porque era el lugar más económico que pudimos encontrar, y alquilamos el remolque más barato del lugar. Costaba treinta dólares al mes, barato incluso para los estándares de entonces, y lo bautizamos como "el Huevo", porque parecía un huevo de plata. Además, en ocasiones no parecía más grande que un huevo, sobre todo con dos inquietos niños pequeños: Mike de dos años y Tony de tres y medio. Éramos cuatro personas tratando de vivir en un minúsculo remolque, tan pequeño que no cabía un alfiler.

El Huevo sólo tenía una habitación que servía como comedor, cocina y alcoba; el baño era tan grande como un armario para escobas. La cama era del tamaño de una litera de tren... quizá. David y yo teníamos que dormir uno en brazos del otro, aunque estuviéramos enojados. Pero no nos enojábamos mucho: no puedes acurrucarte así con alguien sin sentirte cariñoso, así que supuse que eso sería bueno para nuestro matrimonio.

Como los niños eran tan pequeños, podíamos acomodarnos los cuatro en el esquinero para desayunar: con dos sillas, una frente a la otra, y una mesita en medio, si realmente nos apretábamos. Por la noche los niños dormían sobre esa mesita. Un adulto de tamaño normal podía tocar de pared a pared si se ponía de pie con los brazos extendidos. Nadie lo hizo, sin embargo, ya que el Huevo no estaba muy bien cimentado en la tierra, y si querías tocar una pared, podías llevarte un susto, literalmente, por lo que todos aprendimos a caminar apoyándonos en el centro.

Aun así nos las ingeniamos para pasarla bastante bien. La zona de remolques estaba llena de buenas personas y algunas eran tan excéntricas que me encantaban. Una mujer, que se convirtió en una de mis mejores amigas, trabajaba como bailarina de *hula-hula* en los carnavales. Ella clavó con tachuelas su falda de hierbas en la ventana, la partió a la mitad, la amarró y: ¡cortinas!

—¿No es una idea muy linda? —me preguntó con orgullo. Yo asentí con la cabeza, sin atreverme a confiar en mi voz, porque por dentro me moría de risa.

Así de divertida era la vida, normalmente. Entonces empezó a acercarse la Navidad. Los diciembres en Houston no son los diciembres nevados de tarjeta de Navidad a los que uno está acostumbrado, pero pueden ser muy agradables, deliciosamente cálidos, con rayos de sol y hasta flores y césped verde. Aunque también pueden ser deprimentes: fríos, lluviosos, oscuros y con cielos grises. Este último fue el tipo de Navidad que tuvimos aquel año.

Mis antepasados eran cherokees y nunca antes había extrañado tanto a mi amorosa y numerosa familia. Nuestras navidades en Oklahoma ciertamente no eran opulentas, pero sí ricas en amor, en risas, en sabrosos olores provenientes de la cocina y en el agradable aroma a pino que impregnaba la casa.

La zona de remolques era un pantano de barro que se nos pegaba a los zapatos y caía al piso en cuanto entrábamos al remolque. Todo estaba húmedo, mohoso y frío. La Navidad parecía estar a un millón de años de distancia, pero sólo faltaban unos cuantos días para que llegara, y no teníamos dinero.

Bueno, contábamos con un poco. David tenía un empleo en un lote de autos, no vendiéndolos, sino lavándolos y cambiándolos de lugar dentro del lote. Nunca saltábamos alguna comida, aunque el menú consistía principalmente en macarrones con queso. Pero cuando David y yo nos sentamos juntos cuatro días antes de Navidad, nos dimos cuenta de que, aunque habíamos ahorrado como locos, teníamos menos de diez dólares para la cena de Navidad y para los regalos de nuestros dos hijos.

—Me parece que no habrá Navidad este año, mi amor —me dijo David, y por primera vez sus ojos castaños no brillaban—. No habrá juguetes para los niños, ni cena, ni nada.

Ni nada. Ni abuelos ni tíos ni primos bulliciosos riéndose y contando cuentos. No habría un pavo sobre la tabla de picar ni postres especiales decorando la mesa.

No habría árbol de Navidad, lo que de alguna manera era lo más difícil para mí. El árbol siempre había sido el símbolo mismo de la Navidad, del amor y de la prosperidad. De la esperanza.

De todos modos, un árbol no cabría en el Huevo.

Abracé a David un segundo más de lo normal que cuando se iba a trabajar. Mi sonrisa era rígida, pues trataba de ahogar un sollozo.

Esa tarde la lluvia cesó por primera vez en días, así que llevé a los niños a dar un paseo. Era muy difícil tratar de mantener a esos dos pequeños encerrados en un lugar como el Huevo.

El viento soplaba con fuerza y avanzábamos con dificultad por el barro, agarrados de nuestras heladas manos. Sentía tanto lodo en mi corazón como en mis pies, pero Tony y Mike se estaban divirtiendo de lo lindo.

Después de permanecer encerrados durante un par de días, el exterior les parecía maravilloso, especialmente porque ¡los adornos de Navidad estaban por todas partes! Los niños brincaron en los charcos y reían con júbilo mientras señalaban las coronas, los Santas de plástico y los árboles de Navidad en las ventanas.

De repente Tony señaló al otro extremo de la zona de remolques.

—¡Mira, mamá, mira! ¡Un millón de árboles de Navidad! ¡Ven, mamá!

Mike se contagió de la emoción, y tanto él como Tony me arrastraron como un par de remolcadores arrastrarían un lanchón destartalado.

No había un millón de árboles. En realidad se trataba de un pequeño lote, pero los árboles estaban clavados en la tierra para que pareciera un pequeño bosque. Los niños y yo caminamos entre ellos. ¡Abetos y pinos que olían a mojado, a frío y a fresco como la Navidad! Ese aroma característico me hizo regresar a las navidades de mi niñez, y mi propia emoción empezó a aflorar.

Entonces Tony pidió imperativo:

—¡Compra uno, mamá! ¡Compra uno ahora!

Y la realidad aterrizó abrumadora. No tendríamos árbol de Navidad. ¡No era justo! No eran tan caros, pero incluso el más barato estaba por encima de mi presupuesto. A nuestro alrededor todas las personas escogían alegremente ya fuera este o aquel. Hasta se ponían melindrosos porque los árboles no eran absolutamente perfectos, así que le pedían al dueño del lote que cortara algunas ramas para que se vieran más simétricos. Eran muy desconsiderados al pedir que cortaran esas preciosas ramas sólo para tirarlas, cuando lo que yo tanto quería era sólo... Me quedé boquiabierta.

—... una bonita rama grande —murmuré—.

¡Sí, una rama grande con muchas ramitas pequeñas se vería como un árbol de Navidad en miniatura. De hecho, hasta el árbol más pequeño sería demasiado grande para el Huevo, ¡pero una sola rama quedaría muy bien! ¡Ciertamente podría permitirme el lujo de comprar una rama!

Me acerqué y tiré de la manga del dueño.

—¿Cuánto cuesta una rama? —le pregunté con timidez pero con firmeza.

El hombre, con frío y viendo sus árboles como si fueran un pequeño bosquecito de signos de pesos, lo más probable es que él tampoco tuviera mucho dinero, gruñó:

—Señora, yo no vendo ramas. Si quiere un árbol, cómprelo completo. No voy a cortar un árbol sólo para que usted pueda tener una rama.

Ni siquiera hirió mis sentimientos.

—¡No, no! —grité—. ¡No quiero que corte la rama de un árbol, quiero una de aquellas! —y le señalé el montón de ramas ya cortadas.

—Ah, seguro —volvió a gruñir—. Esas. Tome la que quiera.

—¿Cuánto cuesta una grande?

—Señora, ya le dije que no vendo ramas. Tome usted todas las que quiera. Son gratis.

¡Apenas podía creerlo! La alegría nos invadió cuando los niños y yo nos agachamos para elegir una rama con el mismo cuidado que ponían los demás en escoger un árbol completo. Cuando estuvimos seguros de que habíamos encontrado la rama más bonita, con orgullo la llevamos a casa. Mike sostenía la punta, Tony el otro extremo y yo el centro.

Mientras mi amiga, la bailarina de *hula-hula* cuidaba a mis niños, corrí cinco calles hasta la tienda y compré adornos y regalos de cinco y diez centavos. Regresé a casa y escondí mis paquetes. Entonces fui a buscar a los niños y fijamos la rama firmemente en una esquina del remolque; encajó perfectamente y en el Huevo parecía tan grande como un árbol de Navidad real.

David llegó a casa y todos lo decoramos con un paquete grande de cintas de colores que compré por diez centavos y algunas pelotitas para decorar que me habían costado otros diez centavos. Cuando terminamos se veía hermoso.

David hizo una estrella con papel aluminio que encontró en una cajetilla de cigarros y la colocamos en la punta. No tenía luces, pero nuestro "árbol" brillaba y resplandecía por sí mismo.

La noche de Navidad, David trajo a casa una gallina gorda que logró comprar por un dólar. Era tan barata porque estaba dura, pero eso no importaba. Yo la herviría y la herviría hasta que se suavizara, y David haría los panecillos alemanes para remojar en la salsa, tal como su madre le había enseñado. Era un cocinero maravilloso.

Mientras la vieja gallina hervía incansablemente y los niños estaban acurrucados y dormidos en su mesa-cama, colocamos juguetes debajo de la rama: dos automóviles, dos camiones, un carro de bomberos y un tren rojo con amarillo. Todos eran de plástico, todos costaron menos de veinticinco centavos, pero se veían preciosos. Nuestro remolque lucía maravilloso.

Me acerqué y besé a David en la mejilla. Aunque era muy alto, era fácil alcanzarlo, ya que, por supuesto, en el Huevo él tenía que estar un poco inclinado.

—Había una vez cuatro personas que vivían en un huevo —le dije.

—¡Querida, querida!

Colocó su brazo alrededor de mi cuello y me acercó.

Sus ojos brillaban de nuevo como estrellas de color castaño, y permanecimos juntos a la sombra de nuestro árbol, que olía a Navidad y magia, a los recuerdos de la niñez y a la promesa de un mejor futuro.

Olía a esperanza.

Y supimos entonces que éramos una de las familias más ricas sobre la faz de la tierra.

Mechi Garza

Una coca-cola y una sonrisa

El hombre más rico es el que disfruta de los placeres más baratos.

Henry David Thoreau

Ahora sé que el hombre que estaba sentado conmigo en las viejas escaleras de madera aquella calurosa noche de verano, hace más de treinta y cinco años, no era un hombre alto. Pero para una niña de cinco años parecía un gigante. Nos sentábamos uno al lado del otro, viendo cómo se ponía el sol detrás de la vieja gasolinera Texaco, al otro lado de la bulliciosa calle. Una calle que nunca me permitían cruzar, a menos que fuera acompañada de un adulto, o cuando menos de un hermano mayor. Formábamos una "pareja dispareja" y nos sentábamos juntos, encaramados en el primer escalón. Sus piernas alcanzaban a bajar dos escalones; las mías se balanceaban en el aire, alcanzando apenas uno. La noche era húmeda y el aire espeso. Era el verano de 1959.

El humo de la pipa de mi abuelito olía a cereza y mantenía a raya a los mosquitos hambrientos, formando remolinos grises y espigados que giraban alrededor de nuestras cabezas. De vez en cuando formaba un anillo de humo y se reía cuando yo trataba de atinarle al centro con el dedo. Yo llevaba puesto un camisón fresco de verano y mi abuelito una playera sin mangas; permanecíamos sentados, mirando el tránsito y tratando de atrapar la brisa fugaz. Nos poníamos a contar los automóviles que pasaban e intentábamos adivinar el color del próximo que doblaría la esquina. En este juego yo tenía más suerte que mi abuelito.

Una vez más me encontraba atrapada en la mitad de las circunstancias. Siendo la cuarta de seis hijos, no era raro que fuera o demasiado joven o demasiado mayor para hacer algo. Aquella noche era ambas cosas. Mientras mis dos hermanos pequeños dormían dentro de la casa, mis tres hermanos mayores jugaban con sus amigos a la vuelta de la esquina, lugar al que no se me permitía ir. Me quedé con mi abuelito, y eso me parecía bien. Estaba donde quería. Mi abuelo nos cuidaba mientras mi madre, mi padre y mi abuela habían salido.

—¿Tienes sed? —preguntó mi abuelito sin quitar nunca la pipa de su boca.

—Sí —respondí.

—¿Te gustaría correr a la gasolinera y comprar una botella de coca-cola?

No podía dar crédito a mis oídos. ¿Había escuchado bien? ¿Se estaba refiriendo a mí? Con el modesto ingreso que percibía mi familia, la coca-cola no formaba parte de nuestro presupuesto ni de nuestra dieta. Sólo la había probado una vez, y sólo unos cuantos sorbos, jamás una botella para mí solita.

—De acuerdo —contesté con timidez, preguntándome cómo haría para cruzar la calle. Sin duda él vendría conmigo.

Mi abuelito estiró su larga pierna y metió su enorme mano en el bolsillo. Pude escuchar el familiar tintineo del cambio que siempre llevaba. Cuando abrió su puño, quedaron a la vista montones de monedas de plata. "Debe haber un millón de dólares allí", pensé. Me dijo que tomara diez centavos. Lo obedecí. Después de que volvió a meter el cambio en su bolsillo, se puso de pie.

—Muy bien —dijo, mientras me ayudaba a bajar los escalones hasta llegar al borde de la acera—, me quedaré aquí para vigilar a los bebés. Te diré cuando sea seguro que cruces. Vas hasta la máquina de coca-cola, sacas una botella y regresas en seguida. Espera a que yo te diga cuándo debes volver a cruzar.

Mi corazón latía con toda su potencia. Sujeté con fuerza mi moneda de diez centavos en mi mano sudorosa. Sentía que la emoción me quitaba el aliento.

Mi abuelito me tomó firmemente de la mano. Juntos miramos de un lado a otro de la calle varias veces. Bajó el borde de la acera y me dijo que podía cruzar. Me soltó la mano y corrí. Corrí más rápido de lo que nunca había corrido. La calle parecía muy ancha. Me preguntaba si podría llegar al otro lado, y en cuanto llegué, volteé a ver a mi abuelito. Allí estaba, parado exactamente donde lo había dejado, sonriendo con orgullo. Lo saludé con la mano.

—¡Anda, apúrate! —gritó.

Mi corazón estaba desbocado cuando entré en la oscura gasolinera. Alguna vez estuve dentro de la gasolinera con mi padre. Los alrededores me eran familiares. Mis ojos se adaptaron al lugar y escuché el zumbido del motor de la máquina de coca-cola incluso antes de verla. Caminé directamente hacia el enorme servidor automático rojo y blanco. Sabía dónde debía insertar mi moneda. Había visto cómo se hacía y fantaseado sobre este momento muchas veces. Volteé por encima de mi hombro, mi abuelito me saludó.

El "viejo monstruo" aceptó mis diez centavos con avidez y escuché cómo se desplazaban las botellas. Parada sobre las puntas de los pies me estiré y abrí la pesada puerta. Allí estaban: una impecable hilera de gruesas botellas verdes, con los cuellos apuntando directamente hacia mí, envueltas en el aire helado de la refrigeración. Detuve la puerta abierta con mi hombro y tomé una.

Con un rápido tirón la liberé de su cautiverio y otra tomó inmediatamente su lugar. Sentía la botella fría en mis manos sudorosas. Nunca olvidaré la sensación del vidrio fresco sobre mi piel. Con las dos manos coloqué el cuello de la botella bajo el pesado destapador de metal que estaba fijo en la pared. La corcholata cayó en una vieja caja de madera y me agaché a recogerla. Estaba fría y doblada por la mitad, pero yo necesitaba tener este recuerdo. Con la coca-cola en la mano salí orgullosa al crepúsculo del atardecer. Mi abuelito esperaba pacientemente. Me sonrió.

—¡Detente ahí! —gritó cuando uno o dos automóviles pasaron a toda velocidad junto a mí, y una vez más mi abuelito bajó de la acera.

—Pasa ahora —me dijo—, ¡corre!

Así lo hice, con las manos bañadas de fresca espuma color café.

—No se te ocurra hacer esto tú sola —me advirtió con firmeza.

—Nunca —le aseguré.

Sostuve la botella de coca-cola, temerosa de que me pidiera vaciarla en un vaso, arruinando este sueño hecho realidad, pero no lo hizo. Un trago largo de la bebida fría refrescó mi cuerpo sudoroso. Creo que nunca me sentí tan orgullosa como en ese momento.

Allí estábamos, sentados uno al lado del otro, viendo cómo se ponía el sol detrás de la vieja gasolinera Texaco, al otro lado de la bulliciosa calle. Una calle que me habían permitido cruzar sola. Mi abuelito estiró sus largas piernas por encima de dos escalones. Yo balanceé las mías en el aire, ahora un poco más cerca del primer escalón, estaba segura.

Jacqueline M. Hickey

Sufrido alumbramiento

La enfermera se acercó, sonriendo.

—La labor de parto va muy bien —le dijo—. ¿No le gustaría estar presente?

—No —el hombre meneó la cabeza.

La enfermera regresó al lado de mi madre y el alumbramiento progresó sin problemas. Cuando se acercaba el nacimiento, la enfermera regresó con el hombre, que paseaba frenéticamente en el pasillo.

—Ella lo está haciendo muy bien, ¿no le gustaría por lo menos entrar a verla?

El hombre pareció dudar un poco, luego volvió a menear la cabeza.

—No, no podría hacer eso —jugueteó nerviosamente con las llaves del automóvil en sus manos sudorosas y reanudó su paseo.

La enfermera regresó al cuarto y dirigió los valientes esfuerzos de mamá para empujar al bebé a este mundo. Cuando la cabeza del bebé empezó a asomar por el canal del nacimiento, la enfermera corrió al vestíbulo, agarró al hombre por el brazo y lo arrastró junto a la cama, mientras le decía:

—¡Tiene que ver esto!

En ese preciso momento nació un bebé varón que fue colocado sobre el vientre de su madre, cuya radiante sonrisa brillaba a través de sus lágrimas. El hombre empezó a llorar abiertamente. Volviéndose hacia la enfermera, le dijo sollozando:

—¡Tenía usted razón! ¡Este es el momento más grandioso de mi vida!

La enfermera también estaba llorando. Lo rodeó con su brazo y él descansó la cabeza sobre su hombro. Ella trató de tranquilizarlo:

—Nadie debe perderse el nacimiento de su hijo.

—Este no es mi hijo —dijo el hombre entre sollozos—. Ni esta mujer es mi esposa. Nunca la había visto en mi vida. Yo sólo le traje las llaves del auto a un compañero que está del otro lado del pasillo.

LeAnn Thieman

La sonrisa detrás de la lágrima

Las palabras del doctor retumbaban en mi cabeza.

—No hay necesidad de que vuelva a traerla; la quimioterapia ya no está dando resultado. A lo sumo, le quedan tres meses de vida.

Las lágrimas quemaban mis ojos. Tres meses... sería para la Pascua.

Ayudé a mamá a instalarse en el avión y le abroché el cinturón de seguridad. Me dejé caer en mi asiento junto a la ventana, ajusté mis lentes oscuros y me quedé mirando el aire lluvioso: el típico clima de Houston.

Observé a mamá de soslayo. Su cabeza descansaba en el asiento. Estudié sus rasgos familiares, tan reconfortantes, tan parte de mí. No podía imaginarme la vida sin mamá. Apreté mi mojado pañuelo desechable y miré fijamente al cielo oscuro.

Un ligero murmullo me hizo voltear y vi a un joven alto que traía una niña como de siete años, dejándola a bordo, sentada frente a nosotras.

—Dile a tu mamá que me llame en cuanto llegues a casa. Puedes regresar en julio y pasar el verano con nosotros —acariciándole el cabello, le dijo—: Te amo, mi amor, y voy a extrañarte.

Se levantó con brusquedad y se fue prácticamente corriendo del avión.

Con los ojos entrecerrados miré a esa niña encantadora con el cabello rubio y largo recogido en una trenza, de grandes ojos azules, nariz pequeñita y respingada y a quien le faltaba un diente. "Bueno, espero que no moleste a mamá", pensé.

Apreté los puños y traté de sacudirme esa pesada sensación de abatimiento. "Tres meses, sólo tres meses", pensé, cuando empezamos a elevarnos a través del cielo triste.

La niña, que se llamaba Lisa, porque ese era el nombre que traía escrito en una etiqueta que colgaba de su pecho, estaba muy tranquila, con la cabeza inclinada, pero una gran lágrima rodó por su mejilla regordeta y silenciosamente trató de ocultarla.

Mamá se inclinó y con un pañuelo desechable le limpió la cara.

—¿Dónde está la sonrisa? —le preguntó.

Tomada por sorpresa, Lisa abrió sus grandes ojos azules, y antes de que pudiera hablar, una sonrisa cubrió su rostro.

—Eso es, sabía que esa sonrisa volvería a aparecer —mamá volvió a recargarse en el asiento, viendo aún a la niña—. ¿Sabes, Lisa? Siempre hay una sonrisa detrás de una lágrima.

—¿Cómo sabe eso? —Lisa movió la cabeza.

—Lo he aprendido a través de los años.

Sí, lo había aprendido a través de los años. Mi mente voló hasta aquellos momentos, hacía mucho tiempo, desde los días en que me raspaba las rodillas hasta los años de adolescencia en que un chico me rompió el corazón. Mientras mamá secaba mis lágrimas, habló con ternura:

—Déjame decirte algo, cariño. Hay una sonrisa detrás de todas esas lágrimas. Mira tu rodilla, sanará, y te apuesto que disminuirás la velocidad la próxima vez que atravieses por esa grava suelta.

Las lágrimas por el primer amor son aún más profundas, o al menos así lo pensé en aquel momento.

—Te dolerá un tiempo —dijo mientras yo sollozaba en la oscuridad y tomó mi mano—. La vida sigue, cariño, y tú también.

Y tuvo razón: sobreviví.

Observé cómo brillaba la cara de mamá cuando hablaba con Lisa. Toda su vida había estado rodeada por niños y siempre tenía para ellos una historia, un juego o algo para comer.

Volví a mirar por la ventana y pude ver cómo se arremolinaban las nubes oscuras. Sí, mamá sabía sobre las lágrimas. ¿Cuántas noches las había vertido durante los últimos tres años para poder tener una sonrisa durante el día?

Una vez más, escuché la voz de Lisa.

—Desearía que papá y mamá vivieran juntos de nuevo, pero ellos no quieren. Papá volvió a casarse y mamá tiene novio.

Sentí que mamá se movía y escuché su voz.

—Algunas veces las personas no pueden llevarse bien y deciden que es mejor separarse. Tú quieres que ellos sean felices, ¿no es así?

—Sí —contestó Lisa, con voz temblorosa.

—¿Cuántos años tienes, Lisa?

—Casi siete.

—Deja que te diga algo, Lisa —la débil voz de mamá se escuchó con mayor fuerza—. Los años por venir pasarán volando. Antes de que te des cuenta habrás terminado la secundaria, después la universidad, te habrás casado y tendrás tus propios hijos.

Sorprendida, Lisa levantó la vista.

—¿Se siente bien, señorita...? —sus ojos azules esperaban un nombre como respuesta.

—Sólo llámame Bessie.

—De acuerdo, señorita Bessie —le contestó Lisa.

—No es agradable que estés separada de tus padres, así que sácale partido al tiempo que pasas con cada uno de ellos. Cuando estés con tu padre, quiérelo mucho, ayúdalo y trata de conocer a su esposa —mamá buscó dentro de su bolsa—. Se me seca la garganta y estos dulces de menta parecen ayudar. Toma, ¿quieres uno?

Escuché el ruido del papel celofán y la risa de la niña. Mamá siguió hablando.

—Tu madre puede ser tu mejor amiga. Una mamá es alguien especial; ella te amará siempre, no importa lo que pase. No tengas miedo de contarle tus problemas.

Todo estaba en silencio, excepto por el ruido que hacían al masticar los dulces.

—Cuando crezcas, de seguro tendrás el amor de dos de las personas más importantes en tu vida. Siempre contarás con los recuerdos felices del tiempo que pasaste con ellos.

Me dolió la garganta al tragar mis ardientes lágrimas. Yo tendría recuerdos, toda una vida de recuerdos felices.

—Tendrás problemas y muchas lágrimas —continuó mamá—. Las hay en la vida de todos, pero recuerda: siempre seguirá una sonrisa —acarició el diminuto pie de Lisa que estaba sobre su asiento—. Algunas veces puede tomar más tiempo, porque el problema es más difícil, pero te lo aseguro: la sonrisa llegará.

Miré por la ventana. El cielo estaba claro, salían los rayos de sol cuando guardé mis lentes oscuros en la bolsa. Sonriendo, me acerqué a mamá y la besé en la mejilla.

—Esta vez tomó un poco más de tiempo.

El avión aterrizó y Lisa se levantó para salir, pero antes nos vio un momento mostrándonos su sonrisa chimuela.

—Gracias, señorita Bessie, por compartir sus dulces y hablar conmigo.

Sentí un aguijón de culpabilidad en mi corazón. ¿Cómo pude pensar que esta niña sería una molestia para mamá? En un vuelo que había sido decisivo para ambas, ellas compartieron lágrimas, palabras de consuelo, dulces y sonrisas.

Sentí como si me hubieran quitado un peso de encima y susurré:

—Gracias, señorita Bessie, por hablar con Lisa, y gracias mamá, por hablar conmigo.

Helen Luecke

El regalo de una Navidad no tan blanca

A través del ventanal delantero de la farmacia donde trabajaba como asistente administrativo pude ver a Lamar, que esperaba con ansia mi llegada, y observé cómo se condensaba su respiración sobre el cristal al asomarse para buscarme. El trato que hicimos desde noviembre establecía que él trabajaría el día de Navidad y yo el de Año Nuevo.

El clima afuera era típico de Memphis en esa época del año. Lamar y yo siempre esperábamos tener una Navidad blanca, pero ésta había llegado igual que las últimas veinte: fría y brumosa, sin un solo copo de nieve a la vista.

Entré al calor de la tienda y Lamar se mostró aliviado.

—¿Ha sido un día difícil? —pregunté.

Señalando la primera caja registradora, Lamar se quejó:

—Tuvimos filas hasta de quince personas ayer. Nunca vi a tanta gente tratando de comprar rollos fotográficos y baterías. Bueno, supongo que esa es una de las "alegrías" de trabajar el día de Navidad.

—¿Qué quieres que haga hoy?

—Probablemente los clientes irán disminuyendo a partir de las seis. La noche después de Navidad por lo general está muerta, así que puedes arreglar el desastre del pasillo de juguetes —y se agachó para recoger un animal de felpa que golpeó contra mi estómago.

—Y haz algo con este animal.

Ese pequeño perro de felpa se había vuelto nuestra mascota navideña. Siempre parecíamos estar recogiéndolo del piso, en ocasiones hasta cinco o diez veces al día. Para empezar, nunca fue un juguete bonito, pero ahora su pelo largo se había enredado y estaba sucio, tan gris como los días que estábamos pasando, manchado por el polvo del piso y por las manos de los niños que lo agarraban mientras sus madres esperaban que les surtieran sus recetas. El precio del juguete había sido rebajado muchas veces, pero nadie lo compraba. En ese mundo reluciente de Pitufos, muñecas Barbie y G.I. Joe, supongo que un perrito con el pelo gris por lo sucio no constituía un juguete muy atractivo. Sin embargo, todos los niños en Memphis deben haber apretado a ese cachorrito por lo menos una vez durante la temporada navideña.

La tarde estuvo agitada por las devoluciones, intercambios y venta de adornos navideños a mitad de precio, pero a las seis, como lo predijera Lamar, el negocio prácticamente se paralizó. Como estaba muy aburrido, me puse a ordenar el pasillo de los juguetes, y el primero que encontré, por supuesto, fue ese perrito de felpa con las orejas caídas, que "me observaba" desde el piso una vez más. Pensé en tirarlo y borrarlo del inventario, pero cambié de parecer y volví a colocarlo en el anaquel, supongo que por sentimentalismo.

—Disculpe —una voz interrumpió mis pensamientos—. ¿Es usted el gerente?

Al voltear vi a una joven alta y delgada, con un niño como de cinco años parado en silencio junto a ella.

—Soy el asistente administrativo —le dije—. ¿Puedo ayudarla?

La dama bajó la cabeza un momento, después alzó la barbilla y dijo con voz áspera:

—Mi hijo no ha tenido Navidad. Esperaba que pudiera tener algo rebajado, algo barato que yo pudiera comprar.

Me había vuelto un tanto insensible con los pobres que pedían monedas, pero en la voz de esa mujer percibí una sinceridad y un orgullo que evidentemente le causaban dolor por tener que hacer semejante pregunta.

Miré al niño, muy quieto y controlándose en medio de tantos juguetes.

—Estoy rebajando los juguetes en este momento. ¿Qué está buscando?

La cara de la mujer se iluminó, como si por fin hubiera encontrado alguien dispuesto a escucharla.

—No tengo mucho dinero, pero me gustaría comprarle algo especial a mi hijo.

La cara del niño se alegró al escuchar las palabras de su madre. Dirigiéndome a él, le dije:

—Escoge el mejor juguete que encuentres para Navidad, ¿de acuerdo?

Miró a su madre, y cuando ella asintió con la cabeza, sonrió de oreja a oreja. Me quedé esperando con la curiosidad de saber cuál de todos los juguetes más populares de la temporada elegiría. Quizá un juego de autos de carreras o uno de baloncesto.

En lugar de eso, caminó directamente hasta ese perro de felpa y lo abrazó tan fuerte como nunca antes vi a un niño abrazar un juguete. Fingí que retiraba el cabello de mis ojos para ocultar una lágrima.

—¿Cuánto cuesta ese perro? —preguntó la señora abriendo su pequeña bolsa negra.

—No es nada —le dije—. Me estará haciendo un favor si se lo lleva.

—No, no puedo aceptar eso —insistió—. Quiero pagar por el regalo de Navidad de mi hijo.

Por la intensa mirada de sus ojos supe que ella quería darle un regalo a su hijo tanto como él deseaba recibir uno.

—Es un dólar —dije.

Sacó un arrugado billete de su bolsa y me lo dio. Volteó a ver a su hijo y le dijo:

—Ya puedes llevarte el perro a casa. Es tuyo.

Una vez más me retiré el cabello de los ojos mientras el niño irradiaba felicidad. Su madre también sonrió, y me dio las gracias en voz baja, mientras salían de la tienda.

A través del ventanal los vi abrirse paso en la tarde de Memphis. Todavía no hay ni un solo copo de nieve a la vista, pero al dirigirme otra vez al pasillo de los juguetes descubrí que estaba sonriendo y que, después de todo, había conseguido esa sensación de una blanca Navidad.

Harrison Kelly

9

MILAGROS

*Existen sólo dos maneras de vivir la vida.
Una de ellas es como si nada fuera un
milagro.
La otra es como si todo fuera un milagro.*

Albert Einstein

Toma mi mano

El automóvil avanzaba despacio sobre el oscuro camino de la montaña, mientras los vientos de febrero llenaban el resbaladizo pavimento con nieve recién caída. Mis dos amigos de la universidad llevaban el viejo auto por el camino cubierto de hielo. Yo iba sentada detrás de ellos, con el cinturón del asiento roto.

La parte trasera del auto se coleó.

—No hay problema, Mary —me tranquilizó Brad, mientras sujetaba el volante—. La casa de Sam está justo encima del próximo cerro. Llegaremos con seguridad.

Exhalé un suspiro.

—Me alegra que Sam dé una fiesta. Será bueno ver a todos de nuevo, después de las vacaciones navideñas.

Esperaba que mis alegres amigos pudieran animarme en uno de los momentos más tristes de mi vida. Incluso la Navidad en la casa de Hawai me había hecho sentir defraudada, dejando mi corazón vacío y abatido. Nada era igual desde que papá murió, dos años atrás. Dándose cuenta de mi desesperación, las hermanas de papá se habían quedado conmigo después de la cena de Navidad.

—Reza a los cielos, cariño —me pedían—. Tu papá está allí. Él puede oírte y ayudarte.

"¿Rezar? Bah, eso es pura farsa", pensé cuando salí de la reunión familiar. "He perdido el interés en Dios".

Sólo la luz de la luna iluminaba el helado pavimento. Nuestro automóvil se aproximaba al puente que cruza el canal que alimenta el lago cercano. Cuando cruzamos el puente, el automóvil empezó a perder el control.

—¡Sujétense! —gritó Brad. Giramos 360 grados antes de salirnos del camino. El automóvil fue dando tumbos, cayendo ruidosamente con el toldo hacia abajo; mi cuerpo salió rompiendo el cristal trasero y fue a dar a la tierra helada. Escuché mis gemidos semiconsciente pero no oí ningún ruido en el asiento delantero. Comencé a arrastrarme, esperando encontrar el camino y alguna ayuda. Clavando mis codos en la tierra, arrastré mi cuerpo lastimado por el áspero terreno. En uno de esos empujones resbalé por una loma y di un salto mortal hacia el otro lado, cayendo en el agua helada del canal.

El dolor y el frío me dejaron inmóvil. De pronto escuché una voz que me gritaba:

—¡Nada!

Empecé a dar brazadas.

—¡Nada! —volvió a decir esa voz que se parecía a la de mi papá—. ¡Nada con más fuerza, Mary Ann!

Él era el único que me llamaba Mary Ann.

—¡Papá! —grité mientras la corriente me llevaba hacia abajo. Traté de impulsarme por la superficie del agua, cuando lo escuché gritar nuevamente:

—¡Nada con más fuerza!

—Papá, ¿dónde estás? ¡No puedo verte! —grité mientras las heladas aguas me jalaron hacia abajo.

Me sentía congelada y demasiado débil para seguir luchando, sentía que me hundía cada vez más en la oscuridad. La cabeza se me fue hacia atrás y fijé la vista a través de la superficie del agua, donde brillaba una luz dorada. Entonces escuché de nuevo el grito de papá:

—¡Nada, Mary Ann! ¡Toma mi mano!

Con todo el impulso que me quedaba lancé mi cuerpo hacia adelante, a través del agua y hacia la luz. Allí se extendió hacia mí la mano de mi padre. Reconocí su roce, cómo apretaba mi mano cuando me jaló.

En ese momento la luz desapareció y yo estaba sujetándome de una cadena que había en el canal.

—¡Papá! —grité—. ¡Regresa! ¡Ayúdame! ¡Ayúdame, papá!

—¡Aquí! —gritó otra voz—. ¡Aquí está! —un extraño se inclinó sobre el borde del agua—. ¡Agárrese de la cadena y deslícese hacia la orilla!

Poco a poco fui jalando mi cuerpo congelado hasta que estuve al alcance de aquel extraño que me levantó hacia la orilla. Mi cuerpo y mi mente estaban aturdidos.

—La llevaremos al hospital —dijo el hombre, envolviéndome en una manta y oliendo mi rostro—. ¿Ha estado bebiendo?

—No —murmuré.

Cuando estaba cayendo en un benévolo estado de inconsciencia, le escuché decir:

—Estaba llamando a su papá.

Ingresé a urgencias, donde me trataron por hipotermia. Mis amigos sólo habían sufrido raspones y moretones.

—Todos han tenido mucha suerte —dijo el policía que estuvo en la carretera—. Sobre todo usted, jovencita. Esas cadenas se ponen en los canales para impedir que los animales y desechos desemboquen en el lago. No puedo creer que haya podido sujetarse de la manera en que lo hizo, o que tuviera la fuerza necesaria para hacerlo en esa agua helada.

—Recibí ayuda —dije entre dientes.

—Debió haber tenido alguna ayuda, Mary —dijo el patrullero—. Estuvo mortalmente cerca de ser aspirada por el conducto subterráneo que bombea agua al lago. Otros tres metros y nunca habríamos encontrado su cuerpo —me dio unas palmaditas en el hombro—. Alguien allá arriba está cuidándola.

"No sólo alguien, fue mi papá", pensé.

Ese día en el canal fue la última ocasión en que he sentido miedo en mi vida. Incluso años después, cuando nuestra pequeña hija fue sometida a una operación a corazón abierto, sentí una fe y una paz interior que nadie podía entender. Puedo sentir que, con la ayuda de papá, la mano de Dios está sobre mí. Sólo necesito extender mi mano y alcanzarla.

Mary Ann Hagen,
como se lo narró a LeAnn Thieman

El amor puede durar para siempre

Puedo decir honestamente que aquella fue la mejor y la peor de las épocas. Estaba esperando felizmente a mi primer hijo al mismo tiempo que mi madre, en otro tiempo dinámica y entusiasta, perdía su batalla contra un tumor cerebral.

Durante diez años, mi madre, independiente y emprendedora, había luchado con valor, pero ninguna de las cirugías o tratamientos habían tenido éxito. Sin embargo, nunca perdió la capacidad de sonreír. Pero ahora, con tan sólo 55 años de edad, quedó totalmente inválida, sin poder hablar ni caminar ni comer ni vestirse por sí sola.

Mientras mi madre se acercaba cada vez más a la muerte, mi bebé se acercaba cada vez más a la vida dentro de mí. Mi mayor temor era que sus vidas nunca llegaran a conectarse. No sólo me encontraba afligida por la cercana pérdida de mi madre, sino también porque mi bebé y ella nunca se conocerían.

Mi temor parecía bien fundado. Unas semanas antes de la fecha de mi parto, mi madre cayó en coma profundo. Los doctores no nos daban ninguna esperanza; nos dijeron que su vida estaba por terminar. Opinaron que era inútil colocarle un tubo para alimentarla, pues nunca más despertaría.

Llevamos a mamá a su casa, a su propia cama, e insistimos en que se le administraran los cuidados necesarios para que estuviera cómoda. Siempre que podía, me sentaba a su lado y le hablaba del bebé que se movía dentro de mí. Esperaba que, de alguna manera, en su interior me entendiera.

El 3 de febrero de 1989, casi al mismo tiempo que empezó mi labor de parto, mi madre abrió los ojos. Cuando me lo dijeron en el hospital, llamé por teléfono y pedí que le colocaran el auricular en el oído.

—Mami, mami, escucha. ¡Ya viene el bebé! Vas a tener un nuevo nieto. ¿Me comprendes?

—¡Sí! —respondió.

¡Fue algo maravilloso! ¡Esta había sido la primera palabra clara que había pronunciado en meses!

Volví a llamar una hora después y la enfermera que la cuidaba en su casa dijo algo que me parecía imposible: mamá estaba sentada y le habían retirado los tubos del oxígeno. Estaba sonriendo cuando hablé con ella.

—¡Mamá, es un niño! ¡Tienes un nuevo nieto!

—¡Sí! ¡Sí! ¡Lo sé!

Cuatro palabras. Cuatro bellas palabras.

Cuando llevé a Jacob a casa, mamá estaba sentada en su silla, vestida y preparada para darle la bienvenida. Lágrimas de alegría arrasaron mis ojos cuando coloqué a mi hijo en sus brazos y ella se puso a hacerle ruiditos y cariñitos. Se miraron el uno a la otra. Se conocieron.

Durante dos semanas más mi madre jugó, sonrió y cargó a Jacob. Durante dos semanas más habló con mi padre, con sus hijos y sus nietos pronunciando frases completas. Durante dos milagrosas semanas nos dio esa alegría.

Hasta que, silenciosamente, volvió a caer en coma y, después de las visitas de todos sus hijos, finalmente se liberó del dolor y las limitaciones de un cuerpo que ya no la obedecía.

Los recuerdos del nacimiento de mi hijo serán siempre dulces y amargos a la vez para mí, pero en ese momento aprendí una verdad importante sobre la vida. Cuando la alegría y el dolor se rozan, y a menudo se entrelazan, el amor tiene el poder necesario para superar ambos sentimientos. Y el amor puede durar para siempre.

Deb Plouse Fulton

El héroe de la autopista

U*n milagro no puede demostrar lo que es imposible; sólo es útil para confirmar lo que es posible...*

Maimónides

Durante mi tercer año como oradora, impartiendo seminarios por todo el país, iba manejando hacia Wheeling, en el oeste de Virginia, para dar una clase de autoestima para 150 mujeres.

Entre mis antecedentes está el de haber sido criada por una madre y una abuela que hicieron grandes esfuerzos por enseñarme que en las familias todos deben cuidar unos de otros, sin importar las circunstancias. Yo sabía que siempre podía contar con mi familia si me encontraba en problemas, y ellos sabían que podían contar conmigo.

Manejaba más rápido de lo que debía porque quería desesperadamente llegar a Wheeling antes de que empezara a caer una fuerte lluvia que pronosticó el servicio meteorológico.

Cuando vi la señal que decía que faltaban 12 kilómetros, aceleré un poco más, aunque habían empezado a caer unas gotas de lluvia.

Sin advertencia escuché un estampido, no muy fuerte, pero sí lo suficiente para saber que no se trataba de algo bueno. Bajé el volumen del radio para averiguar qué había sido ese ruido, y me percaté con claridad de que tenía problemas con un neumático: probablemente una ponchadura. Disminuí la velocidad; sabía, por lo que me enseñaron en la escuela de manejo, que no debía frenar rápido, pero también sabía que necesitaba salir del camino, por mi seguridad.

Yo en la orilla de la carretera eché una mirada a mi alrededor y no vi nada más que colinas escarpadas, una autopista de seis carriles y un tráfico de alta velocidad. Puse el seguro para sentirme segura e intenté pensar en lo que debía hacer. No tenía a la mano un teléfono celular, ya que éstos no eran comunes hace tantos años.

Todas las historias que había escuchado acerca de mujeres que tuvieron malas experiencias estacionadas a la orilla de la carretera en ciudades extrañas cruzaron por mi mente como una película, así que intenté decidir si era más seguro que me quedara en el automóvil o caminar hacia la próxima salida. Empezaba a anochecer y realmente estaba sintiendo pánico.

Cuando yo era pequeña mi abuela me enseñó que las cosas funcionan si mantienes el control, así que eso es lo que trataba de hacer, aunque con mucha dificultad.

En ese momento un gran semirremolque pasó muy rápido a mi izquierda haciendo que mi automóvil se estremeciera, vi que llevaba encendida su luz direccional, indicándome que iba a detenerse frente a mí. Escuché el rechinido de sus frenos al pararse bruscamente.

Pensé otra vez: "¿Estoy más segura o en peligro?" Podía ver cómo retrocedía el camión poco a poco hacia la orilla de la autopista y decidí que para sentirme más segura tomaría mis precauciones, así que, tal como lo había visto en una película, saqué un cuaderno de mi portafolio y apunté el nombre de la compañía de transportes y el número de la placa de Ohio en cuanto pude verlos desde mi automóvil. Puse el cuaderno con esta información debajo del asiento, ¡por si acaso!

Aunque en ese momento llovía bastante fuerte, el chofer vino corriendo desde el camión hasta mi automóvil y me dijo, por la ventanilla que abrí sólo cinco centímetros, que había visto la ponchadura del neumático de mi auto y que con mucho gusto lo cambiaría. Me pidió las llaves del auto para abrir la cajuela, y aunque yo sabía que estaba a punto de perder todas mis medidas de seguridad, parecía ser la mejor opción. Le di las llaves, el hombre cambió el neumático y me las devolvió. Le pregunté a través de los cinco centímetros abiertos de la ventanilla si podía pagarle por su amabilidad y respondió:

—Los choferes de Ohio nos hacemos cargo de ayudar a las mujeres que están en problemas en la autopista y no cobramos por ello.

Le pedí entonces el nombre de su jefe para enviarle una carta diciéndole lo bien que se había portado conmigo. Lanzó una risa singular y me dio el nombre de su jefe, una mujer, y su tarjeta, que tenía el nombre de la compañía de transportes, la dirección y el número telefónico. Le agradecí de nuevo y él, que ya estaba empapado, corrió de regreso hacia su camión. Agradecida, seguí mi camino para impartir mi seminario.

Al regresar a Florida mandé hacer una playera para aquel hombre, la cual mostraba a un ángel en un camión con la frase "Héroe de la autopista" impresa a todo lo largo y la envié a la dirección de la tarjeta.

Me la regresaron diciendo que el destinatario era desconocido.

Llamé al teléfono que venía en la tarjeta y escuché una grabación que decía que ese número no existía. Llamé al periódico local de ese pueblo, pedí hablar con el editor, le expliqué el problema y le pedí que publicara una carta en el periódico para darle las gracias al chofer. El editor, que había pasado toda su vida en ese lugar, me dijo que no conocía ninguna compañía con tales características en esa ciudad, pero siguió investigando; me llamó poco después para confirmar que no existía ese negocio registrado en Ohio.

El editor todavía fue más allá. Llamó a la oficina de transportes del estado para preguntar por la placa que yo anoté y le dijeron que esa matrícula nunca había sido emitida.

La conclusión es que este hombre, su camión y la compañía nunca existieron, y que el "rescate" nunca sucedió, así que debo haber estado soñando.

Pero sé que no fue así.

Carol A. Price-Lopata

Suficientes atardeceres

Mi corazón se deprimió cuando vi el Volkswagen amarillo a un costado de la carretera. El cofre estaba levantado y un joven contemplaba el motor con un aire de desesperación. Decidido, mi amigo Michael frenó y dijo:

—Parece que alguien está en problemas.

Suspiré con resignación. En tres meses de viajar juntos alrededor de Estados Unidos había aprendido que Michael nunca dejaría pasar la oportunidad de ayudar a alguien. Sin tener en cuenta nuestra situación personal (la cual, había que reconocer, era bastante buena), no dejaba pasar ninguna oportunidad para rescatar automovilistas en problemas, recoger a los que pedían "aventón" y darle una mano a todo aquel que pudiera.

Y se presentaban muchas ocasiones para ayudar, pues estábamos en 1974 y formábamos parte de las masas de jóvenes estadounidenses que se habían lanzado a las carreteras, ya sea pidiendo "aventón" o viajando en automóviles tan viejos que sólo funcionaban gracias a la fe y a una oración. Cierto día en Utah recogimos a tantos que pedían "aventón" que sólo cabían de pie en nuestra camioneta Chevy van. Una vez nos pasamos dos días en Missoula, Montana, porque una familia a la que recogimos no tenía ningún lugar a dónde ir y resultó que Michael conocía a alguien que a su vez conocía a alguien en Missoula, y antes de que nos fuéramos, *nuestra* familia ya tenía un lugar dónde quedarse para comenzar una nueva vida.

Me encantaba la generosidad y la bondad de Michael, pero creía que exageraba un poquito.

—Existen otras personas que manejan en estas carreteras —le decía—. ¿No podríamos dejar *alguna vez* que alguien más prestara su ayuda?

Él me escuchaba, sonreía y se detenía a recoger al siguiente que estuviera pidiendo "aventón".

A veces me enojaba cuando anteponía las necesidades de los extraños a las mías.

—Pero yo quería ver la puesta de sol en el Pacífico —me lamenté una vez cuando salimos del camino y nos detuvimos detrás de un vehículo que echaba humo, él sólo se rió.

—Tienes suficientes puestas de sol por delante.

Pero ese día era diferente. Era el final de nuestro trayecto y realmente teníamos un poco de prisa. Habíamos salido de Florida con la idea de poder llegar a nuestra casa de Massachusetts para la Navidad, que ahora estaba a sólo dos días de distancia. Y no sólo era eso, sino que nuestra querida camioneta estaba "en las últimas". Ya nos habíamos tenido que parar en la mañana a efectuar reparaciones de emergencia.

"Ya era suficiente aventura para un día", pensé, y repetía la escena en mi memoria: Michael había visto el humo que salía del motor y se detuvo a un lado de la carretera. De un vistazo diagnosticó el problema, agarró una lata y se dirigió a la zanja carretera abajo. Yo tomé una taza y bajé después de él. Llenamos el radiador con agua de un charco y nos pusimos en marcha, pensando que habíamos sido muy listos. Pero de pronto, a unos cuantos metros de distancia, empezamos a pegar alaridos y a darnos palmadas en los tobillos. Michael se desvió hacia la orilla de la carretera y salimos del automóvil. ¡Hormigas! Diminutas hormigas pululaban sobre nuestras pantorrillas y nuestros tobillos, picándonos con fuerza. Nos quitamos los zapatos y los calcetines, aullamos y palmoteamos hasta que la última hormiguita estuvo muerta. Mientras volvíamos a meternos en el auto, me puse a rezar una sincera oración agradeciendo que no tuviéramos que volver a meternos en las zanjas de Florida.

Mientras nos deteníamos detrás de un Volkswagen le hice una última súplica.

—Michael, por favor, ¿no podríamos *por favor* tratar de llegar con esta pobre camioneta a tiempo para pasar la Navidad en casa? Cuando salió a revisar el problema, me dijo:

—Llegaremos a tiempo, cariño. No te preocupes.

Un minuto después regresó con el joven del auto averiado.

—Necesitamos conseguir ayuda. Abandonaremos la autopista en la próxima salida.

Cuando llegamos a una estación de gasolina al pie de la salida, esperé en el automóvil, un poco molesta por mi derrota. De repente sentí algo muy extraño en mi cuerpo. Me miré las manos y observé enormes ronchas que me brotaban en las muñecas. Me vi en el espejo retrovisor y quedé sin aliento al descubrir las enormes ronchas que tenía en la cara. ¡Urticaria! Tuve una sensación de asfixia y abrí la boca para jalar aire. Me invadió el pánico y, a tientas, busqué la puerta del automóvil, conseguí abrirla y me tambaleé hacia Michael y los mecánicos.

—¡Michael! ¡Michael! —lo llamé con voz débil y llena de miedo.

Michael volteó a verme y se horrorizó. Corrió hacia mí preguntándole a los mecánicos:

—¿Dónde está el hospital más cercano?

—Por ahí. A dos calles, a la izquierda —le informaron.

Michael empezó a manejar antes de que cerráramos las puertas. Abrí la boca sintiendo que me ahogaba y esforzándome por respirar, mientras él gritaba:

—¡Resiste, cariño, sólo resiste!

Aceleró calle abajo y se desvió hacia la entrada del hospital. Yo corrí hacia el vestíbulo y caí al piso. No podía respirar ni pedir ayuda, pero llegaron unas enfermeras y me subieron a una camilla.

En unos segundos un amable doctor de barba gris empezó a hacerme preguntas. Me atraganté.

—Había hormigas... en la orilla de la carretera —y me señalé los tobillos.

Él llenó una jeringa y me dijo:

—Sólo relájese. Va a estar bien. Ha tenido una reacción alérgica tan fuerte que tiene urticaria dentro de sus pulmones.

La inyección que me puso pronto hizo efecto. Empecé a respirar bien de nuevo y le pregunté:

—¿Pude haber muerto?

—Probablemente, si hubiera dejado pasar cinco minutos más —me dijo.

Treinta minutos después, Michael y yo salimos del hospital y subimos a la camioneta. Volvimos a la carretera y lo primero que vimos fue una señal: "Próxima salida a sesenta kilómetros". Miré a Michael y estallé en lágrimas. Si no nos hubiéramos detenido a ayudar a ese Volkswagen y no hubiéramos tomado aquella salida me habría muerto, pues hubiéramos tenido que recorrer sesenta kilómetros para obtener ayuda mientras yo me asfixiaba.

Dos noches después, en la víspera de Navidad, llegamos a la cochera de mis padres. A través de las ventanas cubiertas de nieve observé a mi familia en la sala cálida y alumbrada, mientras reían y bromeaban decorando el árbol. Antes de que entráramos abracé a Michael y volví a darle las gracias por todo. Él me abrazó y se rió.

—¿No te dije que verías suficientes atardeceres?

Cindy Jevne Buck

Mamá, ¿puedes jalar algunos hilos?

—Mamá, no te puedes morir. Soy una tonta que siempre se equivoca —suplicaba al lado de la cama de mi madre, mientras ella agonizaba de cáncer pancreático/hepático.

¡Esto no podía estar sucediendo! Mi madre, de cincuenta y nueve años, bonita, vibrante y dinámica, ¡no podía estar enferma! Era todo tan irreal. Hace tan sólo dos meses estaba bien y sin embargo ahora se encontraba a unos cuantos días de la muerte.

—Mamá, tienes que conocer a mi futuro marido y a mis hijos. Todavía tienes mucho por hacer.

—Oh, Carol, eso me hubiera encantado —dijo débilmente.

—De acuerdo, mamá. ¡Si no vas a conocer a mi marido, entonces tienes que enviármelo! ¿Jalarás algunos hilos para mí desde allá? —pregunté mientras intentaba hacerla sentir bien.

—Sí, mamá, tú estarás patrullando desde arriba y Carol necesita ayuda —intervino Linda, mi hermana mayor. Las dos nos habíamos mudado a casa para cuidar a mamá y estar con ella de día y de noche.

Linda tenía razón, yo necesitaba ayuda. Había salido con muchos hombres para luego descubrir que no estaban disponibles. Me habían roto el corazón en varias ocasiones.

—No, Dios mío. ¡No quiero ese trabajo! Se supone que voy a estar descansando allá arriba —exclamó mamá, sabiendo demasiado bien lo difícil que resultaba el tema del "señor adecuado" para mí.

—Muy bien, mamá, en ese caso, mientras estás en eso, ¿crees que me podrías conseguir un trato para el asunto de mi libro?

Linda se lo preguntó un poco en broma. Había estado trabajando en un libro durante tres años y se lo habían rechazado muchos editores.

—¡Hey, ustedes dos! Veré lo que puedo hacer —dijo mamá sonriendo débilmente.

Unos cuantos días después mamá falleció apaciblemente, mientras mi hermana y yo rezábamos a su lado y nuestro padre lloraba al pie de la cama.

En su funeral, Linda y yo relatamos ante 300 asistentes lo buena, lo generosa y lo amorosa que había sido nuestra madre.

Les conté la historia de la primera vez que conocí a Bill, el novio más importante de mi turbulento pasado. Bill tocaba la armónica profesionalmente. En nuestra primera cita fuimos a almorzar con mis padres en época de Pascua. Bill fue mi primer novio formal después de que terminé la preparatoria; la primera relación que tenía en seis años. Mis padres estaban comprensiblemente emocionados por conocerlo y yo estaba muy nerviosa esperando que todo saliera bien. Para mi sorpresa, mi padre empezó a atacar a Bill con una serie de preguntas molestas antes de que ordenáramos la comida.

—¿Cuándo se inventó la armónica?... ¿Qué tonos tiene?... ¿Cuántas puedes tocar? —y así sin parar. ¡Yo quería meterme debajo de la mesa! Miraba desesperadamente a mi madre, pidiéndole ayuda. Al notar mis ojos frenéticos, intervino en la conversación:

—Bill, ¿cuánto tiempo llevan saliendo ustedes dos?

"¿Eso era ayuda?", me pregunté.

—Bueno, seis meses aproximadamente —contestó Bill.

—Entonces —dijo mamá, mientras se inclinaba hacia adelante y sonreía abiertamente—, ¿tienes alguna intención de tomar esto en serio?

Yo quería morirme.

—No, hasta este preciso momento —respondió Bill secamente.

A pesar de todo, Bill y yo seguimos saliendo durante tres años. Me trató como a una reina y lo fui amando cada día más. Él estaba listo para casarse, pero yo no. Por lo tanto, terminamos nuestra relación. Estaba segura de que encontraría una multitud de hombres apuestos esperándome con los brazos abiertos, pero estaba equivocada. Después de cada nueva relación que fallaba me ponía a llorar con Linda, lamentándome al pensar que Bill era el hombre perfecto para mí. Sin embargo, él se comprometió con otra chica casi inmediatamente después de que nos separamos. ¡Me sentí desolada!

Bill y su prometida se marcharon al año siguiente a Nuevo México, a 1 600 kilómetros de distancia. Yo esperaba que este suceso facilitara las cosas, pero como si fuera capricho del destino, Linda llamó un día para informarme que ella y su familia aprovecharían, gracias a Bill, una oportunidad increíble para comprar una casa y que también se mudarían a Nuevo México; serían vecinos de Bill y su novia. Por lo tanto ellos nunca estarían totalmente fuera de mi vida.

Para la Navidad, tres meses después de la muerte de mamá, mi padre y yo visitamos a Linda y su familia. Yo estaba muy deprimida por la ausencia de mi madre.

Asistimos a una gran cena de Navidad. Bill estaba allí. Su novia se había ido a trabajar lejos durante unos meses. Era la primera vez que lo veía en los cuatro años que llevábamos separados y me sentía tan cómoda como si fuera un viejo amigo. Finalmente, lo había superado.

Dos noches después me encontré extrañando mucho a mamá, así que decidí *hablar* con ella, algo que no había hecho todavía desde que falleció. Me quedé sola en un remolque, a unos cuantos minutos de la casa de Linda. Encendí una vela y dije:

—Mamá, te extraño. Ven conmigo.

Todo el remolque se llenó de una luz blanca y brillante. Nunca había visto algo parecido. Podía verlo igual de brillante aunque cerrara los ojos.

—Mamá, ¿eres tú? —pregunté y la luz parpadeó como respuesta. ¡Había venido! Con una indescriptible paz interior me fui a dormir, con la luz de la esencia de mi madre rodeándome.

Un día de esa semana cené con Bill. Me confesó que todavía estaba enamorado de mí y que no podía sacarme de su mente.

—¿Desde cuándo te has estado sintiendo así? —le pregunté, incrédula.

—Ha sido especialmente intenso desde que te vi después de la muerte de tu madre. Sólo te miré y supe que estaríamos juntos —me explicó, yo estaba conmocionada—. He estado hablando con tu madre sobre esto —dijo dulcemente—. ¿Recuerdas la primera cena que tuvimos con tu madre, cuando me preguntó si estábamos comprometiéndonos? —me dijo con un guiño—. Creo que desde entonces aprueba nuestra relación.

Bill y yo nos casamos nueve meses después.

Linda vendió su libro a una prestigiada compañía editorial un mes antes de nuestra boda.

Espero que mamá pueda conseguir su merecido descanso ahora.

Carol Allen

Nunca, nunca te rindas

Era un día muy emocionante para nosotros: se celebraba el juego de campeonato de la temporada de la liga menor de beisbol, con dos equipos compitiendo una vez más. Éramos el único equipo que le había ganado a nuestros rivales, por lo que ellos estaban determinados a ganar esta noche.

Formábamos una familia "beisbolera". Ben, mi marido, había entrenado al equipo de la liga menor durante los últimos dos años, pero perdió la batalla contra el cáncer dos meses atrás. A los cuarenta y tres años y después de una valiente lucha nos dejó a mí y a nuestros dos niños, Jared de diez años y Lara de seis.

Él había seguido entrenando mientras era sometido a severas dosis de quimioterapia y muchas estancias en el hospital, aunados a los traslados diarios a la clínica para sus exámenes. A pesar de estar cansado, angustiado y muy débil, quiso continuar con los entrenamientos.

Le fascinaban los logros de Jared cuando jugaba beisbol y hoy habría estado orgulloso de este equipo y de Jared, que era el líder del equipo y el pitcher abridor.

Ben fue maestro de inglés y había disfrutado entrenando equipos de futbol y beisbol durante años. Enseñaba a los equipos a jugar y los instruía sobre el juego limpio, la competencia justa y la buena condición física. También le había enseñado a su familia y a una comunidad afectuosa cómo luchar contra una terrible enfermedad con fe, esperanza, valor y dignidad. Él nos dio la fuerza para no perder la esperanza cuando todo parecía perdido.

Ben era un ávido lector y apuntaba citas de personajes en ·tarjetas dejándolas aquí o allá por toda la casa. Le encantaba en particular una cita de Winston Churchill pronunciada durante la Segunda Guerra Mundial: "Nunca, nunca, nunca te rindas". Parecía muy apropiada para Ben, ya que esas eran las palabras con las que vivía, luchando contra la enfermedad durante año y medio, hasta su último aliento. Cuando murió, esas fueron las palabras que se inscribieron en su lápida. Esas palabras tan especiales se convirtieron en un mensaje para mis hijos y para mí cada vez que visitábamos su tumba. No era algo que compartíamos, sino algo que sólo era nuestro: el mensaje secreto de papá para nosotros.

El juego iba a empezar y Jared sentía la presión.

Debido a que los padres, familiares y amigos de ambos equipos habían ayudado a cuidar a nuestros hijos cuando se enteraron de nuestra pesadilla y se habían sentido apesadumbrados por la muerte de Ben, todas las personas en el campo lo extrañaban en este día.

Un padre muy entusiasta cuyo hijo era nuevo en el equipo y que no se había enterado de nuestras circunstancias familiares durante el último año, vino al juego con veinticinco vasos de cartón en los que escribió diferentes expresiones del beisbol: "Da un *hit* y embásate", "captura el elevado", "roba la base", "toca la bola". Qué divertido sería para cada jugador leer su mensaje en el vaso después de mitigar la sed.

El juego estaba cerrado; nos tenía a todos con los nervios de punta. En la cuarta entrada Jared tomó un vaso al azar para beber agua. De repente corrió de la banca hacia mí con el vaso en la mano. Tenía escritas las palabras: "Nunca, nunca, nunca te rindas". La noticia corrió como reguero de pólvora. Ben estaba allí, aunque sólo fuera en espíritu. No es necesario decir que ganamos el juego, y el vaso está ahora en una repisa al lado de la fotografía de Ben para saludar a cualquiera que entre por nuestra puerta.

Diane Novinski

El cobertor para el bebé

*Una coincidencia es un pequeño milagro en el
que Dios escogió permanecer anónimo...*

Heidi Quade

Era un sábado primaveral, y aunque muchas actividades
demandaban mi atención, escogí ese momento para sentarme a tejer con ganchillo, una actividad que disfrutaba, no
obstante que alguna vez pensé que era imposible para mí.

La mayor parte del tiempo no me molestaba ser zurda,
y en realidad estoy orgullosa de ello, pero admito que me
ocasionó problemas hace tres años, cuando quise ayudar
en un proyecto de la iglesia.

Fuimos invitadas a tejer cobertores para bebé, los cuales
serían donados al Centro para Mujeres Embarazadas en Situación Crítica de la localidad durante la temporada navideña. Quise participar, pero no sabía nada acerca de cómo
tejer con ganchillo y el ser zurda no me ayudaba. Tenía problemas de "pensar al revés".

Sin embargo supongo que donde existe voluntad siempre hay una manera de resolver las cosas, algunas compañeras se acercaron y me enseñaron una puntada. Eso era
todo lo que necesitaba. Aprendí esa puntada, la misma que
hacía la abuela, y antes de lo que imaginé ya tenía un cobertor terminado. Estaba tan orgullosa de mi pequeño logro, e
inexplicablemente me parecía tan importante, que hice

varios más ese mismo año. Además incluí en cada cobertor una nota de estímulo y optimismo, un poema que escribí y que decía así:

Las pequeñitas se ven muy dulces con sus holanes
de color rosa.
Los pequeñitos, vestidos con sus overoles, se ven
divinos.
Pero no importa lo que el Señor te haya mandado.
No puede haber una mejor mamá para ese bebé.

De repente, mis pensamientos fueron interrumpidos
por el sonido del teléfono. Me apresuré a contestar, y para mi sorpresa y gusto, al otro extremo de la línea estaba
Karen Sharp, una de mis mejores amigas desde que estu-
diábamos juntas en la primaria. Karen, su esposo Jim y
su hija Kim se habían marchado de la localidad hacía algunos años, y ahora me llamaba para decirme que se encontraba en el pueblo desde hacía un par de días y le gustaría
venir a verme. Me sentí emocionada al oír su voz.

Cuando por fin sonó el timbre y abrí la puerta, las dos
gritamos como si estuviéramos en la secundaria. Nos abrazamos y de inmediato empezaron las preguntas. Llevé a
Karen a la cocina, donde le invité una taza de té frío y tuvimos una larga conversación.

Para mi deleite, Karen parecía estar contenta, relajada
y, más que nada, segura de sí misma, cualidades que al
parecer había perdido durante los últimos meses previos
a que se mudaran. Me pregunté cuál habría sido la razón
de esos cambios tan positivos.

Hablamos largo y tendido de las cosas pasadas y Karen
me empezó a explicar las verdaderas razones por las que
ella y su familia tuvieron que mudarse hacía algunos años.
La explicación que originalmente me dio en aquel tiempo fue que a Jim le habían hecho una oferta de trabajo en
otra ciudad que no podían desaprovechar. A pesar de que

Kim estaba cursando el último grado de la escuela secundaria, sintieron que era necesario hacer ese cambio. Sin embargo, al parecer esa no había sido la razón más importante.

Karen buscó en su bolso y sacó una fotografía que me enseñó: era una hermosa niña de aproximadamente dos o tres años.

—Es mi nieta Kayla —dijo Karen.

No podía creer lo que escuchaban mis oídos.

—¿Ya eres abuela? —le pregunté—. No entiendo.

Karen me explicó que su hija Kim estaba embarazada de meses cuando se mudaron.

—Nos dimos cuenta de que Kim atravesaba por una época muy difícil y llegó a pensar en el suicidio. Estábamos desesperados, así que decidimos mudarnos, esperando que ella se adaptara más fácilmente en otro lugar. Cuando nos establecimos en nuestra nueva casa esperábamos que las perspectivas de Kim empezaran a mejorar, pero cada vez se sentía más deprimida. Sin importar lo que le dijéramos, se sentía sin valor y fracasada. Entonces conocimos a la señora Barber, una mujer maravillosa que trabaja como consejera ayudando a mujeres embarazadas. Ella consiguió que Kim empezara a superar esos tiempos tan difíciles.

"Como el momento de dar a luz se acercaba —continuó Karen—, mi hija Kim todavía no tenía completamente decidido si se quedaría con el bebé o no. Su padre y yo rezábamos para que eligiera tenerlo a su lado. Nos sentíamos preparados para que el bebé tuviera un hogar amoroso, después de todo ¡iba ser nuestro primer nieto!

"Finalmente llegó el día y Kim tuvo una bebita que pesó tres kilos. La señora Barber fue a visitarla al hospital, la abrazó y le dijo lo orgullosa que se sentía de ella. Entonces le dio un paquete color pastel que contenía un cobertor bordado para bebé."

A esas alturas de la conversación yo tenía un nudo en la garganta y me sentía bastante emocionada, pero intenté ocultar mis sentimientos y seguí escuchando la historia de Karen, quien debió notar la perturbación en mi rostro, pues me preguntó si me sentía bien. Le aseguré que estaba bien y le pedí que continuara.

—Como te decía —prosiguió—, era un cobertor de bebé y había además una pequeña nota personal, algo sobre las pequeñitas con sus holanes, los pequeñitos con sus overoles, y unas palabras de estímulo acerca del hecho de convertirse en una nueva mamá.

"Nos preguntamos quién habría hecho ese cobertor y la señora Barber nos explicó que los Centros para Mujeres Embarazadas recibían de varias personas estos cobertores que donaban a las nuevas madres y sus bebés. Su centro había recibido los sobrantes de otro de los centros del estado y ella se alegró de tener uno para Kim.

"Kim se sintió muy conmovida por el hecho de que una extraña hubiera invertido tanto tiempo y esfuerzo en elaborar un cobertor para su bebé y dijo que esto le había hecho sentirse muy animada. Después nos dijo a su papá y a mí que el pequeño poema fue un estímulo que le dio confianza y le ayudó a tomar la determinación de quedarse con la pequeña Kayla."

La historia de Karen tuvo un final aún más feliz: un año después, Kim se casó con un joven que la amaba tanto a ella como a Kayla con todo su corazón. Karen sonrió abiertamente al decirme con serenidad:

—Mi único pesar es que no me sentí lo suficientemente cerca de mis amigos y no fui capaz de apoyarme en ustedes para buscar consuelo, en lugar de irme de aquí.

"Estamos muy agradecidos por tantas cosas, especialmente por la manera en que terminó todo; pero creo que con quien estamos más agradecidos es con esa persona que hizo el cobertor para nuestra hija y su bebita. Simplemente desearía con toda el alma darle un gran abrazo y decirle cuánto la amamos y la apreciamos en nuestra familia."

Observé de nuevo la fotografía que tenía en mis manos de esa dulce niña. Entonces me incliné hacia Karen y le di un gran abrazo.

Winona Smith

10

A TRAVÉS DE LAS GENERACIONES

*P*ara mí la vida no es una vela fugaz.
Es como una espléndida antorcha que
puedo sostener por el momento y
que quiero hacer arder tan radiantemente
como sea posible antes de pasarla a las
futuras generaciones.

George Bernard Shaw

Relatos sobre una cabecera

La cama tenía aproximadamente cuarenta y cinco años cuando mamá me la dio, unos meses después de que muriera mi padre. Decidí desnudar la madera y volverla a pulir para mi hija Melanie. La cabecera de la cama estaba llena de raspones.

Antes de empezar a quitarle la pintura noté que en una de las raspaduras había una fecha: septiembre 18 de 1946, el día en que se casaron mis padres. Entonces me di cuenta de que ¡esa había sido la primera cama que tuvieron mis padres como marido y mujer!

Justo arriba de la fecha de su boda estaba un nombre y otra fecha: Elizabeth, octubre 22 de 1947.

Llamé a mi madre.

—¿Quién es Elizabeth? —le pregunté— y ¿qué significa la fecha octubre 22 de 1947?

—Elizabeth es tu hermana —respondió mi madre.

Sabía que mamá había perdido un bebé, pero nunca consideré esto más que como un hecho infortunado para mis padres. Después de todo, tuvieron cinco hijos más.

—¿Tú le pusiste ese nombre? —pregunté.

—Sí. Elizabeth ha estado mirándonos desde el cielo durante cuarenta y cinco años. Ella es una parte de mí, tanto como cualquiera de ustedes.

—Mamá, en la cabecera de la cama hay muchas fechas y nombres que no reconozco.

—¿El 8 de junio de 1959? —preguntó mamá.

—Sí. Dice "Sam".

—Sam era un hombre negro que trabajó para tu padre en la planta. Tu padre era justo con todos y trataba a los que trabajaban para él con el mismo respeto, sin importar su raza ni su religión. Pero había mucha tensión racial en aquel tiempo. También había una huelga sindical y muchos problemas. Una noche, algunos huelguistas rodearon a tu padre antes de que pudiera llegar a su automóvil. Sam se presentó con varios amigos y dispersó a la muchedumbre. Nadie resultó lastimado. La huelga finalmente terminó, pero tu papá nunca se olvidó de Sam. Decía que Sam había sido una respuesta a sus oraciones.

—Mamá, hay otras fechas en la cabecera. ¿Puedo visitarte y hablar contigo de ellas?

Descubrí que la cabecera estaba llena de historias. No podía simplemente lijarlas y desaparecerlas.

A la hora del almuerzo, mamá me contó que el 14 de enero de 1951 perdió su bolso en un centro comercial. Tres días después el bolso había llegado por correo junto con la carta de una mujer llamada Amy que decía: "Tomé cinco dólares de su cartera para enviarle su bolso por correo. Espero que lo comprenda". No había ninguna dirección del remitente para que mamá pudiera agradecérselo, y no faltaba nada más que los cinco dólares.

También estaba George. El 15 de diciembre de 1967 George le disparó a una víbora de cascabel que iba a morder a mi hermano Dominick.

El 18 de septiembre de 1971 mis padres celebraron sus bodas de plata y renovaron sus votos.

Supe de una enfermera llamada Janet que se quedó al lado de mi madre y rezó con ella después de que mi hermana Patricia sufrió una caída casi fatal de un columpio. Había un extraño que impidió que asaltaran a mi padre, pero desapareció sin dar su nombre.

—¿Quién es Ralph? —pregunté.

—El 18 de febrero de 1966, Ralph le salvó la vida a tu hermano en Da Nang. Ralph perdió la vida dos años después, en su segunda expedición de servicio militar.

Mi hermano nunca hablaba de la guerra de Vietnam. Los recuerdos estaban profundamente sepultados. El nombre de mi sobrino es Ralph, ahora supe por qué.

—Casi lijé estos notables relatos —le dije a mamá—. ¿Cómo pudiste darme esta cabecera?

—Tu papá y yo tallamos nuestra primera fecha en la cabecera la noche en que nos casamos. Desde aquel momento fue un verdadero diario de nuestras vidas. Cuando papá murió, terminó la vida en pareja. Pero los recuerdos nunca mueren.

Cuando le conté a mi esposo la historia de la cabecera, me dijo:

—Hay espacio para muchas historias más.

Así que pasamos la cama con la cabecera llena de relatos a nuestra habitación. Mi esposo y yo hemos tallado tres fechas y nombres. Algún día le contaremos a Melanie las historias de las vidas de sus abuelos y las de sus padres. Y algún día esta cama será suya.

Elaine Pondant

Las manos de mi madre

El amor es sufrido, es benigno; el amor no tiene envidia, el amor no es jactancioso, no se envanece; no hace nada indebido, no busca lo suyo, no se irrita, no guarda rencor...

1 Cor. 13:4-5

Noche tras noche ella venía a cobijarme, incluso mucho después de mis años de infancia. Siguiendo su antigua costumbre, se inclinaba y me retiraba mi largo cabello de la cara para besar mi frente.

No recuerdo cuándo empezó a incomodarme que sus manos retiraran mi cabello de esa manera. Pero me incomodaba, porque las sentía ásperas y gastadas por el trabajo, rozando mi piel joven. Finalmente, una noche se lo dije con brusquedad:

—No vuelvas a hacer eso; ¡tus manos son demasiado ásperas! —no contestó nada. Pero mi madre nunca más cerró mi día con esa familiar expresión de su amor. Mucho tiempo después yo permanecía despierta y mis palabras me perseguían. Pero el orgullo pudo más que yo y no le dije que lo sentía.

Una y otra vez, durante los años siguientes, mis pensamientos regresaban a aquella noche. Para entonces ya extrañaba las manos de mi madre, extrañaba su beso de buenas noches en mi frente. Algunas veces el incidente parecía muy cercano, y otras muy lejano, pero siempre me acechaba desde el fondo de mi mente.

Bueno, los años han pasado y ya no soy una niña. Mamá tiene setenta y tantos años, y esas manos que un día consideré tan ásperas, siguen haciendo cosas beneficiosas para mí y para mi familia. Ha sido nuestro médico, buscando la medicina adecuada para calmar el dolor de estómago de una niña o aliviar la rodilla raspada de un niño. Cocina el mejor pollo frito del mundo... quita las manchas de los pantalones de mezclilla como yo nunca pude hacerlo... y todavía insiste en repartir helado a cualquier hora del día o de la noche.

A través de los años, las manos de mi madre han colaborado con innumerables horas de trabajo, ¡y todo eso fue anterior a las telas de planchado permanente y las lavadoras automáticas!

Ahora, mis propios hijos han crecido y se han marchado. Mamá ya no tiene a papá, y en ocasiones especiales algo me lleva a la casa de al lado a pasar la noche con ella. Eso sucedió aquella noche del día de Acción de Gracias en que me estaba quedando dormida en la recámara de mi juventud, cuando de pronto una mano familiar y vacilante me retiró el cabello de la cara. Y entonces un beso, nunca tan delicado, tocó mi frente.

En mi memoria, por milésima vez, recordé la noche en que me quejé malhumorada: "No vuelvas a hacer eso; ¡tus manos son demasiado ásperas!" Reaccioné involuntariamente. Tomando la mano de mamá en la mía, le dije lo mal que me sentía por aquella noche. Pensé que ella lo recordaría igual que yo. Pero mamá no sabía de lo que le estaba hablando. Hacía mucho tiempo que había olvidado y perdonado.

Esa noche me quedé dormida con una nueva opinión respecto de mi tierna madre y sus manos que siempre me cuidaron. Y la culpa que había cargado durante tanto tiempo desapareció.

Louisa Goddisart McQuillen

Todas las mujeres necesitan un campeón

Todas las niñas necesitan tener un campeón: una persona que las aprecie y las apoye a cada paso del camino. Mi campeón era Lillian, una mujer de la edad de mi madre, pero amiga íntima de mi abuela.

Mi primer recuerdo de Lillian era de cuando yo tenía tres años. Su única hija y mi hermana mayor, ambas unas tiranas de seis años, se negaban a dejarme subir al árbol de manzanas que había en su jardín. Me llamaban "bebé grande", lo cual era un insulto horrible para alguien que acababa de dejar los pañales. Lillian se acercó, me cargó y me colocó en la rama más baja del árbol, tratando de calmarme llamándome Ca-Cu, un apodo que me había puesto desde mi primer cumpleaños. Después me trajo una galleta: una medialuna vienesa que había comprado en la mejor panadería de Nueva York, y así comenzó la primera de las muchas pláticas serias que mantuvimos durante toda la vida.

—Ven, siéntate a mi lado, Ca-Cu —me decía—. Háblame de ti.

Aunque estuviera ocupada con sus amigos o con su trabajo, Lillian siempre se dio tiempo para escuchar las experiencias de una no muy entusiasta niña de kinder, una "marimacho" atrevida, una adolescente confundida y una universitaria rebelde. Mientras que mis padres prácticamente se jalaban los cabellos, Lillian nunca me criticó. Nunca dejó de llamarme Ca-Cu y nunca dejó de ofrecerme galletas vienesas de la mejor panadería de Nueva York.

Lillian siempre mostró interés por mis citas. Mientras yo hacía desfilar un raudal de novios por la puerta de su casa, ella siempre servía mis galletas favoritas y hacía que mis pretendientes se sintieran bienvenidos. Cuando ocurrían los inevitables rompimientos, Lillian me ayudaba a "recoger los pedazos" y nunca me dijo: "Siempre supe que no valía la pena". Cuando por fin empecé a salir formalmente con el hombre que se convertiría en mi esposo, Lillian preparó una cena de cinco platillos sólo para nosotros tres. Me llamó Ca-Cu y de postre sirvió medialunas vienesas de la mejor panadería de Nueva York.

Me casé con mi esposo cuando él estaba estudiando su posgrado, y el único trabajo que pude encontrar fue como maestra de tiempo parcial en una escuela privada. Mi raquítico salario no me alcanzaba y me sentía abrumada por la pobreza. Lillian llamó un día y me dijo:

—Ca-Cu, sólo escucha y no digas nada. Tengo quinientos dólares para ti en mi cuenta bancaria. Si necesitas dinero para lo que sea, sólo llámame y te lo enviaré, sin hacerte ninguna pregunta.

Eso fue todo, y colgó.

De pronto me sentí rica al saber que tenía un "colchoncito". Nunca lo usé, pues mi marido terminó su posgrado, consiguió un trabajo con un buen sueldo y empezamos a formar una familia. Lillian se volvió literalmente loca con nuestros hijos. Después del nacimiento de cada uno de ellos, me recordaba el fondo de emergencia que todavía guardaba para mí. Siempre me sentí conmovida. Lillian había atravesado por tiempos difíciles, sobre todo con la muerte de su esposo. Tenía poco efectivo, pero siempre mucho amor. Sin embargo, yo sabía que si alguna vez se los pedía, aquellos quinientos dólares serían míos.

Llamé a Lillian muchas veces con el paso de los años. Las conversaciones siempre empezaban de la misma manera.

—Hola, Lillian. Es Carole.

—¿Quién?

Estaba segura de que ella sabía quién era, pero le seguía el juego.

—Lillian, soy yo, Ca-Cu.

—¡Ca-Cu, querida! —exclamaba con alegría—. Cuéntame cómo te va.

Yo sólo sonreía. Nunca me permitiría crecer.

Cuando yo estaba cerca de los 30 años, le dije a Lillian que quería convertirme en escritora. Respondió con entusiasmo y se volvió mi mejor animadora. Cuando se publicaban mis libros, los compraba a granel y me los enviaba por correo para que los autografiara. Entonces se los hacía llegar a sus amigos y familiares. No le importaba que yo escribiera libros para niños y que los destinatarios fueran personas mayores.

A los 33 años me lastimé la espalda y no pude abandonar la cama durante siete meses. En el transcurso de esta odisea, Lillian me llamaba todas las semanas para levantarme el ánimo. Yo tenía pocas cosas nuevas que contar. Entonces nuestra relación empezó a cambiar poco a poco. Lillian se empezó a abrir conmigo y me volví su confidente. Finalmente sentía que podía devolverle algo del invaluable apoyo que me había dado.

Cuando me recuperé, fui con mis hijos a visitarla. El tiempo no le había robado su buena apariencia ni la habilidad para vestirse meticulosamente. Todavía me llamaba Ca-Cu y les sirvió a mis hijos las galletas vienesas de la mejor panadería de Nueva York.

Pasaron un par de años y decidí sorprender a Lillian dedicándole un nuevo libro. La inscripción decía: "A Lillian, por haber estado siempre allí".

En enero visité a Lillian durante un fin de semana. No se veía muy bien. No estaba comiendo adecuadamente. Me gritó por haber crecido. Todo lo que yo hacía o decía parecía disgustarla, y salí deprimida. La llamé unas semanas después, pero estaba acompañada y no podía hablar. Dijo que me llamaría después. Nunca lo hizo.

Me enfermé de mononucleosis y pulmonía, lo cual no tuvo nada que ver con Lillian, sino que estaba tan ocupada con mi familia, mis escritos y mis amigos, que descuidé mi salud. Ahora debía pasar dos meses en cama para recuperar la salud. Pensaba en Lillian, pero no tenía la energía suficiente para llamarla.

Finalmente me repuse y ya sana traté de ponerme al día en todo lo que interrumpí o dejé pendiente mientras estuve enferma. Llamé al teléfono de Lillian pero nadie contestó. Durante varias semanas lo seguí intentando sin éxito, así que pensé que estaba fuera de la ciudad, visitando a su hija. Finalmente, en el mes de junio, mi abuela me lo dijo.

—Lillian tiene metástasis de cáncer de mama. Se está muriendo. Nadie te lo dijo antes porque temíamos que tuvieras una recaída por la mononucleosis.

Corrí a visitar a Lillian y cuando entré en la habitación del hospital pensé que me había equivocado de cuarto. Acurrucada en una silla de ruedas vi a una anciana calva y demacrada. Cuando estaba a punto de disculparme por perturbarla, la mujer habló con una voz débil y rasposa.

—¡Ca-Cu! —dijo—. Me alegra que vinieras. Siéntate y háblame de ti.

Platicamos durante una hora. Me aseguró que pronto se iría. Le dije que ya lo sabía y que iba a extrañarla mucho y le prometí que nunca la olvidaría.

Tres semanas después mi campeona había muerto. Después de su funeral fui a su departamento acompañando a familiares y amigos. Mis galletas favoritas de medialuna vienesas estaban puestas, pero no pude comer ni una. Me sentía desolada y desamparada. Mi protectora se había marchado. Nadie más me llamaría Ca-Cu.

Pasó un año, el dolor por la muerte de Lillian se había mitigado un poco. Una mañana de verano sonó el timbre de mi puerta y al abrir encontré a Laura, una niña de tres años, hija de una amiga mía.

—Ven a sentarte conmigo, Calabacita —le dije—. Háblame de ti.

Laura se dejó caer en el sofá y esperó con impaciencia mientras yo abría una caja de mediaslunas vienesas de la mejor panadería de la ciudad.

Carole Garbuny Vogel

El enrejado

"Por qué se me hace esto tan difícil", me pregunto. "Todo lo que tengo que hacer es pegar con tachuelas unas tiras de madera y embadurnarlas con pintura blanca, pero me siento como si estuviera elaborando una cruz para mi propia ejecución. Ya he revisado un manual lleno de diseños y un bosque de listones de pino. Quiero que esto salga bien".

—Me gustaría un enrejado blanco —fue tu modesta petición—. Algo que luzca como una decoración de fondo en mi boda. Sarah Parkes lo cubrirá con hiedra. Será bonito, papá, un símbolo de vida.

Me daba gusto que me pidieras hacer el enrejado, porque quería colaborar en la boda. Tal parece que la mayoría de los hombres en estas ocasiones fuéramos como piezas de ajedrez, esperando ser "colocados" en alguna parte. Incluso al propio novio no se le extrañaría si no se presentara. Sólo colocarían el recorte de una figura humana de cartón en su lugar y nadie se daría por enterado.

Las bodas son de las mujeres, por las mujeres y para las mujeres. Pero con este enrejado yo podía participar en el acontecimiento... claro, si es que lograba hacerlo.

He hecho cosas más difíciles para ti, como esa cuna estilo colonial para tu muñeca, y esa casa de muñecas de dos pisos con muebles hechos a mano. Y tu escritorio, con todos sus cajones.

¡Pero este enrejado!

Arrodillado en el patio, cuidadosamente entrelazo los listones de pino en una cuadrícula, hasta que va apareciendo lentamente un diseño. Mientras estoy trabajando, pienso en la manera en que tu vida se ha entrelazado con la mía y me pregunto qué será de mí sin Natalie en casa.

¿Podremos desbaratar los veintiún años que hemos compartido? ¿Un padre puede entregar a su hija sin sentirse un poco desbaratado?

No es que no quiera que te cases. Sí lo quiero. Cuando tus sueños se hacen realidad, también se realizan los míos. Matt me parece muy buena elección. Es un hombre tierno, bien parecido, tan consagrado a ti como lo hemos sido tus padres. "Nat y Matt" no suena mal, hasta se escucha un tanto poético.

A duras penas puedo ver para clavar estos clavitos diminutos. Probablemente es una alergia. O quizá sea la fresca brisa de abril la que me nubla los ojos. O el penetrante olor de la madera de pino.

Van a colocar este enrejado en la plataforma de la iglesia. Lo que tengo que hacer es llevarte del brazo y conducirte lentamente por el pasillo hasta el enrejado. Otro hombre te ayudará a dar el siguiente paso en tu vida y yo me sentaré allí estoicamente, al lado de tu madre, mientras te veo abrazar a un extraño. Tu hermana cantará tus canciones favoritas, tus abuelos llevarán a cabo la ceremonia y Dios bajará para bendecir la unión. Tu madre lo tiene todo organizado.

Por mi parte, todo lo que tengo que hacer es terminar este simple enrejado.

Cuando la boda haya concluido, doblarán este enrejado de hiedra y lo arrumbarán en un oscuro cuarto de trebejos, donde permanecerá olvidado para siempre. Pero los recuerdos de mi pequeñita crecerán a través del enrejado de mi corazón por el resto de mi vida.

Ahora levanto el enrejado contra la puerta del garaje y lo barnizo con una pintura tan blanca como el vestido de novia, con esta fragancia aromática que cubre de belleza y de promesas el viejo y áspero árbol.

Ya pintado, el enrejado asemeja dos puertas de alabastro. Son las puertas que te llevarán a un futuro que a lo mejor no veré nunca si es que te marchas muy lejos. Allá afuera, en el largo camino de la vida cotidiana, ¿quién sabe lo que pasará? Habrá días largos llenos de dulce monotonía, momentos luminosos de felicidad y tediosas horas de sufrimiento. Deseo para ti el total espectro de la vida.

Me quito la pintura de los dedos con un trozo de tela que una vez fue tu playera favorita. En seguida me retiro un poco para apreciar mi trabajo.

Sin la hiedra parece tan vacío y tan solo.

Después de todo, sólo es un simple enrejado.

Y está terminado.

Pero es lo más difícil que yo haya hecho alguna vez.

Daniel Schantz

Carta final a un padre

Ven muerte, si lo deseas: no podrás separarnos; sólo podrás unirnos...

Franz Grillparger

Querido papá:

Ha pasado un año desde que tus hijos colocaron tarjetas de felicitación en la mesa de la cocina esperando, contra toda esperanza, que despertaras a la mañana siguiente para leerlas. Pero te marchaste en la oscuridad de la noche, decidido, estoy segura, a evitarnos la angustia adicional de perderte el Día del Padre.

Este año no habrá ninguna tarjeta en lo absoluto. Sólo esta, mi carta final para ti.

Durante algún tiempo después de tu muerte seguí buscando en mi buzón, esperando tener noticias tuyas. Desde que me fui lejos del hogar, hace años, tus cartas fueron un consuelo constante en mi imprevisible vida. Tus cartas eran graciosas, estaban llenas de noticias, escritas por lo general en tu vieja máquina de escribir. En ellas mencionabas las películas que debía ver y las que debía evitar. Los últimos escándalos en la universidad. Tus viajes con mamá alrededor del mundo. La graduación de Jay de la escuela de derecho y su compromiso con Debra, ¡el día de mi cumpleaños! Las aventuras de Mitch en Hollywood. Nacimientos, muertes y divorcios.

A veces contenían dinero que yo no te había pedido pero que, de algún modo, sabías que necesitaba.

Guardaba todas las cartas que me escribías, pensando que cuando me hiciera vieja desempolvaría las cajas y abriría cada una como si fuera un precioso regalo... cada hoja mecanografiada reseñando un pedazo de nuestra vida familiar con información de cómo iba evolucionando el mundo año tras año. ¿Cómo iba a imaginar que estaría desempolvando esas cajas tan rápido?

10 de diciembre de 1987

Me hablas del fin de año con la exuberancia que siempre ha marcado tus cartas. Tus estudiantes, padeciendo los predecibles "brotes de histeria y de ansiedad", se están preparando para los exámenes finales. Recibes muchas invitaciones para las vacaciones y los primos están llegando a la ciudad para ayudarte a festejar el Año Nuevo. Nos deseas suerte a Barry y a mí cuando atravesemos el país para llegar a Minnesota, mientras sugieres que empecemos a practicar cómo mantenernos calientes. "El calor del cuerpo —sugieres irónicamente— es un buen primer paso."

12 de enero de 1988

No mencionas el cáncer que te diagnosticaron tres días antes de Navidad sino hasta el cuarto párrafo. Primero preguntas por la vida en Siberia... es decir... Minnesota, y me aseguras que soy la mejor escritora de mi generación. Por supuesto. Finalmente me dices que tu oncólogo te ha sugerido un programa de tratamiento experimental en Arizona. "¿Qué puedo perder?

—dices—. Lo probaré." Mientras tanto, insistes en que la vida siga su curso normalmente. Me prometes que vivirás hasta los 100 años.

22 de enero de 1988

Me enteré de que te cortaste el cabello, te encontraste con Connie, almorzaste con tus amigos, estás lidiando con tu declaración del impuesto sobre la renta y has decidido cancelar un viaje a Nueva York, "porque el tiempo es imprevisible en esta época del año". Antes de terminar mencionas que los medicamentos te están ocasionando síntomas de gripe, y te disculpas por tener tantos errores con la máquina de escribir. Yo no lo había notado. Finalmente, admites que tu enfermedad ha sido algo muy duro para ti, pero sigues luchando. "Arrópense bien —fue tu amorosa despedida— y recen por mí."

14 de marzo de 1988

Los acontecimientos de la vida cotidiana fueron relegados a los párrafos finales. Comienzas diciéndome lo agradecido que estás por cada día y cómo aprecias las cosas naturales de la vida. Continúas fijándote metas y te sientes lleno de esperanza. Estás esperando tu jubilación a temprana edad. Bromeas sobre tu pérdida de peso, describiéndote como "El cara de ciruela", y me aseguras que cuando Barry y yo lleguemos, a fin de mes, habrás recuperado algunos kilos. Te envío seis latas de una bebida alta en calorías con proteína líquida y café, tu sabor favorito. Estoy empezando a sentirme impotente.

7 de abril de 1988

Mamá y tú esperan poder visitarnos en Minneapolis. Me agradeces que haya entendido que estarías más cómodo en un hotel. Has empezado a limpiar tu gran colección de archivos de oficina, pensando en tu retiro, aunque este es un proyecto importante en el que planeas trabajar todo el verano. Todo el verano, dices, y yo me alegro. Cómo ha cambiado mi perspectiva tan dramáticamente. Hace sólo tres meses temía que no pudie-

ras cumplir tu promesa de vivir hasta los 100 años. Hoy rezo porque puedas estar aquí para ver las hojas de los árboles cambiar del color verde al dorado en el mes de septiembre.

Bajo tu carta, y mi mente se inunda de recuerdos. Mi padre, cuya dulce voz me cantaba al ir a dormir cuando era niña, el que me acompañaba a las 5 de la mañana a repartir periódicos sin un sólo reproche, el que me enseñó francés, me aconsejó durante toda mi adolescencia y escribió las direcciones en cada una de las 200 invitaciones de mi boda... ¿Qué va a ser de mi mundo si ti?

23 de mayo de 1988

Tu mano débil ha escrito mi nombre y mi dirección en el sobre, utilizando corrector para cubrir tus errores. Abro el sobre con lentitud y miro fijamente palabras juntas y faltas de ortografía que tú, siempre rigorista para escribir bien, has tratado de corregir diligentemente. "Esta máquina de escribir se está desbaratando poco a poco —explicas—. Debemos pensar seriamente en adquirir un procesador de palabras." Durante un precioso instante me siento eufórica: ¡Te vas a poner bien! ¡Vas a comprar un procesador de palabras! Pero tus palabras finales me sacuden, trayéndome de regreso a la realidad. "Permanece tranquila, feliz y sin cantar canciones tristes para mí —escribes—. Y cuando pienses en mí, sonríe."

Una semana después me doy cuenta de que ya no habrá una próxima carta. Levanto el teléfono y escucho tu voz pidiéndome que vaya a casa.

Ha pasado un año desde tu muerte en vísperas del Día del Padre, el 18 de junio de 1988. En ese momento estaba segura de que nunca más podría pasar frente al mueble de las tarjetas del Día del Padre en la tienda sin sentirme destrozada. Pero hace una semana me encontré hojeando centenares de estas tarjetas: cómicas, serias, sentimentales, y no tuve ningún problema para comprar una. Era para Barry, tu devoto yerno, quien se convirtió en padre hace menos de dos meses.

Así que el ciclo continúa: el nacimiento, la muerte, la maravilla y la magia de un nuevo nacimiento. Pero como mi papel en la vida ha cambiado de hija a madre, me doy cuenta de que nadie remplazará a mi padre con su gran humor, valor y encanto, o con sus maravillosas, aunque algunas veces dolorosas, cartas que me dieron calidez e ilustraron mi mundo hasta mi cumpleaños número veintinueve.

Descansa en paz, papá, sabiendo que cuando piense en ti en este Día del Padre, o en cualquier otro día, no habrá canciones tristes. Sólo sonrisas.

Tu hija que te quiere,
Gail

Gail Rosenblum

El centavo ahorrado

Aquellos que aman profundamente nunca envejecen, pueden morir de edad avanzada, pero siempre jóvenes.

Benjamin Franklin

Mi madre solía decir: "¡Me costaste un hermoso centavo!" Y así fue. Cuando mi hermano y mi hermana crecieron y se marcharon de la casa, mis padres descubrieron que otro bebé estaba en camino. A los cuarenta y tres años, en un hospital de un pequeño poblado, en 1937, mi madre dio a luz: nací yo. La cuenta total del hospital en ese entonces fue la gran suma de cuarenta y siete dólares. ¿Puede imaginárselo? ¡Cuarenta y siete dólares! ¡De hecho, un hermoso centavo!

Nosotros no teníamos recursos, pero mamá era trabajadora y creativa. "No desperdicies, no desees", era su lema. Muchas tardes me quedaba dormida escuchando el golpeteo rítmico y el zumbido del pedal de su máquina de coser. Elegantes algodones recién planchados y resistentes lanas ásperas se deslizaban bajo la aguja, cuando cosía hasta altas horas de la noche, copiando estilos de moda para que yo estuviera bien vestida.

Mamá logró reunir dinero para proporcionarme clases de música. La casa siempre estaba llena del alboroto que hacían mis dedos sobre las teclas del piano o mi arco rozando contra las cuerdas del violín, que chillaban como si una mecedora le hubiera prensado la cola a un gato.

Nuestras voces armonizaban al cantar nuestras melodías favoritas. Formábamos un cuarteto de peluquería, menos dos, cuando cantábamos "Bajo la luz de la luna de plata" o "Los buenos momentos del verano". A veces éramos las hermanas Andrew que cantaban "Los blancos acantilados de Dover" y "Hasta que nos volvamos a encontrar". Cómo nos gustaban los grandes éxitos como "Regresaron los días felices" y "Té para dos."

Mi madre me enseñó a decir siempre la verdad. Me enseñó a cambiar las velocidades de nuestro automóvil Packard gris modelo 1937, al que bautizamos con el nombre de Eunice. Me enseñó la importancia de trabajar y luchar por las cosas que uno desea.

Mamá era tan popular con mis amigos como lo era conmigo. Cada vez que entrábamos en la cocina, nos recibían los aromas del chocolate caliente que nos hacía agua la boca, de los buñuelos de papa, del jugoso pay de grosella o del pan casero. Aquellos olores nos daban la bienvenida. Significaban bienestar. Significaban hogar.

Durante mis años en la universidad, en la década de los cincuenta, mamá y yo mantuvimos nuestra íntima relación por correspondencia, compartiendo pensamientos, opiniones y experiencias. Para ahorrar dinero en las estampillas desarrollamos el incomparable arte de apretar muchas palabras en el diminuto espacio de una tarjeta de un centavo. No desperdiciábamos ni un centímetro. Después de todo, "un centavo ahorrado era un centavo ganado".

Mis cinco hijos nacieron cuando mi madre tenía 70 y tantos años, y nos visitaba tan frecuentemente como le era posible. A sus 88 años mamá vino a vivir con nuestra familia de manera permanente.

Con entusiasmo organizamos nuestra casa para recibirla y darle todas las comodidades. Le encantaba ir conmigo a todas partes, llevar el carrito de comestibles en la tienda e ir a almorzar a McDonald's, su restaurante favorito. Cuando íbamos en el auto se ponía a entonar la cantinela "¡Uno por el dinero, dos para la función, tres para estar listos y cuatro para el camión!"

Aquellos eran años felices. Cuando el pequeño Matthew quería llamar la atención, sabía exactamente dónde tenía que ir para conseguirla. Se acurrucaba con su rolliza abuela, que olía a lilas y siempre fue buena para mimar. Le acariciaba el cabello mientras le leía su cuento favorito una y otra vez, sin decir: "¡Ya es suficiente!" y sin omitir ninguna palabra. La abuela nunca tenía prisa.

Para mis hijas gemelas la abuela era su mejor amiga. Ellas le modelaban su guardarropa y presentaban a sus amigos y pretendientes ante sus comprensivos ojos. La abuela siempre les prestó toda su atención.

Mis hijos adolescentes solían comunicarle sus quejas. Sabía cuándo hacer bromas, cuándo condolerse y cuándo escuchar. Siempre tenía tiempo para escuchar.

Pero al paso de los años mamá también perdía facultades. Primero necesitó un bastón, después una andadera, más tarde ya no pudo subir ni bajar escaleras. Dolía ver cómo la estaba alcanzando el tiempo. Sabiamente, decía: "La mala salud es como un centavo falso: tarde o temprano se nota". Ahora había llegado *mi* turno de cuidarla.

Le llevaba todos sus alimentos arriba, me sentaba con ella en mi recámara, que era muy grande, para ver televisión, planchar, remendar, hacer mi trabajo de oficina, etcétera, y hacerle compañía mientras ella bordaba. Conversábamos y recordábamos épocas pasadas. Cantábamos nuestras canciones favoritas con alegría, sin importarnos que ninguna de las dos pudiera seguir la melodía. Compré hilaza y ella hizo un cubrecamas con ganchillo. Pero un día soltó el ganchillo y nunca más volvió a usarlo.

Mamá estaba deteriorándose cada día más. Ahora le fallaba la vista. Matthew había crecido y ya sabía subir las escaleras. Le daba codazos a la abuela, se acurrucaba en la cama a su lado y tomaba *su* turno para leerle a ella. Y nunca omitía ninguna de las palabras.

Cuando yo le daba masaje con loción a su frágil cuerpo o le ponía talco en su piel suave, besaba su aterciopelada espalda. "¿Sabes?, *este* lugar no aparenta 95 años", le decía bromeando.

Mientras se alejaba cada vez más, fueron haciéndose necesarias otras tareas. Primero bañarla y ayudarle a ir al baño, después vestirla y, finalmente, hacerle papillas, darle de comer en la boca... ponerle pañales. Nuestros papeles cambiaron. Ahora sentía que yo era *su* mamá y ella *mi* niña, y las dos lo sobrellevamos así hasta el final.

Seis meses antes de que fuera su cumpleaños número 98 mamá murió apaciblemente en la comodidad de su propia cama, en su propia habitación... en mi casa. En la planta baja, en la cocina, se horneaba un pan que impregnaba el ambiente del olor del bienestar, del olor de hogar.

Como un último acto de servicio decidí vestir el cuerpo dulce y envejecido de mi querida madre, esta vez para su entierro. Sentí que nuestros papeles volvían a invertirse, convirtiéndome de nuevo en una hija que lloraba la pérdida de su madre.

Claro, la mayoría de las personas no tienen a sus madres durante 97 años. Fui bendecida al tenerla, cuidarla, quizás incluso al pagarle un poco del gran sacrificio que hizo por mí durante mi niñez. Mientras reviso cuidadosamente las postales de un centavo que conservé a través de los años, sólo puedo pensar: ¡un hermoso centavo, ciertamente!

Carita Barlow,
como se lo narró a Carol McAdoo Rehme

Los ramilletes de Emma

Era un día caluroso del mes de junio cuando mi madre y yo cruzamos la frontera de Texas y nos dirigimos a Minden, al oeste de Shreveport, Louisiana. Aunque la hacienda familiar de los George, el lugar donde mis bisabuelos habían tenido su finca, no estaba lejos, yo nunca había estado allí.

Al acercarnos a la hacienda de la familia a través de las colinas de pinos, ocotes y robles rojos, pensé en todo lo que nos conectaba con las generaciones anteriores de nuestra familia. ¿Era sólo un asunto del color de los ojos, la estatura o el tipo de sangre? ¿O había otros nexos que nos ligaban? Si mi bisabuela Emma pudiera, de alguna manera, abrirse camino hacia el presente, ¿descubriría algo familiar en mi generación?

Cuando mi mamá y yo volteamos hacia la propiedad de los George, vimos ante nosotros una verdadera hacienda sureña: más que nada un porche con una casa adosada. Aunque era una hacienda sencilla, sus ventanas delanteras estaban adornadas con molduras talladas con extravagancia, los peldaños del porche flanqueados por grandes pilares de ladrillos con pedestales de granito constituían un palacio de tres metros de ancho. La casa tenía un parecido sorprendente con las casas de mi hermano, mi hermana y yo, aunque ninguno de nosotros había visto nunca este lugar. Cuando compré mi hacienda en Carolina del Norte, por ejemplo, lo primero que hice fue agregar una réplica de este porche. Similarmente, las casas de mi hermano y mi hermana en Louisiana, aunque habían sido recién diseñadas por un arquitecto, tenían un extraño parecido con la hacienda de los George.

Cuando mi madre y yo atravesamos el jardín, en el cual todavía florecían rosas, azucenas, lirios, geranios y hortensias, mi madre comentó: "Tu bisabuela Emma amaba las flores". Queriendo conservar una parte de mi herencia, me arrodillé y saqué unas semillas de lirio.

Como también quería conservar algo del interior de la casa, antes de que se desmoronara o se perdiera en el tiempo, cautelosamente exploramos el interior, percatándonos de que había unas tablas de pino virgen de medio metro de ancho, unos travesaños labrados a mano y tabiques de arcilla hechos a mano, todos marcados con una letra G. En la alcoba descubrí el papel tapiz de Emma que era del año 1890: con motivos florales, naturalmente, y con un patrón repetido de grandes ramilletes de rosas rosadas y de color marfil. Se estaba descascarando de las tablas de pino, pero aún era hermoso, después de tanto tiempo transcurrido, al igual que el jardín de mi bisabuela. Supe que este era el recuerdo que quería llevar conmigo. Con la navajita de mi llavero corté dos pedazos de 90 centímetros cuadrados, uno para mí y otro para mi hermana menor, Cindy.

Antes de volver a casa, mamá y yo nos quedamos un rato de pie frente a aquel porche familiar, en una silenciosa despedida. En ese instante me sentí muy conectada con mis ancestros, como si hubiera hilos invisibles entre nosotros, sujetando a todas las generaciones entre sí. Sin embargo, camino a casa empecé a preguntarme si no estaba dándole demasiada importancia a esto de los lazos familiares. A lo mejor el gusto por los porches anchos era sólo una coincidencia.

Al día siguiente, ávida de compartir la historia de este viaje con Cindy, fui a su casa. La encontré en la cocina, feliz, revisando los materiales que había comprado en un reciente viaje a Inglaterra para redecorar su casa. Nos sentamos juntas a la mesa y le platiqué sobre la hacienda de nuestros bisabuelos con sus balaustradas, sus ventanas de piso a techo y sus techos altos, que de alguna manera se parecían a los diseños de las casas de los bisnietos George.

Nos reímos cuando le conté que había enlodado mi vestido al excavar para sacar las semillas de las flores, y entonces le entregué el recorte de papel tapiz que le había traído como recuerdo.

Se quedó atónita, paralizada y muda. Pensé que, con mis modos de hermana mayor, la había ofendido con mi historia. En ese momento metió la mano en la caja de sus materiales de decoración y sacó los rollos de papel tapiz recién comprados en Inglaterra. El diseño era exactamente igual, los ramilletes de rosas rosadas y de color marfil eran los de Emma.

Los ramilletes de Emma se habían abierto camino hacia el presente.

Pamela George

Entre líneas

El amor es algo que no puedes dejar atrás cuando mueres. Así de poderoso es.

Jolik (Fuego) Lame Deer Rosebud Lakota

Después de un conmovedor funeral para mi adorado padre, Walter Rist, la familia se reunió en nuestra casa de la infancia para acompañar a mamá. Los recuerdos de papá giraban en mi mente. Podía ver sus cálidos ojos castaños y su contagiosa sonrisa. Podía ver toda su anatomía de dos metros con su sombrero y su abrigo, dirigiéndose a impartir sus clases en la universidad. Rápidamente, una nueva imagen pasó por mi mente y vi a mi padre con playera, blandiendo un bat de beisbol, tirándonos largos batazos a los niños en el jardín delantero, hace años.

Pero aquellos recuerdos tan especiales no podían desaparecer las sombras oscuras ocasionadas por la pérdida del hombre a quien amábamos.

Por la tarde, mientras buscábamos algo en un armario, encontramos un sobre de papel que decía: "Álbum de recortes de Charlotte". Lo abrí con curiosidad. Allí estaba mi álbum de recortes de "Inspiraciones de aquí y de allá" de cuando era adolescente. Me había olvidado de él hasta este momento en que empecé a hojearlo y vi los recortes y fotografías de revistas y los boletines de la iglesia que había pegado. Estaban marcados con recortes de citas famosas, versículos de la Biblia y poesías. "Esta era yo de adolescente", pensé. "Estos eran los deseos de mi corazón".

Entonces vi algo que no había visto nunca: ¡manuscritos con la letra de mi padre página tras página! Se me hizo un nudo en la garganta cuando leí las pequeñas notas que escribió para comunicarse conmigo. Eran mensajes de amor y palabras sabias. No tenía idea de cuándo las había escrito, pero ¡este era justamente el día para encontrarlas!

En la primera página, papá había escrito: "La vida nunca es una carga si el amor prevalece". Mi barbilla empezó a temblar y mi cuerpo se estremeció. Apenas podía creer lo oportunas que eran estas palabras. Seguí dándole vuelta a las páginas.

Debajo del recorte de una novia del brazo de su padre, mi papá había escrito: "¡Qué orgulloso me sentí llevándote al altar, Charlotte!"

Junto a la copia de una oración al Señor, garabateó: "Siempre encontré la fuerza que necesitaba, pero sólo con la ayuda de Dios". ¡Qué consuelo!

Encontré la foto de un muchacho sentado en el césped con un tierno perro *collie* que descansaba la cabeza en su regazo. Bajo el recorte estaban estas palabras: "Tenía una perra *collie* como esta cuando era niño. La atropelló un tranvía y desapareció. Tres semanas después regresó a casa, cojeando, con una pierna rota y la cola cortada. Su nombre era Queenie y vivió muchos años más. La vi parir a siete cachorritos. La amé mucho. Papá."

Mis ojos permanecieron húmedos cuando leí otra página. "¡Querida Charlotte, escucha a tus hijos. Permíteles hablar. Nunca los hagas a un lado. Nunca consideres que sus palabras son triviales. Toma la mano de Bob siempre que puedas. Toma siempre las manos de tus hijos. Se transmitirá mucho amor, mucha calidez para recordar." ¡Qué invaluable tesoro era esto para mí! ¡Una guía para ser buena esposa y madre! Me aferré a las palabras de papá, cuya mano grande y tierna a menudo había sostenido la mía.

En esos momentos en que repasé el álbum de recortes se grabó un profundo consuelo en el lienzo gris de mi vida.

Así que el día en que mi padre fue sepultado tuvo una "última palabra" de amor para mí. Esa sorpresa tan maravillosa, de algún modo permitida por Dios, lanzó una luz victoriosa sobre las sombras de mi dolor. Pude seguir adelante, iluminada por el faro de la fortaleza.

Charlotte Adelsperger

Charla con ejotes

Los momentos más felices y satisfactorios de mi niñez transcurrieron en compañía de mi abuela Di Di. Era mi confidente, amiga y consejera. Siempre que pienso en ella la imagino en la cocina, conmigo a su lado, mientras me enseñaba el arte de la comida casera. Mi actividad favorita era partir los ejotes. Picábamos los ejotes y los cocíamos con cebolla, sal, pimienta y un trozo de jamón. Ese era su estilo; ese era el estilo de su mamá. Picar los ejotes era tedioso, pero nunca aburrido. Me daba la oportunidad de tenerla toda para mí. Era un público cautivo para mis relatos, mis pensamientos, mis ideas, mis chistes y el siempre presente análisis de mi vida.

En la cocina las dos teníamos nuestro propio taburete en la barra que separaba la cocina del comedor. Tener mi propio asiento me hacía sentir segura. Cuando picábamos los ejotes nuestras conversaciones fueron diversas a lo largo de los años. Hablamos de la familia, de la muerte de mi padre, de mi primer beso, mi primera cita, mi compromiso, mi matrimonio y mis hijos. También hablábamos de las puestas de sol, de su jardín, del sonido de la lluvia que nos reconfortaba a ambas, y de esa sensación de felicidad que nos embargaba cuando caminábamos descalzas sobre el césped. Algunas veces permanecíamos en silencio, mientras disfrutábamos nuestra mutua compañía y nada más; otras veces simplemente no había necesidad de palabras. Nos reíamos. Nos reíamos hasta las lágrimas. Mi niñez, mi adolescencia y mi precoz madurez estuvieron ligadas y disfrutadas picando ejotes.

Durante aquellos momentos en que partía los ejotes me sentía colmada con los olores de la cocina y la calidez de su roce cuando su mano se encontraba con la mía buscando los ejotes. Ella me escuchaba. Ella me amaba.

Repentinamente, o al menos así lo creí, a mi abuela Di Di le diagnosticaron cáncer pulmonar y murió en tres meses. Yo enfrenté la imposible tarea de llenar sus zapatos vacíos. Me sentía perdida. No estaba lista para su muerte, porque era joven todavía. Aunque yo tenía 28 años aún la necesitaba.

Dos meses después de su muerte me encontré picando ejotes, en mi taburete, en su casa, completamente sola. Mi abuelo había pedido carne de res con ejotes para la cena. Sabía que deseaba percibir su olor, su cocina, sentirla en casa. Yo también. Él se encontraba, como de costumbre, en su cuarto viendo los deportes en la televisión. Mi marido y mi hija Kristina estaban en el estudio, viendo una película, y yo estaba sola. De repente sentí frío; mi cuerpo se estremeció y empecé a llorar. Sollocé ante mis silenciosos, fibrosos y verdes testigos. No comprendía aún por qué estaba llorando. ¡Qué ridículo era llorar ante un manojo de ejotes!

Entonces capté el silencio, ese silencio devastador que deja una vida ausente. Esta era la calma después de la tormenta, después de los meses frenéticos lidiando con la enfermedad, de los días angustiantes con las formalidades del entierro, de las semanas de temor y confusión que siguieron. En este momento todo se hizo realidad. Los ejotes eran sólo un catalizador para la comprensión y la claridad de la situación. ¿Qué haría ahora? ¿Cómo podría, yo sola, hacer lo que Di Di y yo hicimos juntas durante veinte años? La extrañaba. No me había afligido tanto desde el diagnóstico de su enfermedad.

Había estado tan ocupada cuidándola y luego sepultándola que no tuve tiempo de extrañarla. Con una fuerza y una resistencia que desconocía me la pasé protegiéndola, guiándola y escuchándola, tal como ella lo hiciera conmigo. Ahora estaba absolutamente sola, y todo debido a los malditos ejotes.

En ese momento Kristina entró brincando en la habitación con todo el entusiasmo que desborda una niña de seis años. Al ver los ejotes, sus ojos brillaron y dijo:

—Mamá, ¿puedo ayudarte?

Revolcándome en mi dolor, moví la cabeza y le dije:

—Cariño, tú no sabes picar ejotes.

—¡Pero, mamá, Di Di me enseñó cómo hacerlo! —contestó.

No recordaba que Di Di le hubiera enseñado. Kristina advirtió mi desconcierto y me explicó:

—¿Ya no te acuerdas, mamá? Di Di estaba enferma en su cama cuando me enseñó.

En un instante los recuerdos vinieron a mi mente. Hacía sólo tres meses, un par de semanas antes de que el cáncer invadiera sus huesos, Di Di insistió en que le llevara una cacerola llena de ejotes frescos a su recámara. Cortó los ejotes mientras permanecía en la cama, apoyándose en un codo. Era literalmente un esqueleto. Tenía un tanque de oxígeno, pero aun así empezó a darle instrucciones a Kristina. En ese momento pensé que mi abuela sólo trataba de ser útil, pretendiendo mantener el control sobre una situación incontrolable. Yo estaba equivocada, pues Di Di en realidad estaba dejando su legado y dándole a Kristina su herencia.

Le dije a Kristina:

—De acuerdo, cariño. Me había olvidado de que Di Di te enseñó cómo partir ejotes. Toma, puedes ayudarme.

Ella sonrió y dijo:

—Gracias, mamá.

Brincó al taburete de Di Di, agarró un manojo de ejotes y empezó a platicarme acerca de sus aventuras cuando trepaba a los árboles.

Ya no volví a llorar por Di Di. Ella todavía está conmigo, su espíritu me rodea. Sus brisas de sabiduría pasan a través de mí hacia Kristina. No existe un final en la vida, sólo una continuidad... Y muchos ejotes para cortar.

Veronica Hilton

Legado en una sopera

¿Ha notado alguna vez lo ocupada que es su vida y lo vacía que parece volverse? Recuerdo que un lunes por la mañana me quedé mirando mi agenda; tenía anotada una reunión, algunas fechas tope y muchos proyectos que reclamaban mi atención y mi tiempo. Recuerdo haber pensado por enésima vez: "¿Qué es realmente lo que significa todo esto?"

Y últimamente, con toda esta introspección, había estado recordando a mi querida abuela. Mi abue sólo estudió hasta el sexto grado, pero poseía una gran sabiduría doméstica y un maravilloso sentido del humor. Quienes la conocían pensaban que era muy apropiado que hubiera nacido el 1o. de "abril, día de las bromas, del buen humor y de las risas sinceras", y ciertamente dedicó toda su vida a levantarle el ánimo a los demás.

No era muy inteligente, pero con los niños era el Mundo de Disney personificado. Cualquier actividad con mi abue se volvía todo un acontecimiento, una ocasión para celebrar, una razón para reír. Retrocediendo en el tiempo me doy cuenta de que eran épocas diferentes, campos de acción distintos, donde la familia, la diversión y la comida jugaban un papel muy importante.

Las comidas eran fundamentales para mi abue; eran ocasiones en las que había que planear, saborear y disfrutar. Los desayunos calientes y con todos sentados a la mesa eran obligatorios. El almuerzo comenzaba a prepararse a las 10:30 todas las mañanas, siempre con sopa casera hirviendo a fuego lento, y los planes para la cena empezaban a las 3:30 de la tarde, con una llamada telefónica al carnicero para hacerle un pedido. Mi abue pasó toda su vida solucionando las necesidades más básicas de su familia.

Al detenerme a comprar una más de las comidas preparadas, mi mente se centró en su cocina. La antigua mesa de roble con un solo pedestal... las interminables ollas de sopas, estofados y salsas siempre hirviendo sobre la estufa... los manteles manchados con amor de comidas anteriores. "Dios mío", pensé de repente. "¡Tengo más de cuarenta años y ni por casualidad he preparado un puchero o un estofado todavía!"

De pronto los recipientes de cartón con alimentos para llevar que tenía frente a mí me parecieron casi obscenos. Sentía que había sido bendecida con un maravilloso legado, y que por una u otra razón no había sido capaz de continuarlo.

Al día siguiente registré el ático buscando una caja de cartón que había arrumbado años atrás. Hacía veinticinco años mi abue me dio esa caja, cuando decidió mudarse de la antigua finca familiar. Recuerdo vagamente cuando me dieron mi "herencia" siendo una adolescente. Cada nieta había recibido una cartera. La mía era una bolsa de noche adornada con joyas de los años veinte. Recuerdo que la usé en mi graduación de la universidad. Sin embargo, como era una adolescente intransigente cuando me dieron mi "herencia", nunca me molesté en ver qué más había en la caja. Las cosas seguían guardadas en esa misma caja, sepultada en alguna parte del ático.

No fue difícil localizar la caja, y fue aún más fácil abrirla. La cinta era vieja y cedió fácilmente. Al abrir la tapa vi que mi abue había envuelto algunos artículos en viejas servilletas de lino: una mantequillera, un florero y, al fondo, una de sus antiguas soperas. La tapa estaba pegada al recipiente con cinta adhesiva. Despegué la cinta y quité la tapa.

En el fondo había una carta escrita por mi abue, que decía:

Mi querida Barbara:

Sé que encontrarás esto dentro de muchos años. Cuando lo leas, por favor recuerda cuánto te he amado, porque yo estaré entonces con los ángeles, y no podré decírtelo.

Siempre fuiste muy intransigente, muy impulsiva, con mucha prisa por crecer. Deseé muchas veces que no hubieras crecido para tratarte eternamente como una bebé. Cuando dejes de correr, cuando llegue el momento de detenerte, quiero que saques la sopera y conviertas tu casa en un hogar. Te adjunto la receta de tu sopa favorita, esa que te preparaba cuando eras mi bebé.

Recuerda que te amo, y que el amor es para siempre.

Tu abue

Aquella mañana permanecí sentada leyendo la nota una y otra vez, llorando por no haberla apreciado lo suficiente cuando la tenía. "Eras un tesoro", gemí para mis adentros. "¡Por qué nunca me molesté en revisar dentro de esta sopera cuando todavía estabas viva!"

Así que esa noche mi portafolio permaneció cerrado, la contestadora no dejó de parpadear y los desastres del mundo exterior quedaron al margen. Tenía una sopa que preparar.

Barbara Davey

¿Más Sopa de pollo?

Muchas de las histories y los poemas que acaba de leer en este libro fueron enviados por lectores como usted, que han leído los primeros libros de *Sopa de pollo para el alma*. Planeamos publicar cinco o seis libros de *Sopa de pollo para el alma* cada año, así que lo invitamos a contribuir con un relato para alguno de estos futuros volúmenes.

Los relatos pueden contener haste 1,200 palabras y deben ser edificantes o inspirativos. Puede envior un artículo original o un recorte del periódico local, de una revista, de un boletín de la iglesia o de una hoja informative de la compañía donde trabaja. También podría mandar una cita favorita que haya pegado en la puerta del refrigerador o una experiencia personal que le haya afectado profundamente.

Algunos de los futuros títulos que hemos planeado son: *Una tercera ración de sopa de pollo para el alma de la mujer* y *Una segunda ración de sopa de pollo para el alma de la madre,* además de *Sopa de pollo para... el alma de los solteros; el alma triste; el alma divorciada; el alma de los universitarios; el alma del doctor y la enfermera y el alma del escritor.*

Sólo envíe una copia de sus relatos y otros textos indicando para qué edición los destina, a la siguiente dirección:

Sopa de pollo para el alma *(especifique qué edición)*
P.O. Box 30880 • Santa Bárbara, CA 93130
teléfono: 805-563-2935 • fax: 805-563-2945
Para envier un e-mail o visitor nuestro sitio en la red:
www.chickensoup.com

Nos aseguraremos de que tanto usted como el autor reciban el crédito correspondiente por el material enviado.

Para recibir información sobre conferencias, otros libros, audiocintas, talleres y programas de capacitación, por favor póngase en contacto directamente con cualquiera de los autores.

Apoyo para las mujeres del mundo

Con el objetivo de apoyar a las mujeres de todo el mundo, el editor y los coautores de *Una segunda ración de sopa de pollo para el alma de la mujer* donarán una parte de los ingresos que genere este libro a la YWCA de Estados Unidos.

La YWCA es una organización no lucrativa dedicada a apoyar en la sflperación personal a mujeres y adolescentes en toda la nación. Con oficinas en los cincuenta estados de la Unión Americana, la YWCA es la principal proveedora de:

- Servicios de albergues para mujeres y niños.
- Servicios de calidad y bajo costo para el cuidado de los niños.
- Servicios de orientación, seguimiento y educación para mujeres de más de cincuenta años con bajos ingresos, que padecen cáncer de mama o cáncer cervical.
- Campañas de educación pública para promover la igualdad racial y el entendimiento entre las personas.
- Servicios para la juventud, incluyendo programas deportivos y de acondicionamiento físico, programas de orientación para desarrollar habilidades tecnológicas y clubes de adolescentes que les ayudan a desarrollar su capacidad de liderazgo.

Para más información, par favor comuníquese a:

YWCA de Estados Unidos
350 Fifth Avenue
New York, NY 10118,
teléfonos: 800-821-4364
y 212-273-7800
Página web: *www.ywca.org*

¿Quién es Jack Canfield?

Jack Canfield es uno de los líderes expertos en Estados Unidos en lo que se refiere al desarrollo del potencial humano y la efectividad personal. Es un orador dinámico y entretenido, así como un instructor muy solicitado. Jack tiene una maravillosa habilidad para informar e inspirar a las audiencias para alcanzar altos niveles de autoestima y óptimo desempeño.

Es autor y narrador de varios programas exitosos en cintas de audio y video, entre los que se incluyen *Self-Esteem and Peak Performance (Autoestima y desempeño óptimo), How to Build High Self-Esteem (Cómo construir una autoestima elevada), Self-Esteem in the Classroom (Autoestima en el salón de clases)* y *Chicken Soup for the Soul-Live (Sopa de pollo para el alma: en vivo)*. Se presenta con regularidad en programas de televisión como *Good Morning America, 20/20* y *NBC Nightly News*. Jack ha sido coautor de numerosos libros, entre ellos la serie de *Sopa pollo para el alma, Dare to Win (Atrévase a ganar)* y *The Aladdin Factor (El factor Aladino)* (todos con Mark Victor Hansen), *100 Ways to Build Self-Concept in the Classroom (100 Maneras de construir un autoconcepto dentro del salón de clases)* (con Harold C. Wells) y *Heart at Work (El corazón en el trabajo)* (con Jacqueline Miller).

Jack es un destacado orador que trabaja con frecuencia para asociaciones profesionales, distritos escolares, agencias gubernamentales, iglesias, hospitales, organizaciones de ventas y otras corporaciones. Entre sus clientes se cuentan la Asociación Dental Estadounidense, la Asociación Administrativa Estadounidense, AT&T, Sopas Campbell, Clairol, Domino's Pizza, General Electric, ITT, Hartford Insurance, Johnson & Johnson, The Million Dollar Roundtable, NCR, New England Telephone, Re/Max, Scott Paper, TRW y Virgin Records. Jack también forma parte del cuerpo docente de Income Builders International, una escuela para empresarios.

Jack dirige un programa anual de ocho días llamado Training of Trainers Program (Programa para capacitar a los instructores) en las áreas de autoestima y desempeño óptimo, dirigido a educadores, consejeros, asesores de padres, capacitadores corporativos, oradores profesionales, ministros y otras personas interesadas en desarrollar sus habilidades para hablar en público y dirigir seminarios.

Para mayor información sobre los libros, cintas y programas de entrenamiento de Jack, o para contratarlo para una presentación, por favor póngase en contacto con:

The Canfield Training Group
P.O. Box 30880 • Santa Barbara, CA 93130
teléfono: 805-563-2935 • fax: 805-563-2945
Para enviar un e-mail o visitar nuestro sitio en la red:
www.chickensoup.com

¿Quién es Mark Victor Hansen?

Mark Victor Hansen es un orador profesional que, durante los últimos veinte años, ha efectuado más de cuatro mil presentaciones para más de dos millones de personas en treinta y dos países. Sus presentaciones abarcan temas como la excelencia y las estrategias en ventas, desarrollo y capacitación de personal, y cómo triplicar los ingresos y duplicar el tiempo libre.

Mark ha dedicado toda una vida a la misión de provocar una diferencia profunda y positiva en las vidas de las personas. A lo largo de su carrera ha inspirado a miles de personas para crear un futuro más poderoso y lleno de significado, al mismo tiempo que fomenta la venta de miles de millones de dólares en bienes y servicios.

Mark es un escritor prolífico y es autor de *Future Diary (Diario futuro)*, *How to Achieve Total Prosperity (Cómo lograr la prosperidad total)* y *The Miracle of Tithing (El milagro del diezmo)*. Es coautor de la serie *Sopa de pollo para el alma*, *Dare to Win (Atrévase a ganar)* y *The Aladdin Factor (El factor Aladino)*, todos con Jack Canfield, y *The Master Motivator (El experto motivador)*, con Joe Batten.

Mark también ha producido una biblioteca complete de programas de audio y video que han permitido a sus oyentes reconocer y utilizar sus habilidades innatas en beneficio de su vida personal y laboral. Su mensaje lo ha convertido en una personalidad del radio y la televisión, con apariciones en ABC, NBC, CBS, HBO, PBS y CNN. También ha aparecido en la portada de numerosas revistas como *Success, Entrepeneur y Changes*.

Mark es un gran hombre con un corazón y un espíritu abiertos que son fuente de inspiración para todos aquellos que buscan superarse.

Para mayor información sobre Mark escriba a:

P.O. Box 7665
Newport Beach, CA 92658,
teléfono: 949-759-9304 y 800-433-2314
fax: 949-722-6912
Página web: *www.chickensoup.com*

¿Quién es Jennifer Read Hawthorne?

Jennifer Read Hawthorne es coautora de los éxitos editoriales #1 del *New York Times*, *Sopa de pollo para el alma de la mujer* y *Sopa de pollo para el alma de la madre*. Actualmente trabaja preparando futuras ediciones de *Sopa de pollo para el alma* y también realiza presentaciones de *Sopa de pollo para el alma* a nivel nacional, compartiendo relatos inspirativos de amor y de esperanza, de valor y de sueños.

Jennifer es reconocida como una oradora perspicaz y dinámica, además de tener un gran sentido del humor y el toque conmovedor al narrar historias. Desde temprana edad desarrolló una profunda apreciación por el lenguaje, misma que le cultivaron sus padres. Ella atribuye su amor por la narración al legado de su padre ya fallecido, Brooks Read, un experto y famoso narrador de cuentos cuyas historias originales del Conejo Brer llenaron su niñez de magia y de un sentido del poder de la palabra.

Como voluntaria de Los Cuerpos de Paz en África Occidental, enseñando inglés como lengua extranjera, Jennifer descubrió la universalidad que poseen los relatos para enseñar, conmover, ennoblecer e interrelacionar a las personas. Sus presentaciones de *Sopa de pollo para el alma* han provocado que sus oyentes lloren y también rían; muchas personas han dicho que sus vidas mejoraron después de escucharla hablar.

Jennifer es cofundadora del Grupo de la Estima, una organización que se especializa en fomentar la autoestima y realizar programas inspirativos para las mujeres. Como oradora profesional, desde 1975 se ha dirigido a miles de personas en todo el mundo, hablándoles sobre la superación personal, el autodesarrollo y el éxito profesional. Sus clientes incluyen asociaciones profesionales, compañías como Fortune 500 y organizaciones gubernamentales y educativas como AT&T, Aerolíneas Delta, Tarjetas Hallmark, la Legión Americana, Norand, Cargill, el estado de Iowa y la Universidad Clemson.

Jennifer nació en Baton Rouge, Louisiana, donde se graduó en la Universidad Estatal de Louisiana con una licenciatura en periodismo. Actualmente vive en Fairfield, Iowa, con su esposo Dan y sus dos hijastros, Amy y William.

Si desea ponerse en contacto Jennifer para solicitar una plática o seminario de *Sopa de pollo para el alma,* puede localizarla en:

Jennifer Hawthorne Inc.
1105 South D Street
Fairfield, IA 52556
teléfono: 515-472-7136 • fax: 515-469-6908

¿Quién es Marci Shimoff?

Marci Shimoff es coautora de los éxitos editoriales #1 del *New York Times*, *Sopa de pollo para el alma de la mujer* y *Sopa de pollo para el alma de la madre*. Es oradora profesional e instructora y durante los últimos diecisiete años ha inspirado a miles de personas con su mensaje de crecimiento personal y profesional. Imparte pláticas y seminarios sobre autoestima, manejo del estrés, habilidades en la comunicación y desempeño óptimo. Desde 1994 se ha especializado en dar pláticas sobre *Sopa de pollo para el alma* a audiencias en todas partes del mundo.

Marci es cofundadora y presidenta del Grupo de la Estima, una organización que ofrece programas inspirativos y de afltoestima para las mujeres. Oradora connotada para la compañía Fortune 500, entre otros clientes de Marci se cuentan AT&T, General Motors, Sears, Amoco, Aerolíneas American y Bristol Myers Squibb. Ha destacado también como oradora en numerosas organizaciones profesionales, universitarias y asociaciones de mujeres, donde se le conoce por su gran sentido del humor y su dinámica actividad.

Marci combina su peculiar estilo con una sólida base de conocimientos. Obtuvo su licenciatura en Administración de Empresas en la Universidad de California en Los Ángeles; estudió durante un año en Estados Unidos y en Europa para obtener un certificado avanzado como consultora en el manejo del estrés. Desde 1989 Marci ha estudiado el tema de la autoestima con Jack Canfield, a quien ha ayudado en su programa anual de capacitación para instructores que se imparte a profesionistas.

En 1983 Marci fue coautora de un estudio muy elogiado acerca de las principales cincuenta mujeres dentro de los negocios en Estados Unidos. Desde entonces se ha especializado en dirigirse a audiencias femeninas, enfocándose en ayudar a la mujer a descubrir su extraordinario potencial interno.

De todos los proyectos en los que Marci ha trabajado, ninguno ha sido tan satisfactorio como el de crear los libros de *Sopa de pollo para el alma*. Actualmente trabaja preparando futuras ediciones de *Sopa de pollo para el alma* y se siente feliz por tener la oportunidad de ayudar a abrir los corazones y reavivar el espíritu de millones de personas en todo el mundo.

Si desea ponerse en contacto Marci para solicitar una plática o un seminario de *Sopa de pollo para el alma,* puede localizarla en:

The Esteem Group
1105 South D Street
Fairfield, IA 52556
teléfono: 515-472-9394 • fax: 515-472-5065

Colaboradores

Susan **Adair** es trabajadora social del Departamento de Servicios Sociales de Texas. Vive en Lufkin, Texas, con su marido John y sus dos hijas.

Denaé Adams vive en Bethel, Ohio. Es graduada de la Universidad Estatal Morehead, en Kentucky, y realizó sus prácticas estudiantiles en Inglaterra, trabajando con estudiantes que tenían severos desórdenes emocionales, de conducta y de aprendizaje. Durante su estancia en Europa tuvo la oportunidad de viajar a Francia, Bélgica, Escocia y Holanda. En la actualidad atiende a estudiantes con severos desórdenes emocionales y de conducta en Ripley, Ohio.

Charlotte Adelsperger es oradora y escritora inspirativa independiente. Es autora de dos libros y ha escrito artículos para más de 70 publicaciones. Disfruta impartiendo pláticas acerca de las diferentes formas de motivación personal. Su esposo Bob y sus hijos Karen Hayse y John Adelsperger son sus principales y creativos animadores. Puede contactar a Charlotte en 11629 Riley, Overland Park, KS 66210, o llamando al 913-345-1678.

Carol Allen es astróloga védica profesional y vive en el bonito desierto del norte de Nuevo México con su esposo Bill y su gato atigrado Buda. Colaboró con un relato en *Chocolate caliente para el alma mística* y está escribiendo un libro humorístico sobre los animales. Puede localizarla llamando al 505-737-2398.

Shirley Allison es una ávida coleccionista de antigüedades, de las cuales tiene un negocio junto con su esposo Dan. Tiene dos hijos y seis nietos y valora ampliamente la relación tan estrecha que disfruta con su familia. Shirley exhorta a las personas para que se pongan en contacto con la Fundación Nacional del Riñón al 1-800-622-9010, para saber más sobre los importantes beneficios de la donación de órganos, y le pide: "¡Por favor, no lo posponga, hágalo hoy!"

Helen Troisi Arney y su esposo Paul son originarios de Pennsylvania, aunque han vivido sus cuarenta y tres años de matrimonio en Peoria, Illinois, criando a tres hijos y tres hijas. Helen estudió la licenciatura en filosofía y letras y en arte en la Universidad Bradley y ha impartido clases de inglés a nivel secundaria durante diecinueve años. Ha publicado artículos en periódicos y revistas, incluyendo el *Chicago Tribune* y el *Reader's Digest*, y escribe la columna "El paseo de la viuda" para el *Times Observer* de Peoria. Puede localizarla en 8660 N. Picture Ridge Rd., Peoria, IL 61615.

Marsha Arons es escritora y conferenciante en Skokie, Illinois. Se siente feliz de colaborar con la serie *Sopa de pollo* y sus historias aparecen en el *Alma de la mujer* y el *Alma de la madre*. También colabora con revistas como *Good Housekeeping, Reader's Digest* y *Redbook*. Es autora de un libro para adultos jóvenes y en la actualidad trabaja en una colección de cuentos cortos que tratan sobre las relaciones entre madres e hijas. Puede ponerse en contacto con ella par correo electrónico para entablar charlas y solicitar información en *RA8737@aol.com*.

Shinan Barclay es escritora galardonada, poetisa y cuentista. Publicó su obra *Humbug Mountain News, a Fairy Godmother's Journal of Miracles, Magic and Spiritual Midwifery*. Es coautora de *The Sedona Vortex Experience* y *Flowering Woman Moontime for Kory*, la historia del rito de la transformación de una niña para convertirse en mujer. Trabaja como partera en Cuidados Paliativos "cantándole a las pacientes". Puede localizarla en *shinanbarclay @yahoo.com* o en *http://edgecity.com/shinanagans*.

Shirley Barksdale se hizo escritora independiente desde que perdió a su hijo, en 1972. Escribió para Aerolíneas Frontier durante catorce años y ha escrito artículos para otras publicaciones como las revistas *Virtue, Guideposts, Reader's Digest* y *McCall's*. Reside en Colorado con su esposo Ralph, un piloto retirado de United Airlines. Puede localizar a Shirley en 11 Canongate Lane, Highland Ranch, CO 80126.

Beverly Beckham es columnista galardonada y editorialista para *The Boston Herald*. Es autora de *A Gift of Time*, una colección de ensayos. Como madre que siempre permaneció en casa y empezó la carrera de escritora a los treinta años, siempre pondera las experiencias universales que conectan a la familia y a los amigos. Puede localizarla en P.O. Box 216, Canton, MA 02021, o por correo electrónico en *BevBeckham@aol.com*

Sally A. Breslin es corresponsal y fotógrafa de Neighborhood Publications Inc. en Bedford, New Hampshire. Desde 1994 ha estado escribiendo una columna semanal de humor, "Mi vida", por la que fue nominada para columnista del año 1995 por la New Hampshire Press Association. Su columna también puede verse semanalmente en *www.NH.com*. Sus artículos han sido publicados en *The Writer, Datebook* y *NH Home Magazines*. En su tiempo libre Breslin disfruta analizando los sueños de las personas, lo cual hace al aire una vez al mes en WJYY Radio en Concord, New Hampshire. Puede localizarla en P.O. Box 585, Suncook, NH 03275-0585.

Gina Bridgeman es colaboradora regular del libro devocional *Daily Guideposts* y escribe para la revista *Guideposts*. También es editora consultiva del boletín *Joyful Noiseletter*, que publica la Confraternidad de Cristianos Felices. Gina vive en Scottsdale, Arizona, con su esposo y dos hijos.

Isabel Bearman Bucher es maestra de quinto grado recientemente jubilaba y la primera de una generación de italoamericanos nacida en Branford, Connecticut, en 1937. Criada en un pequeño pueblo de Estados Unidos, se alimentó de la riqueza espiritual de su familia, integrada por mujeres muy fuertes. En 1965, a sus veintisiete años, se casó con LeRoy Bearman, un periodista deportivo de Albuquerque, y tuvo dos hijas, Erica y Shauna, mezclando sus tradiciones con las de Roy, que era judío. La muerte intempestiva de su esposo, a los cuarenta y dos años, a causa de una enfermedad cardiovascular, la obligó a reconstruir su vida. Felizmente casada en segundas nupcias durante casi veinte años con Robert, un banquero jubilado, Isabel y sus hijas ya crecidas continúan con la tradición de la mezcla de culturas.

Cindy Jevne Buck es escritora profesional y maestra de redacción. En la actualidad recopila relatos reconfortantes para un libro sobre jardinería. Sigue siendo buena amiga de la estrella de su historia, Michael MacCallum, quien vive en Ashby, Massachusetts. Puede localizar a Cindy en 51 N. Cromwell St., Fairfield, IA 52556, y por fax o teléfono al 515-472-6022.

Sharon M. Chamberlain es artista, escritora, madre y abuela. "Colorea mi mundo" representa un fragmento de su autobiografía, la cual empezó a escribir cuando quedó inválida. Sharon también disfruta incorporando su poesía y su prosa a sus acuarelas originales. Puede localizarla en 4315 N. University, Peoria, IL 61614, o llamando al 309-686-1568.

Dan Clark es el embajador internacional del "Arte de estar vivo". Se ha dirigido a más de dos millones de personas en los cincuenta estados de la Unión Americana y en Canadá, Europa, Asia y Rusia. Dan es actor, compositor, productor de discos y cintas de video y atleta galardonado. Es autor reconocido de seis libros, entre los que se incluyen *Getting High—How to Really Do it, One Minute Messages, Puppies for Sale* y *The Art of Being Alive.* Puede localizarlo en P.O Box 8689, Salt Lake City, UT 84108 o llamando al 801-485-5755.

Teresa Collins vive en Chelsea, Oklahoma, con su esposo y sus tres hijos. Es autora del libro de cocina *Low-Fat & Happy,* que contiene doscientas recetas fáciles de realizar y sus secretos para sentirse motivada. Recuerde que vale la pena que usted no se rinda. Puede localizarla en Aspire Publications, P.O. Box 392, Chelsea, OK 74016, o llamando al 918-789-2765.

Robert A. Concolino se ha especializado en problemas legales familiares durante veinticinco años. Defiende las alternativas que se oponen a las tácticas de juzgar y culpar, el fin es ganar la libertad y el poder de las opciones responsables. Para conseguir información sobre sus talleres y hacerle consultas, escriba a 17602 17th Street, #102-113, Tustin, CA 92780, o llame al 888-TRUEWIN.

Barbara Davey es directora de mercadotecnia y relaciones públicas en el Hospital Christ de Jersey City, New Jersey. Obtuvo la licenciatura y la maestría en la Universidad Seton Hall. Un proyecto muy cercano a su corazón es el programa "Luzca bien, siéntase mejor", que ayuda a las mujeres a enfrentar la quimioterapia y la radiación usadas en el tratamiento del cáncer, con todos sus efectos colaterales desagradables, desde el punto de vista cosmético, facilitándoles pelucas y ayudándolas a arreglarse. Ella y su esposo Reinhold Becker viven en Verona, New Jersey. Puede localizarla llamando al 973-239-6568.

Mary J. Davis empezó a escribir cuando el síndrome del "nido vacío" llegó a su casa. Mary se especializa en educación cristiana, redacción inspirativa y ficción para niños, con más de 200 artículos impresos. Sus veinte libros han sido publicados por Rainbow Legacy y Shining Star. Imparte seminarios sobre educación cristiana, así como para grupos de damas y reuniones de niños. También dirige talleres infantiles de redacción. Mary y su esposo Larry tienen tres hijos ya mayores. Puede localizarla en P.O. Box 27, Montrose, IA 52639.

Drue Duke es escritora independiente con experiencia en radio, teatro y revistas. Los temas inspirativos y cristianos son su especialidad. Su libro *Alabama Tales: Anecdotes, Legends and Other Stories,* puede conseguirse en Vision Press, P.O. Box 1106, Northport, AL 35476. La puede localizar en el teléfono 236-381-0829.

Ron C. Eggertsen creció en el sur de California y fue educado en la recientemente creada Universidad Brigham Young así como en la Universidad del Sur de California. Ha sido oficial naval, ejecutivo de publicidad, escritor de guiones para televisión, locutor de radio, consultor en comunicaciones, productor de documentales cinematográficos y está orientando sus esfuerzos para llegar a convertirse en un "ser humano completo". Vive en Orem, Utah, y puede localizarlo en el 801-224-2257, o en *rone@burgoyne.com.*

Lin Faubel tiene tres hijos, una hija, dos nietos y tres ex esposos. Para equilibrar su caótica vida personal ha comenzado con un negocio de venta de casas. Su mente y su cuerpo residen en Illinois, mientras que su alma y su corazón viven en un faro de Nueva Inglaterra. La puede localizar en 111 S. Lawndale, Washington, IL 61571, o llamando al 309-444-8253.

Arnold Fine ha sido editor de *The Jewish Press*, el periódico anglojudío más importante del mundo, durante cuarenta y ocho años. Simultáneamente ha sido coordinador de educación especial en la secundaria "Samuel J. Tilden" en Brooklyn, ocupándose de los niños discapacitados y con lesiones cerebrales. Desde que se retiró del sistema escolar, Arnold Fine se ha convertido en profesor adjunto de la sección de ciencias de la conducta en la Universidad de Kingsborough. Ha sido reconocido por el Comité Nacional para el Fomento de la Educación Judía y por la Asociación de Maestros Judíos del estado de Nueva York. Fue nominado dos veces como "Maestro del Año" en Nueva York. Está casado, tiene tres hijos y seis nietos.

Lisa Marie Finley es maestra de primer grado, esposa y madre de dos hijos jóvenes. Siempre está muy ocupada, pero frecuentemente se le ocurre un poema o un cuento corto que pronto olvida si no lo escribe de inmediato. En estos momentos existe para ella otro tipo de "realización". Puede localizarla en P.O. Box 536, Stanwood, WA 98292.

Barbara Jeanne Fisher reside en Fremont, Ohio. Es una escritora prolífica que ha publicado numerosos artículos en revistas de Estados Unidos y Canadá. Aunque escribe temas de ficción, en su primera novela, *Stolen Moments*, publicada en octubre de 1998, muchos de los sentimientos de los personajes provienen de su propia experiencia lidiando con el lupus. Su objetivo al escribir el libro fue utilizar los sentimientos de su corazón para llegar a los corazones de sus lectores.

George M. Flynn es escritor independiente y maestro de inglés de séptimo grado en la escuela Frankford Township de Branchville, New Jersey. Reside con su esposa Carole y sus tres hijos, Jeannie, Katie y Jimmy, en 23 Kemah-Mecca Lake Road, Newton, NJ 07860. Puede localizarlo llamando al 973-948-4995. "Los bebés de Verónica" apareció por primera vez en el otoño de 1997, en un ejemplar de *Vermont Ink*.

Toni Fulco ha escrito más de 150 artículos, historias, poemas y antologías en revistas estadounidenses. Organiza fiestas de coctel en su casa y es conocida en su localidad como "la dama de los pájaros", por el gran amor que les tiene a las aves. Puede localizarla en 89 Penn Estates, E. Stroudsburg, PA 18301.

Deb Plouse Fulton lleva veintidós años enseñando a niños con problemas de aprendizaje a nivel elemental. Vive con su esposo Steve y sus tres hijos: Jori (de diecisiete años), Jena (de dieciséis) y Jacob (de nueve). Puede localizarla en 16 Hillcrest Drive, Middletown, PA 17057.

Mechi Garza tiene antepasados indios choctaw-cherokee y es miembro activo de varios grupos intertribales; colabora en el

Consejo de los Antepasados y es consejera espiritual de Americanos Nativos en una prisión federal. Sus veinte nietos representan a cinco razas diferentes. Ha escrito once libros y es miembro del Gremio Internacional de Mujeres Escritoras. Muy pronto se transmitirá en televisión un documental sobre su vida.

Pamela George es profesora de psicología educativa en la Universidad Central de Carolina del Norte. Realiza investigaciones y escribe sobre cómo entienden y aprenden los niños acerca de las diferentes culturas. Vive con su esposo y su hija en Durham, Carolina del Norte.

Frankie Germany posee un título de maestría en educación elemental y se ha dedicado a la docencia durante veintisiete años. Aunque la escritura llegó tarde a su vida, desea continuar escribiendo mientras viva y busca ansiosamente poder dedicarse de tiempo completo a hacerlo. Frankie y su esposo tienen una armoniosa familia de seis hijos y dos preciosos nietos.

Evelyn M. Gibb, después de criar a tres hijos, actualmente vive con su esposo en las colinas de las Montañas Cascade en Washington. Sus mayores alegrías provienen de las bellezas naturales que tiene a su alrededor y de compartir sus cuentos cortos, artículos y poemas con lectores de diversas revistas estadounidenses. Recientemente terminó un libro, una crónica real sobre una aventura en bicicleta en 1909, titulada *Two Bikes and a Billiken*.

Jean Jeffrey Gietzen es poetisa y ensayista y sus artículos han aparecido en *McCall's*, *Reader's Digest*, *Writer's Digest*, *Catholic Digest* y muchas otras revistas. Acerca de sus escritos, Jean dice: "Escribir sobre la familia, con sus altas y bajas, es una manera de ayudar a otros a darse cuenta de que no están solos resolviendo problemas que surgen en cualquier familia que se ama. Es una manera de tocar los corazones y quizá realizar de paso alguna curación". Jean es una antigua ciudadana del medio oeste que ahora escribe desde su nido después de su jubilación en Tucson, Arizona, donde de vez en cuando imparte clases de redacción. Tiene tres hijos y cuatro nietos. Es autora de *A People Set Apart* y *Questions and Answers for Cathechists*. Su trabajo también ha sido reconocido en las *Historias del corazón*, de Multnomah. La puede localizar en el 520-296-1550.

Barbara E.C. Goodrich, originaria de Valparaíso, Indiana, es escritora independiente y actualmente vive en los bellos bosques tropicales de Australia. Su experiencia en la industria del desarrollo personal le ha proporcionado conocimientos únicos para impartir talleres de redacción acerca de la vida misma. Puede localizarla en P.O. Box 84, Tyalgum, NSW, 2484, Australia.

Donna Kay Heath es madre de una hija, escritora cristiana y oradora. Recientemente publicó un libro de poesía y se ha dirigido a diferentes grupos de mujeres. "Mi deseo es animar a aquellas que se sienten heridas por los problemas de la vida. Yo soy una prueba de que podemos superarlos y hacernos más fuertes debido a ellos." Para hablar con ella o comprar su libro *From the Heart*, llame al 910-259-2243 o escriba a Bridge Builders Ministry, P.O. Box 1146, Burgaw, NC 28425.

Jacqueline M. Hickey es escritora independiente y vive en Rockport, Massachusetts, con su esposo y sus tres hijos. Actualmente trabaja en su primera novela y a menudo se siente inspirada por la belleza de Rockport. Puede localizarla en 6½ R. Parker Street, Rockport, MA 01966, o por correo electrónico en *bojack@tiac.net*.

Caroline Castle Hicks fue maestra de inglés y de humanidades a nivel secundaria y ahora es ama de casa, escritora independiente y poetisa. Vive en Huntersville, Carolina del Norte, en donde alimenta su inspiración gracias a su familia y a la abundante belleza natural. Su correo electrónico es *Dhicks1@compuserve.com*.

Veronica Hilton es madre de una niña, Kristina, de ocho años. Es escritora, esposa y estudiante. Después de viajar por Estados Unidos y Europa con su esposo Richard, retirado de la Fuerza Aérea, la poetisa de treinta años, con influencia sureña (nacida en Tennessee y radicada en Florida), regresó a la escuela y actualmente asiste a la Universidad Atlántica de Florida. Verónica consagra su tiempo a la dirección de las Chicas Exploradoras y a sociedades académicas honoríficas. Puede localizarla en el 940 39th Court, West Palm Beach, FL 33407, o llamando al 561-465-0838.

Geery Howe, presidente de Morning Star Associates, es consultor, orador e instructor en liderazgo, administración y desarrollo estratégico. Es autor de *Listen to the Heart: The Transformational Pathway to Health and Wellness*, y puede localizarlo en Morning

Star Associates, P.O. Box 869, West Branch, IA 52358, o llamando al 319-643-2257.

Steven James es un orador dinámico, escritor y educador que viaja por el país sirviendo de inspiración a sus oyentes con sus mensajes optimistas y sus cautivadoras historias reales. Sus artículos aparecen regularmente en las principales revistas cristianas y comparten la relevancia del amor de Dios por las personas de esta era moderna. Si desea contratar a Steven para que hable en su retiro, conferencia o seminario, escríbale a P.O. Box 141, Johnson City, TN 37605, o envíele un correo electrónico a *storyguy@pobox.com* o llámelo al 800-527-8679.

Kitsy Jones es, por encima de todo, esposa y madre y valora pasar el mayor tiempo posible con su familia. Sus hijos tienen actualmente siete y once años, y ha estado casada con Lee durante quince años. Es enfermera titulada y trabaja en el Centro Médico Cook en Fort Worth, especializado en trasplantes de médula ósea. Se siente bendecida por haber presenciado un milagro de Navidad especial. Puede localizarla en P.O. Box 15201, Arlington, TX 76015 o enviarle un correo electrónico a *Isjones1@airmail.net*.

Harrison Kelly vive en Memphis, Tennessee con la que ha sido su esposa durante dieciséis años y sus dos hijos, Brad y Kristina. Actualmente está buscando un editor para su primera novela y trabaja en una novela de suspenso. Puede localizarlo por correo electrónico en *dhk@sprynet.com*. "Regalo de una Navidad no tan blanca" es su primera historia publicada.

Sue Monk Kidd es autora de seis libros de éxito editorial sobre enaltecimiento espiritual, incluyendo *When the Heart Waits* y su muy aclamada memoria espiritual *The Dance of the Dissident Daughter* (Harper, San Francisco). Conferenciante y maestra, ha publicado cientos de ensayos y artículos en publicaciones como *Reader's Digest, Weavings, Guideposts* y *The Atlanta Journal Constitution*. Sus temas de ficción se han publicado en periódicos literarios y ha recibido numerosos reconocimientos, incluyendo el Premio Katherine Anne Porter y menciones honoríficas de Los Mejores Cuentos Cortos de Estados Unidos.

Marilyn King asistió a dos Olimpiadas (1972/1976), participando en el agotador pentatlón moderno. Un accidente automovilístico la incapacitó para entrenar para sus terceros Juegos Olímpicos.

Poniendo en práctica sólo el entrenamiento mental quedó en segundo lugar en los juegos de Moscú. En la actualidad Marilyn es una reconocida consultora comercial a nivel internacional, oradora inspirativa e instructora que ayuda a las personas a descubrir cómo su pensamiento afecta profundamente su salud, su desempeño y su futuro. Puede localizarla en 484-149 Lake Park Ave., Oakland, CA 94610, llamando al 510-568-7417, o por correo electrónico en *Olympianmk@aol.com.*

Lynne Kinghorn reside con su esposo en Denver, donde ejerce como psicóloga clínica privada. Es escritora independiente, con publicaciones a nivel nacional, y escribe especialmente sobre problemas con la autoestima de las madres. También ha desarrollado el seminario de negocios "Cómo domar a un cliente enojado", y ya trabaja en su primera novela. Puede localizarla en 1777 S. Bellaire Street, Suite 300, Denver, CO 80222, o llamando al 303-757-5907.

Norma R. Larson fue editora asociada de una compañía de tarjetas de felicitación, carrera que dejó de lado para participar activamente en el ministerio pastoral de su esposo Arthur, en iglesias de Connecticut e Illinois. Después de que sus tres hijos dejaron el hogar para convertirse uno en médico, otro en educador y el tercero en abogado, decidió dedicarse a escribir y publicó *Hospital Patience* (Revell), un bálsamo para la curación interna a través de generosas dosis de esperanza y humor. Enviudó recientemente y vive en Morton, Illinois.

Steven J. Lesko, Jr. es profesor jubilado de tecnología civil en la Universidad Comunitaria Monroe en Rochester, Nueva York, donde enseñó durante treinta años y practicó la ingeniería civil durante dieciséis. Se casó con una dama maravillosa que lo hizo feliz durante más de cincuenta años, siendo bendecidos con tres hijos, nueve nietos y tres bisnietos. Su arraigada fe católica siempre ha sido el centro de sus vidas. Puede localizarlo en 86 Highledge Drive, Penfield, NY 14526, o llamando al 716-248-0496.

Helen Luecke es una escritora inspirativa de cuentos cortos y artículos devocionales. Colaboró en la organización de los Escritores Inspirativos en Vivo (sucursal en Amarillo). Puede localizarla en 2921 S. Dallas, Amarillo, TX 79103, o llamando al 806-376-9671.

Louisa Goddisart McQuillen escribe en su casa de Chester Hill, un pequeño pueblo de Pennsylvania en la línea limítrofe entre Clearfield y Centre County. Louisa ha escrito desde su infancia y ha publicado sus obras a nivel nacional e internacional. Póngase en contacto con ella para obtener copias de sus libros en 525 Decatur St., Philipsburg, PA 16866, o por correo electrónico en *LZM4@PSU.EDU*.

Margaret McSherry nació en County Durham, Inglaterra. Su madre murió cuando ella tenía un año. Fue criada en Irlanda desde los tres a los quince años y a esa edad su padre le envió un boleto para que se reuniera con él en Estados Unidos. Se casó con un estadounidense el 7 de diciembre de 1941, el día del ataque a Pearl Harbor. Trabajó para ganarse la vida desde que llegó a Estados Unidos hasta que tuvo que retirarse, por problemas de salud, a la edad de sesenta y un años. Tenía setenta y siete años cuando se suscitaron los hechos de su relato. Tiene dos hijas, dos yernos, seis nietos y cinco bisnietos y todos están muy orgullosos de ella.

Joyce Meier ha publicado poemas y cuentos cortos en numerosas revistas literarias como *Descant, Amelia y Riversedge*. Una de sus historias fue incluida en la colección *Common Bonds*, publicada por SMU Press. Durante siete años editó la revista literaria *Sands*. Actualmente trabaja en su segunda novela.

Cynthia Mercati es dramaturga y tiene veintidós guiones publicados. Ella comenta: "Como actriz profesional, actualmente trabajo en una compañía de teatro infantil, apareciendo a menudo en mis propios espectáculos. Como ensayista escribo con frecuencia acerca de mi familia y sobre el beisbol, y como fanática de los Medias Blancas de Chicago, he aprendido a vivir dentro de la fe y entendido con humildad el valor de la esperanza". Puede localizarla en P.O. Box 208, Waukee, IA, 50263, o llamando al 515-987-2587.

Enfermera diplomada Roberta Messner. Es autora de varios libros y de aproximadamente mil artículos y cuentos cortos que han aparecido en más de cien publicaciones diferentes. Escribe y da pláticas sobre una gran variedad de temas inspirativos sobre el cuidado de la salud y sobre decoración. Puede localizarla en 6283 Aracoma Rd., Huntington, WV 25705, o llamando al 304-733-5466.

Wendy Miles forma parte de una tercera generación de nativos de Florida. Su bisabuelo llegó a Florida proveniente de Chicago en 1880 y ella creció en la costa del golfo de Florida, cuando la tierra todavía estaba cubierta de naranjales y bosques de pinos. Wendy ha vivido en Europa, trabajó para la BBC, enseñó meditación transcendental, obtuvo un doctorado en literatura inglesa y ha sido profesora universitaria. Tanto a Wendy como a su hija y a su gato Oreo les gustan la música y las películas. Actualmente es escritora de tiempo completo y editora. Puede localizarla por correo electrónico en *msmiles@kdsi.net* o en el teléfono 515-472-7050.

Jacquelyn Mitchard es autora de la aclamada novela *The Deep end of the Ocean* (Viking), un éxito editorial que se ha vendido en veintidós países del mundo. Próximamente será interpretada en el cine, estelarizada por Michelle Pfeiffer. Mitchard acaba de escribir una nueva novela, *The Most Wanted* (Viking), además de *The Rest of us* (Viking), una recopilación de sus columnas periodísticas. Vive en Madison, Wisconsin, con su esposo y sus cinco hijos.

Jill Williford Mitchell creció en Arlington, Texas. Tiene títulos en inglés y leyes y estudió en la Sorbona de París. Sus publicaciones incluyen artículos legales, un cuento corto y dos poemas. Puede localizarla en 3811 LakeRidge Rd., Arlington, TX 76016, o llamando al 505-763-7720, o por correo electrónico en *jmmitchell@etsc.net*.

Sarah Ann Reeves Moody nació en Waynesville, Carolina del Norte. Es hija de William y Nora Jean Reeves, y la menor de cuatro hijos. Está casada con David Ray Moody y tiene cuatro hijos y cuatro nietos. Reside en Hampton, Virginia.

Carla Muir es escritora independiente. Sus cuentos y su poesía se han publicado en *More Stories for the Heart, Do Not Lose Heart, A Joy I'd Never Known, Glimpses of Heaven, The Worth of a Man* y otras publicaciones. La puede localizar a través de Yates & Yates, LLP, en el 714-285-9540.

Chris Mullins es presidente y fundador de Above & Beyond, una empresa de comunicaciones y consultoría que ofrece seminarios interactivos, talleres y pláticas llenas de energía sobre temas como liderazgo, formación de equipos, servicio a clientes, ventas, telemercadeo y crecimiento personal/profesional. Mullins tiene más de quince años de experiencia tanto en reorganizar como en crear ventas exitosas y departamentos de servicio a clientes. Para contactarlo llame al 603-924-1640, visite su sitio en la red en *http://www.top.monad.net/users/aboveandbeyond*, o mándele un correo electrónico en *aboveandbeyond@monad.net* o escríbale a 6 Cheney Ave., Suite A, Peterborough, NH 03458.

Gerry Niskern es escritora independiente radicada en Phoenix, Arizona, sus historias evocan recuerdos nostálgicos. Sus artículos aparecen en los periódicos de Phoenix. Gerry trabaja actualmente en sus memorias bajo el título *Don't Throw the Bread!*, además es una artista profesional exitosa. Sus grabados se distribuyen mundialmente y sus obras originales pueden verse en *http://www.thegalleries.com*. Puede localizarla en el 602-943-3530, por fax al 602-870-0770, o por correo electrónico en *niskern@juno.com*.

Diane Novinski es una viuda dedicada a criar a dos hijos saludables y felices, después de haber experimentado el terror, la tristeza y el dolor de perder a su esposo por el cáncer. "Nunca te rindas" es una historia real escrita como tributo a su esposo Ben. Vive en Old Saybrook, Connecticut.

Jerry Perkins es editor del *The Des Moines Register* desde junio de 1993. Fue reportero en el *Register* de 1978 a 1988 y escritor sobre negocios agrarios de 1982 a 1988. Fue director de relaciones públicas en Iowa Corn Growers Association-Iowa Corn Promotion Board de 1988 a 1993 y manejó el Centro de Agroindustria Ruso-Estadounidense en Stavropal de mayo a diciembre de 1992, mientras se encontraba con licencia en Corn Growers. Originario de Des Moines, Iowa, se graduó de la Universidad George Washington en 1970 y pasó dos años en los Cuerpos de Paz (de 1970 a 1972) sirviendo en Panamá y en Nicaragua. Él y su esposa Peggy tienen tres hijos y viven en Des Moines.

Teresa Pitman es escritora especializada en temas relacionados con la paternidad y los niños. Es coautora de varios libros, entre los que se cuentan *Best Evidence*, una obra sobre el embarazo y el parto, y *Steps and Stages*, una serie de cuatro libros que recopilan artículos de revistas sobre la vida de los niños en sus diferentes edades, publicados por HarperCollins. Teresa lo atenderá en el 905-847-3206, 2526 Woburn Cresc., Oakville, Ontario, Canadá L6L 5E9.

Elaine Pondant es socia de Proyectos Pondant, un negocio editorial independiente que estableció con su hermana hace más de doce años. Utilizando a menudo sus propias experiencias, sus proyectos incluyen novelas, cuentos cortos, libros educativos, folletos explicativos y artículos para diversos medios de impresión. Puede localizar a Elaine en 3717 Standrige, Carrollton, TX 75007, o llamando al 972-492-7637.

Carol A. Price-Lopata ha sido oradora durante quince años en todo Estados Unidos, Europa y Australia. Se especializa en fomentar la autoestima y en *convertirse en el héroe que siempre ha sido*. Vende su cinta *21 días hacia el autodescubrimiento* por millares, y está disponible para hablar con diversas organizaciones y asociaciones de beneficiencia. Puede localizarla en P.O. Box 8731, Madeira Beach, FL 33738, llamando al 813-397-9111, o por fax al 813-397-3661.

Carol McAdoo Rehme es una madre dinámica con cuatro hijos y escritora independiente. Se dedica a diversas actividades como la lectura, investigación, redacción y oratoria, todo encaminado hacia su pasión: el arte de contar cuentos. Puede localizarla en 2503 Logan Drive, Loveland, CO 80538, o llamando al 970-669-5791.

Betty Reid reside en Ellicott, Maryland, con su esposo y su hijo. Además de escribir poesía, disfruta de la lectura, coleccionar antigüedades y viajar con la familia. Sus familiares y amigos suelen ser la inspiración detrás de su poesía. Puede llamar a Betty al 410-461-6951.

Gail Rosenblum es escritora, editora y madre de tres hijos; se especializa en temas de salud y familiares. Puede encontrar más artículos de Rosenblum en *www.dealingwith.com,* un sitio en la red que ayuda a las personas a encontrar apoyo para resolver sus problemas familiares, de salud y emocionales, incluyendo depresiones, divorcio, cáncer, envejecimiento y muchos otros temas. Puede enviarle un correo electrónico a *grosenblum@dealingwith.com.*

Daniel Schantz es profesor en la Universidad Central Cristiana en Moberly, Missouri. Es autor de *You Can Teach with Success,* de Standard Publishing Co., y colaborador frecuente de *Guideposts Magazine* y *The Lookout.* Él y su esposa Sharon son padres de dos hijas periodistas, Teresa Williams y Natalie Cleeton.

Shelley Peterman Schwarz, escritora laureada y oradora motivacional padece de esclerosis múltiple desde 1979. Sus obras incluyen *Blooming Where You're Planted: Stories from the Heart,* y tres tomos de *Para hacer la vida fácil: 250 consejos para la artritis, Consejos para vestir bien, Recursos para vestirse y Los mejores 25 recursos de catálogo.* Puede localizar a Shelley en 933 Chapel Hill Road, Madison, WI 53711, enviarle un correo electrónico a *help@MakingLifeEasier.com* o visitar su sitio en la red en *http://www.MakingLifeEasier.com.*

Joanna Slan es narradora de cuentos conocida por sus relatos inspirativos tanto escritos como orales. Además de dedicarse de tiempo completo a la oratoria y capacitar a vendedores, maestros, presentadores y ejecutivos para contar historias, Joanna es autora de *Using Stories and Humor: Grab Your Audience* y *Too Blessed to Be Depressed.* Para más información o para contratarla para su próxima reunión, llame gratuitamente al 888-BLESSED (253-7733).

Winona Smith es esposa, madre y secretaria en la iglesia de su comunidad y le encanta escribir. Ha colaborado para *Devotions for Kids, God's Abundance: 365 Days To A Simpler Life, Shining Star Magazine* y *Keys for Kids,* sólo por mencionar algunas publicaciones. Puede localizarla en 9060 Roundtree Dr., Baton Rouge, LA 70818.

Lizanne Southgate vive con sus cinco hijos en Oregon. Es autora de *Mother Musing: Essays and Mental Flossings* y *The Unlikely Princess,* un libro para niños que les enseña a encontrar su propio camino. Puede conseguir sus obras escribiendo a P.O. Box 878, Brownsville, Oregon 97327, o por correo electrónico en *lizannes@ proaxis.com.*

Carolyn S. Steele vive en Salt Lake City, Utah, con su esposo y sus cuatro hijos. Sus escritos y fotografías han aparecido en diversos periódicos y revistas como *Outdoor Photographer, The*

Family Handyman y *Old House Interiors*. También escribe novelas históricas, libros para niños y manuales técnicos. Cuando
no escribe disfruta fotografiando bodas, arquitectura histórica
y la naturaleza. Puede escribirle a 9158 Winter Wren Dr., Sandy,
UT 84093.

Madre Teresa, fallecida en 1997, fue conocida en todo el mundo
por su trabajo altruista en beneficio de los "pobres más pobres"
en Calcuta, India. Con centros de ayuda alrededor del mundo,
sus Misioneras de la Caridad continúan apoyando a los moribundos y los desposeídos. Para ordenar *No Greater Love* llame a
la Biblioteca del Nuevo Mundo al 800-972-6657 extensión 52.

LeAnn Thieman es escritora y oradora aclamada a nivel nacional.
Como miembro de la Asociación Nacional de Oradores, LeAnn
inspira a las audiencias a vivir verdaderamente sus prioridades
y equilibrar sus vidas tanto física como mental y espiritualmen-
te, marcando una diferencia en el mundo. Es coautora de *This
must be my Brother,* un libro que relata su experiencia en el peligroso rescate de 300 bebés durante el puente aéreo en Vietnam
para salvar a los niños huérfanos. Si desea información sobre sus
libros, cintas y presentaciones, puede localizarla en 112 North
College, Fort Collins, CO 80524, o llamando gratuitamente al 877-
THIEMAN, o por correo electrónico en *www.LeAnnThieman.com.*

Colleen Trefz ha descubierto que la bendición más valiosa en
su vida ha sido poder observar la manera en que sus hijas
Amber-Lee, Carli y Chelsea, así como su hijo Elisha, han crecido en espíritu y no sólo en estatura. Vive en el noroeste con su
esposo Delwyne, sus hijos, un caballo, una llama, terneros, un
cerdo, cuatro perros, dos gatos y un pájaro. Disfruta mucho trabajando en la escuela como directora de recursos comunitarios.
Ella piensa que las virtudes son un regalo de Dios y la manera en
que las desarrollemos y las reconozcamos en los demás consti-
tuye nuestro regalo para Dios. Ha creado el programa "Realidad
virtuosa" para enriquecer las vidas de las personas, resaltando
su capacidad más importante: ¡somos lo que hacemos! Puede
llamarla para solicitar charlas motivacionales e inspirativas y
sobre la formación del carácter a través de la creatividad al 509-
766-7291.

Carole Garbuny Vogel, originaria de Lexington, Massachusetts, es escritora y conferenciante especializada en historias inspirativas para adultos y en literatura realista para niños. Conocida como la "Reina de los desastres naturales", es autora de quince libros, entre los que se encuentran *Shock Waves Through Los Angeles: The Northridge Earthquake* y *The Great Midwest Flood*. Su libro *Will I Get Breast Cancer? A Q & A for Teenage Girls* ganó el Premio Joan Fassler Memorial Book de excelencia en la redacción médica. Localícela en el 781-861-0440 o envíele un correo electrónico a *evogel @world.std.com*.

Cara Wilson es una oradora internacionalmente reconocida, con una habilidad mágica para llevar a su audiencia de la risa a las lágrimas en pocos segundos. Su intenso amor y su profunda fe en los jóvenes le permite conectarse por igual con adolescentes y adultos, pasando la estafeta de la esperanza que le dio el padre de Ana Frank. También es comunicadora, escritora y empresaria de tiempo completo, y actualmente trabaja en una amplia diversidad de proyectos, incluyendo un nuevo libro. Puede localizarla en Creative Impact Marketing, 2429 West Coast Highway, Suite 205, Newport Beach, CA 92663, al teléfono 949-650-0300, al fax: 949-650-0337 o por correo electrónico en *creativeimpact@msn.com*.

E. Lynne Wright es escritora independiente y vive en Vero Beach, Florida. Sus artículos realistas y de ficción, así como sus ensayos y reseñas de libros se han publicado en *Cleveland Plain Dealer, Hartford Courant, Woman's Household, Vero Beach Press Journal, Yesterday's Magazette* y en numerosas revistas literarias.

Permisos

Deseamos agradecer a los siguientes editores e individuos por permitirnos reimprimir el siguiente material. (Nota: Las historias anónimas, las que son del dominio público o que fueron escritas por Jack Canfiel, Mark Victor Hansen, Jennifer Read Hawthorne o Marci Shimoff no se incluyen en esta lista.

La billetera (The Wallet). Reimpreso con permiso de Arnold Fine. © 1998 Arnold Fine.

Un regalo para Robby (A Gift for Robby). Reimpreso con permiso de Toni Fulco. © 1998 Toni Fulco.

Un baile con papá (A Dance with Dad). Reimpreso con permiso de Jean Jeffrey Gietzen. © 1998 Jean Jeffrey Gietzen.

Un milagro de amor (A Miracle of Love). Reimpreso con permiso de Shirlee Allison. © 1998 Shirlee Allison.

Un sueño hecho realidad (A Dream Come True). Reimpreso con permiso de Teresa Pitman. © 1998 Teresa Pitman.

A buen recaudo, Sufrido alumbramiento, Toma mi mano y *Una leyenda de amor (Safe-Keeping, Enduring Labor, Take My Hand* and *A Legend of Love).* Reimpresos con permiso de LeAnn Thieman. © 1998 LeAnn Thieman.

El mejor distintivo de todos (The Best Badge of All). Reimpreso con permiso de Gerry Niskern. © 1998 Gerry Niskern.

La estrella de Navidad (The Christmas Star). Reimpreso con permiso de Susan Adair. © 1998 Susan Adair.

Mi papá (My Dad). Reimpreso con permiso de Barbara E.C. Goodrich. © 1997 Barbara E.C. Goodrich.

Y vivieron felices para siempre (A Happy-Ever-After). Reimpreso con permiso de Mary J. Davis. © 1998 Mary J. Davis.

Amor en acción (Love in Action). Extraído de *No Greater Love (No hay mayor amor)*, por la Madre Teresa. Reimpreso con permiso de la Biblioteca del Nuevo Mundo. © 1997 Biblioteca del Nuevo Mundo.

El verdadero espíritu de la Navidad (The True Spirit of Christmas). Reimpreso con permiso de Carolyn S. Steele. © 1998 Carolyn S. Steele.

Los bebés de Verónica (Veronica's Babies). Reimpreso con permiso de George M. Flynn. © 1997 George M. Flynn.

Viendo con el corazón (Seeing with the Heart). Reimpreso con permiso de Barbara Jeanne Fisher. © 1998 Barbara Jeanne Fisher.

Un caramelo para el día de brujas (A Jelly Bean for Halloween). Reimpreso con permiso de Evelyn M. Gibb. © 1998 Evelyn M. Gibb.

El concurso de belleza (Beauty Contest). Reimpreso con permiso de Carla Muir. © 1998 Carla Muir.

La cicatriz (The Scar). Reimpreso con permiso de Joanna Slan. © 1998 Joanna Slan.

La combinación (The Melding). Reimpreso con permiso de Isabel Bearman Bucher. © 1998 Isabel Bearman Bucher.

Gente mayor (Old People). Reimpreso con permiso de Betty J. Reid. © 1998 Betty J. Reid.

Una estrella que nos guía (A Star to Steer By). © 1996 por Jacquelyn Mitchard. Publicado primero en *Ladies Home Journal*, en noviembre de 1996, y reimpreso en la colección de ensayos *The Rest of Us (El resto de nosotros)* (Viking; Nueva York, 1997). El permiso se arregló con la autora a través de Agentes Literarios Gelfman Schneider, Inc.

Realmente libre (Truly Free). Reimpreso con permiso de Elizabeth Bravo. © 1998 Elizabeth Bravo.

La mujer policía (Police Woman). Reimpreso con permiso de Chris Mullins. © 1998 Chris Mullins.

Tarde para llegar a la escuela y *El enrejado (Late for School and The Trellis)*. Reimpresos con permiso de Daniel Schantz. © 1998 Daniel Schantz.

Colorea mi mundo (Color My World). Reimpreso con permiso de Sharon M. Chamberlain. © 1997 Sharon M. Chamberlain.

Él me enseñó a volar (He Taught Me to Fly). Reimpreso con permiso de Cynthia Mercati. © 1998 Cynthia Mercati.

Algo muy auténtico (The Real Thing). Reimpreso con permiso de Frankie Germany, © 1998 Frankie Germany.

El medallón (The Locket). Reimpreso con permiso de Geery Howe. © 1998 Geery Howe.

La dote (The Dowry). Reimpreso con permiso de Roy Exum. © 1998 Roy Exum.

Ir al lugar correcto (Going the Right Way). Reimpreso con permiso de Lynne Kinghorn. © 1998 Lynne Kinghorn.

Nunca entenderé a mi esposa (I'll Never Understand My Wife). Reimpreso con permiso de Steven James. © 1998 Steven James.

Castillos de arena que se derrumban (Crumbling Sand Castles). Reimpreso con permiso de Sue Monk Kidd. © 1998 Sue Monk Kidd.

El último "te amo" (The Last "I Love You"). Reimpreso con permiso de New Leaf Press. © 1996 por Robert Strand.

Amar a Donna (Loving Donna). Reimpreso con permiso de Ron C. Eggertsen. © 1998 Ron C. Eggertsen.

Historia y química (History and Chemistry). Reimpreso con permiso de E. Lynne Wright. © 1998 E. Lynne Wright.

Tomados de las manos (Holding Hands). Reimpreso con permiso de Helen Troisi Arney. © 1998 Helen Troisi Arney.

Segunda piel (Second Skin). Reimpreso con permiso de Caroline Castle Hicks. © 1998 Caroline Castle Hicks.

Ron (Ron). Reimpreso con permiso de Dan Clark. © 1998 Dan Clark.

Ry (Ry). Reimpreso con permiso de Joyce Meier. © 1998 Joyce Meier.

Al encuentro de un hijo (Finding a Son). Reimpreso con permiso de Lin Faubel. © 1998 Lin Faubel.

Viburno y lilas (Snowballs and Lilacs). Reimpreso con permiso de Lisa Marie Finley. © 1998 Lisa Marie Finley.

La pequeña princesa (The Little Princess). Reimpreso con permiso de Wendy Miles. © 1998 Wendy Miles.

¿Cuándo creció ella en realidad? (When Did She Really Grow Up?). Reimpreso con permiso de Beverly Beckham. © 1998 Beverly Beckhman.

Los hijos son prestados (Children on Loan). Reimpreso con permiso de Norma R. Larson. © 1998 Norma R. Larson.

Virtudes (Virtues). Reimpreso con permiso de Colleen Trefz. © 1998 Colleen Trefz.

Compartir (Sharing). Reimpreso con permiso de Drue Duke. © 1998 Drue Duke.

Es realmente Navidad ahora (It's Really Christmas Now). Reimpreso con permiso de Kitsy Jones. © 1998 Kitsy Jones.

Una vida a la vez (One Life at a Time). Reimpreso con permiso de Gina Bridgeman. © 1998 Gina Bridgeman.

Buenos vecinos y *El anuncio clasificado (Good Neighbors* and *The Classified Ad)*. Reimpreso con permiso de Marsha Arons. © 1998 Marsha Arons.

Cartas al padre de Ana Frank (Letters to Anne Frank's Father). Extraído de *Love Otto; the Legacy of Anne Frank,* por Cara Wilson. Reimpreso con permiso de Cara Wilson. © 1997 Cara Wilson.

Una razón para vivir (A Reason to Live). Reimpreso con permiso de Jerry Perkins. © 1998 Jerry Perkins.

La noche en que escribí mi Premio Pulitzer (The Night I Wrote My Pulitzer Prize Winner). Reimpreso con permiso de Shinan Barclay. © 1998 Shinan Barclay.

Una olla perfecta de té (A Perfect Pot of Tea). Reimpreso con permiso de Roberta Messner. © 1998 Roberta Messner.

Almuerzo con Helen Keller (Lunch with Helen Keller). Reimpreso con permiso de Carey Harrison. Extraído de *Change Lobsters and Dance.* © 1975, por Lilli Palmer.

Un niño a la vez (One Kid at a Time). Reimpreso con permiso de Sarah Ann Reeves Moody. © 1998 Sarah Ann Reeves Moody.

Baja en grasa y feliz (Low-Fat and Happy). Reimpreso con permiso de Teresa Collins. © 1998 Teresa Collins.

Mensaje de graduación (Graduation Message). Reimpreso con permiso de Robert A. Concolino. © 1998 Robert A. Concolino.

Nuestro niño de Navidad (Our Christmas Boy). Reimpreso con permiso de Shirley Barksdale. © 1988 Shirley Barksdale.

El cumpleaños de Judy (Judy's Birthday). Reimpreso con permiso de Shelley Peter-man Schwarz. © 1998 Shelley Peterman Schwarz.

Olimpiadas especiales (The Special Olympics). Reimpreso con permiso de Denaé Adams. © 1998 Denaé Adams.

El ángel de la limpieza (The Mop Angel). Reimpreso con permiso de Lizanne Southgate. © 1998 Lizanne Southgate.

La abuela está de pie nuevamente (Grandma Is on Her Feet Again). Reimpreso con permiso de Margaret McSherry. © 1998 Margaret McSherry.

El Santa Claus del centro comercial (The Department Store Santa). Reimpreso con permiso de Sally A. Breslin. © 1998 Sally A. Breslin.

Ángeles en el día de brujas (Halloween Angels). Reimpreso con permiso de Steven J. Lesko Jr. © 1998 Steven J. Lesko, Jr.

Centavos de la suerte (Lucky Pennies). Reimpreso con permiso de Jill Williford Mitchell. © 1998 Jill Williford Mitchell.

Que se conozcan nuestras peticiones (Let Our Requests Be Known). Reimpreso con permiso de Donna Kay Heath. © 1998 Donna Kay Heath.

Navidad en el huevo de plata (Christmas in the Silver Egg). Reimpreso con permiso de Mechi Garza. © 1998 Mechi Garza.

Una coca-cola y una sonrisa (A Coke and a Smile). Reimpreso con permiso de Jacqueline M. Hickey. © 1998 Jacqueline M. Hickey.

La sonrisa detrás de la lágrima (The Smile Behind the Tear). Reimpreso con permiso de Helen Luecke. © 1998 Helen Luecke.

El regalo de una Navidad no tan blanca (The Not-So-White Christmas Gift). Reimpreso con permiso de Harrison Kelly. © 1998 Harrison Kelly.

El amor puede durar para siempre (Love Can Last Forever). Reimpreso con permiso de Deb Plouse Fulton. © 1998 Deb Plouse Fulton.

El héroe de la autopista (Highway Hero). Reimpreso con permiso de Carol A. Price-Lopata. © 1998 Carol A. Price-Lopata.

Suficientes atardeceres (Plenty of Sunsets). Reimpreso con permiso de Cindy Jevne Buck. © 1998 Cindy Jevne Buck.

Mamá, ¿puedes jalar algunos hilos? (Mom, Can You Pull Some Strings?). Reimpreso con permiso de Carol Allen. © 1998 Carol Allen.

Nunca, nunca te rindas (Never, Never Give Up). Reimpreso con permiso de Diane Novinski. © 1998 Diane Novinski.

El cobertor para el bebé (The Baby Blanket). Reimpreso con permiso de Winona Smith. © 1998 Winona Smith.

Relatos sobre una cabecera (Stories on a Headboard). Reimpreso con permiso de Elaine Pondant. © 1998 Elaine Pondant.

Las manos de mi madre (Mother's Hands). Reimpreso con permiso de Louisa Goddisart McQuillen. © 1998 Louisa Goddisart McQuillen.

Todas las mujeres necesitan un campeón (Every Woman Needs a Champion). Reimpreso con permiso de Carole Vogel. © 1998 Carole Vogel.

Carta final a un padre (A Final Letter to a Father). Reimpreso con permiso de Gail Rosenblum. © 1998 Gail Rosenblum.

El centavo ahorrado (A Penny Saved). Reimpreso con permiso de Carita Barlow. © 1998 Carita Barlow.

Los ramilletes de Emma (Emma's Bouquets). Reimpreso con permiso de Pamela George. © 1998 Pamela George.

Entre líneas (Between the Lines). Reimpreso con permiso de Charlotte Adeslperger. © 1998 Charlotte Adeslperger.

Charla con ejotes (Bean Talk). Reimpreso con permiso de Veronica Hilton. © 1998 Veronica Hilton.

Legado en una sopera (A Legacy in a Soup Pot). Reimpreso con permiso de Barbara Davey. 1998 Barbara Davey.

"El dinero y la fama no hacen automáticamente felices a las personas. Esto es algo que viene de adentro. Sopa de pollo para el alma pondrá un millón de sonrisas en sus corazones."
Robin Leach, presentador,
Lifestyles Of The Rich And Famous

#1
New York Times
BESTSELLER

Sopa de Pollo para el Alma

Maravillosos
relatos de:
Dan Millman
Art Buchwald
Pablo Casals
Theodore Roosevelt
Les Brown
Y muchos,
muchos más

Relatos que conmueven el corazón y ponen fuego en el espíritu

ESCRITOS Y RECOPILADOS POR
Jack Canfield
Mark Victor Hansen

Code #3537 • Paperback • $12.95

Un
segundo
plato
de

Sopa de Pollo para el Alma

#1 New York Times
ESCRITORES MÁS EXITOSOS
Jack Canfield
Mark Victor Hansen

Nuevos relatos que conmueven el corazón y ponen fuego en el espíritu

Code #5025 • Paperback • $12.95

Un
tercer
plato
de

Sopa de Pollo para el Alma

#1 New York Times
ESCRITORES MÁS EXITOSOS
Jack Canfield
Mark Victor Hansen

Nuevos relatos que conmueven el corazón y ponen fuego en el espíritu

Code #5203 • Paperback • $12.95

Libro #1 en Ventas
New York Times

Jack Canfield
Mark Victor Hansen
Kimberly Kirberger

Sopa de Pollo para el Alma™
del *Adolescente*

**relatos sobre la vida
el amor y el aprendizaje**

Code #732X • Paperback • $12.95

#1 New York Times
ESCRITORES MÁS EXITOSOS

Jack Canfield
Mark Victor Hansen
Kimberly Kirberger

Una 2ª ración de
Sopa de Pollo para el Alma del
Adolescente

Más
**relatos sobre la vida,
el amor y el aprendizaje**

Code #1347 • Paperback • $12.95

Libro #1 en Ventas
New York Times
y USA Today
Jack Canfield
Mark Victor Hansen
Jennifer Read Hawthorne
Marci Shimoff

Sopa
de **Pollo**
para el **Alma**
de la **Madre**

Nuevo relatos que
conmueven el corazón
y ponen fuego en el espíritu

Code #7303 • Paperback • $12.95

#1 New York Times
BESTSELLING AUTHORS
Jack Canfield
Mark Victor Hansen
Patty Aubery
Nancy Mitchell Autio

Sopa
de **Pollo**
para el **Alma**
del
Cristiano

101 relatos que conmueven
el corazón y ponen fuego
en el espíritu

Code #7834 • Paperback • $12.95

Primeros autores de la lista
de bestsellers del *New York Times*

Jack Canfield
Mark Victor Hansen
Maida Rogerson, Martin Rutte
y Tim Clauss

Sopa de Pollo para el Alma™ del Trabajador

**Historias de valor, compasión
y creatividad en el lugar
de trabajo**

Code #7311 • Paperback • $12.95